CHARLOTTE UVIRA

SORTIR DU MUMMY CLASH

Dépassez l'épuisement maternel et

améliorez le quotidien avec vos enfants en 365 jours

Éditions de l'Ecole des Formations Positives

ISBN 978-2-8399-2978-3

DE LA MÊME AUTEURE

Parentalité Affirmée : Et si le Capitaine du Navire Familial c'était Vous ?

Mon Grand Livre de Retour au Calme

Mes Cartes de Retour au Calme

A toutes les mamans,

Si fortes et vulnérables,

Si courageuses et inquiètes,

Si combattantes et pourtant à bout,

Si bonnes et parfaites.

#1 – À lire avant de te lancer

Il y a 15 ans, je ne me serais jamais imaginée en train de t'écrire ces lignes. Imagine un peu : l'éducation positive n'existait pas. La parentalité positive avait dû naître quelque part, mais pas dans mon monde. J'ignorais tout de ce dont aujourd'hui, je m'apprête à te parler et dont je parle sur les ondes, dans les livres, dans mes formations et ateliers.

Seulement voilà, en 2010, naquit ma fille. Et toute à ma joie de devenir mère, j'ai en même temps vécu l'une des plus grandes claques de ma vie. Mon équilibre, mes croyances, mon monde se sont littéralement effondrés.

Je pensais qu'être mère serait la chose la plus naturelle, la plus belle et la plus simple qu'il y ait. Au contraire, j'ai trouvé la tâche immensément difficile, très solitaire, excluante socialement, dangereuse pour le couple moderne. Un basculement sans retour s'est joué pour moi le 23 mars 2010.

Dès lors, rien ne fut naturel et je dus tout apprendre. Mais, par chance, j'ai rapidement été passionnée par tout ce que j'apprenais. J'ai glissé timidement le pied dans l'embrasure d'un monde merveilleux, et me suis laissée aspirer tout entière, jusqu'à tout remettre en question pour que ce monde-là soit le seul pour ma famille et mes enfants. C'est ainsi que j'en suis venue à exercer le métier de coach et formatrice en éducation positive.

En 2018, quand j'ai livré ma première contribution littéraire avec Parentalité Affirmée, je savais qu'il me faudrait reprendre la plume pour aller plus loin. Parce que ce dont nous avons besoin, nous les mamans, quand nous nous retrouvons seules avec nos petits, c'est bien plus qu'un livre. C'est un programme et une présence quotidiens. Que chaque jour nous donne une goutte de savoir pour nous améliorer. Ainsi, que goutte après goutte, nous remplissions le vase de la patience, de la bienveillance et de la compréhension.

A la lecture d'un livre de parentalité, nous avons tendance à sprinter jusqu'au sommet. Une fois arrivées au bout, la satisfaction est réelle. Mais qu'avons-nous vraiment vu du chemin ? Qu'avons-nous expérimenté ? Combien de temps resterons-nous imprégnées de cette expérience ?

Les livres usuels de parentalité nous aident mais ne remplacent pas un programme jalonné de prises de conscience, de découvertes et d'efforts quotidiens, accomplis dans la régularité. Tel celui qui a compris que c'est le chemin qui fait l'expérience (comme sur les chemins de Compostelle). Il avance certes lentement mais se transforme au fil de l'expérience.

C'est cette politique des petits pas qu'il faut offrir aux mamans.

En tout cas, c'est ce que je crois et c'est ce que j'ai voulu t'offrir. Je ne veux plus que tu te sentes seule face à une tâche insurmontable. Je veux cheminer avec toi, jour après jour, et te montrer ou te rappeler chaque jour, comment développer la bonne posture parentale et mieux penser la relation éducative.

Je veux t'aider à te ménager et à prendre soin de toi, que tu retrouves du temps, de l'espace, et du plaisir.

Je désire te transmettre les informations clés qu'il te faut pour mieux comprendre ce qui est en jeu avec tes enfants dans les défis majeurs que sont le sommeil, les repas, les émotions, les relations. Je vais aussi t'expliquer comment obtenir très simplement plus d'écoute, de discipline, d'entraide de la part de tes enfants.

De cette manière, dans une réelle volonté de lenteur, avec une prise au temps détendue, je souhaite te montrer combien élever tes enfants peut te rendre simplement heureuse.

Alors, es-tu prête à me faire confiance pour mener cette mission à bien ?

Pour la poursuite de ta lecture, trois choix s'offrent maintenant à toi :

1 – Prendre ce livre, le lire d'une traite, en respectant l'ordre des pages, ce qui, je dois te le dire est le contraire de l'esprit dans lequel je l'ai écrit. En procédant ainsi, il ne te révèlera pas tous ses atouts.

2 – **Tourner la page et dans la liste des 300 billets, choisir chaque jour un titre qui t'attire dans le domaine qui compte le plus pour toi, en ce moment.**

3 – Mais si la liste des 300 billets ne te convient pas, choisir chaque message en partant du mot-clé le plus représentatif de ton besoin ou de ton problème actuel. Grâce à l'index situé à la fin du livre, tu accèderas facilement au thème qui te convient.

Si tu fonctionnes selon ces deux derniers choix, tu cocheras alors la case relative à ton choix dans ta liste et de cette manière tu créeras, jour après jour, ton propre programme d'éducation positive. Celui qui est idéal pour toi. Celui qui ne convient qu'à toi !

Avec les 300 billets que je t'ai écrits, et en admettant que tu prendras quelques jours de pause, ton parcours durera un an environ. Et dans un an, je te promets que tu ne verras plus du tout ta vie de la même manière. Elle sera plus simple et plus détendue. Tes enfants seront plus coopératifs et attentifs. Tu auras retrouvé un certain équilibre.

Es-tu prête à te lancer ? À te lancer durablement ? Ce livre est désormais ton compagnon. Tu n'es plus seule.

A partir de maintenant, je suis avec toi !

PRENDRE SOIN DE SOI

ADOPTER LA BONNE POSTURE PARENTALE

CULTIVER ET RENDRE POSSIBLE

COMPRENDRE L'ENFANT

PARLER AVEC UN ENFANT

VIVRE AVEC LES ÉMOTIONS

HAPPY END

INDEX

PRENDRE SOIN DE SOI

S'aimer

Se faire du bien

Trouver sa place

Se prendre en main

S'auto-coacher

Faire les bons choix

S'écouter

Célébrer

Augmenter le bonheur

La vie

La vie avait continué après, la vie continue toujours.

Elle te donne des raisons de pleurer et des raisons de rire.

C'est une personne, la vie, une personne qu'il faut prendre comme partenaire.

Entrer dans sa valse, dans ses tourbillons, parfois elle te fait boire la tasse et tu crois que tu vas mourir et puis elle t'attrape par les cheveux et te dépose plus loin.

Parfois elle t'écrase les pieds, parfois elle te fait valser.

Il faut entrer dans la vie comme on entre dans une danse.

Ne pas arrêter le mouvement en pleurant sur soi, en accusant les autres, en buvant, en prenant des petites pilules pour amortir le choc.

Valser, valser, valser.

Franchir les épreuves qu'elle t'envoie pour te rendre plus forte, plus déterminée.

- Katherine Pancol

#2 Profites-en, ça passe si vite !

Ok, Ok. Je suis sûre que quand tu es au bout de rouleau, que tu t'es levée 4 fois la nuit passée, que le grand a vomi dans tes cheveux, que ta maison est retournée alors que tu l'as rangée hier, qu'il y a plus de nourriture par terre que sur la table, qu'il te faut une pièce pour mettre la totalité du linge sale à laver, que tu n'as pas pris une douche de plus de 2 minutes depuis 4 ans, que toutes tes journées finissent par une crise de pleurs et de fatigue, **je suis sûre que tu as vraiment envie d'en profiter encore un petit plus longtemps parce que ça passe tellement vite!** *(Ironie bien sûr !)*

Ce qui se passera, inéluctablement, c'est que tu oublieras combien c'était dur quand tu regarderas fièrement tes enfants devenus grands, alors que tu auras bien dormi, pris un bain, partagé avec eux un repas et une conversation agréable, et gardé ton intérieur rangé pendant plus d'une semaine avec leur soutien.

En attendant, si tu te sens dépassée et fatiguée, c'est normal. Et si cela t'agace d'entendre que tu devrais vraiment en profiter parce que ça grandit vite, donne-leur ceci à lire !

#3 – Pour le moment…

Rien n'est éternel dans la vie, ni les joies, ni les peines, ni la fatigue, ni le repos. Mais, quand nous vivons des émotions fortes ou que nos besoins sont longtemps frustrés, nous avons le sentiment que cela ne s'arrêtera jamais. **Nous devenons incapables de croire à cette règle absolument immuable de la vie : rien n'est fait pour durer.**

Il est vrai qu'aujourd'hui, tu vis peut-être une fatigue terrible liée à tes nuits morcelées. Peut-être traverses-tu une période de tensions avec ton compagnon, ta famille, tes enfants ? La maladie a peut-être touché tes proches, ou bien est-ce le chômage, son absence de perspective et la fragilité matérielle qui te causent du souci ?

Nous ne pouvons pas nier les peurs, le désarroi, l'inquiétude, le tourment que la vie nous inflige. C'est dur. Ça avait déjà été dur dans le passé et ce sera encore dur dans l'avenir. Mais, il y a eu de belles éclaircies aussi, des moments de joie, de simplicité et de quiétude, et il y en aura encore. Rien n'est fait pour durer. Tout est transitoire.

Il s'agit donc de ne rien retirer à ton droit de vivre ce que tu vis, mais n'en jamais faire une fatalité, et pour ce faire, simplement ajouter ces quelques mots : POUR LE MOMENT

- Je ne dors vraiment pas assez, pour le moment.
- J'ai d'énormes difficultés de couple, pour le moment.
- Nous avons de gros problèmes de santé, pour le moment.
- Ma situation matérielle est catastrophique, pour le moment.

Parce que quand cela devient « pour le moment », on sent bien que quelque chose de beau, de bon et de différent peut se produire, et que tu es prête à le susciter et à le saisir.

Même pratique pour ce qui est moins grave, mais tout à fait frustrant : « Mon enfant ne peut pas rester seul, pour le moment. Il ne mange pas bien, pour le moment. Elle a de mauvais résultats scolaires, pour le moment. Ils se disputent beaucoup, pour le moment. »

#4 – Regarde ce que tu as

Nous avons déjà abordé le « biais de négativité ». Il s'agit de la fâcheuse tendance – prédéterminée par notre nature d'humain – à remarquer davantage ce qui ne va pas que ce qui va.

Ainsi, allons-nous penser que nous ne sommes pas assez mince, assez grande, assez jeune, assez énergique, assez intelligente ou assez courageuse, que notre maison n'est pas assez spacieuse, pas assez moderne, pas assez pratique et que nos enfants ne sont pas assez polis, vifs, sages, persévérants, sociables, respectueux, ordonnés, etc.

La liste de nos mécontentements est sans fin. Nous l'associons ensuite à une petite phrase sournoise qui commence par « si seulement, je, il, elle, la maison, alors... ». Et puisque ce « si » n'a aucune chance de se réaliser, puisque la configuration de l'univers tout entier en a décidé autrement, alors nous restons dans l'inaction.

Je voudrais te faire une proposition :

Veux-tu bien regarder ce que tu as et commencer une phrase comme : « Puisque je suis, puisque j'ai, puisqu'il, elle, la maison, alors, ... »?

Regarder le verre à moitié plein est le début de possibilité multiples. Il ne manque plus rien pour avancer. Rien ne peut plus te ralentir car tout est là.

#5 – Malades d'intelligence

Bienvenue chez les humains. Des êtres qui dominent le monde sur la base de leur capacité à imaginer et à s'unir autour de grands projets. Eux seuls en étaient capables, mais c'est aussi cela qui les tue. Sans entrer dans les agissements de l'être humain sur le monde qui l'entoure, observons son fonctionnement intérieur.

L'être humain est le seul animal à pouvoir s'inquiéter du passé, du présent et de l'avenir proche et lointain à quelques secondes d'intervalle. Aucun autre animal n'en fait autant, et c'est ce qui rend les animaux si facilement heureux et l'être humain, si souvent stressé.

Gronde un chien, et observe comment quelques secondes plus tard, il est heureux, allongé dans le jardin, profitant d'un rayon de soleil. Se soucie-t-il encore de ta réprimande ? S'inquiète-t-il de la prochaine ? S'inquiète-t-il de savoir s'il y aura assez de croquettes dans son écuelle du soir ou si son maître va tomber malade ? Non, rien de tout cela. Il est dans le présent. Et rien d'autre n'a d'importance. Entre nous, c'est pourquoi je trouve que mon chien est mon maître.

Vivre dans le présent, c'est un moyen pour nous **de soigner cette « maladie d'intelligence » qui mène notre mental à se balader dans un autre espace/temps que notre corps.** Car cela nous stresse, et nous use. Nous ne profitons plus du « maintenant » car nous nous consacrons à le pourrir de toutes nos pensées inutiles.

Tu penses qu'elles sont utiles ? Non, je t'assure qu'il est impossible que nos 60000 pensées quotidiennes soient utiles. Si elles l'étaient, nous ferions des choses extraordinaires que nul humain n'a encore fait !

#6 – Que de souffrances vécues !

« Je suis passé à travers des choses terribles dans ma vie, dont quelques-unes me sont arrivées » - Mark Twain

Je t'ai laissé hier sur ce chiffre faramineux : 60000 pensées par jour. Oui, nous sommes malades de trop penser. Et nous les mamans, nous pensons *que le petit finisse son repas pour que nous puissions prendre la douche et réussir à passer à la routine du soir dans un horaire correct, afin de ne pas être trop fatiguée, puisque demain c'est chéri qui va s'occuper de lui et qu'il faut lui préparer un sac parce que sinon, c'est chéri qui va le faire et il va forcément oublier son pull et ses affaires de rechange et du coup, le petit risque d'avoir froid ou de rester humide toute la journée, parce que c'est déjà arrivé et que décidément, avec tout ce que ce gaillard a déjà fait à notre fils, c'est un exploit qu'il soit toujours en vie, et d'ailleurs on lui en voudra toujours de ne pas nous avoir écoutée ce jour où nous lui avions pourtant bien dit que le petit avait froid et qu'il s'est retrouvé avec une bronchite phénoménale, qu'il nous a passée alors que nous étions déjà bien fatiguée (comme si nous avions besoin de ça, en plus) et bien sûr quand c'est comme ça, c'est toujours nous qui devons bousculer notre agenda pour garder le petit parce que la crèche ne le veut pas. Mais, pourquoi ne nous écoute-t-il jamais ? Zut. D'ailleurs, je suis sûre qu'il n'a pas appelé la crèche comme je le lui avais demandé…*

- Ça va chérie ?
- Tu as appelé la crèche ?
- Hein ?
- La crèche !! Oh non !! J'en étais sûre…

Et c'est reparti pour un tour de manège mental pour nous pourrir la vie. En réalité, nous vivons très peu de catastrophes, mais nous en imaginons à profusion ! Considère de lire le billet suivant, nous verrons ce que nous pouvons faire.

#7 - Calme le jeu !

Nous l'avons vu hier en entrant dans la tête d'une maman standard. Notre tendance à alimenter des scénarios mentaux passés ou futurs est notre poison. Quand nous sommes en période de stress, et que nous observons notre activité mentale, nous remarquons que l'agitation est à son comble.

Nous ne sommes plus à 60000 pensées, mais à 80000 ou peut-être 100000 pensées ! Notre mental nous épuise et ne nous laisse aucun répit. Nous n'avons plus aucune chance de souffler, nous avons perdu les commandes de la machine. Il est urgent de prendre soin de soi !

- Prendre soin de soi ??? Quand on a autant d'agitation intérieure, de choses à faire, et de scénarios catastrophistes à empêcher ? Charlotte, ce qu'il me faut c'est tout le contraire ! C'est un passage à l'action ! Une bonne grosse dose de contrôle sur mon mari, mes enfants et le reste du monde !
- Eh bien non ! Au contraire.

Aujourd'hui, je propose de t'expliquer comment prendre soin de toi, sans une minute de plus à ton agenda. L'exercice est simple et **consiste à remettre ton mental dans le même espace-temps que ton corps**. **Et d'être très stricte sur ce point. Tes pensées doivent se trouver au même moment et au même endroit que ton corps, et nulle part ailleurs.**

Pour cela, utilise tes sens. Nous, les humains, avons des ères cérébrales visuelles très grandes, donc **nous pouvons commencer par utiliser nos yeux afin de décrire notre expérience visuelle** :
- Je vois un arbre. Je vois des feuilles et des branches. Je vois le ciel. J'aperçois un chat noir qui marche tranquillement, et une femme qui arrive avec un sac très lourd. Je vois une voiture.

Nous pouvons ensuite passer à la description kinesthésique, olfactive ou sonore de notre expérience présente. Il n'y a aucun ordre particulier à respecter. **Nos sens nous ramènent naturellement au présent, à l'ici et maintenant.**

#8 – Maman est anxieuse

L'anxiété touche beaucoup de mamans et s'invite sournoisement dans nos esprits. **L'anxiété se basent sur des expériences passées douloureuses, qui alimentent des scénarios négatifs, qui eux-mêmes vont engendrer certaines attitudes au présent.**

Par exemple, comme un jour son mari a oublié de couvrir l'enfant, la mère inquiète prépare les affaires du petit à sa place[1]. Typique, non ?

De même, comme l'enfant a renversé 2 verres d'eau hier, la mère l'empêche de se servir « jusqu'à nouvel ordre ».

Quand nous sommes anxieux, nous entrons dans le contrôle et l'hypervigilance. Nous n'accordons plus notre confiance et empêchons voire interdisons aux autres de faire par eux-mêmes. Nos enfants et nos compagnons se voient privés de liberté car privés de confiance. Ils se mettent à souffrir. Quant à nous, nous souffrons aussi de notre hyper-contrôle, qui nous mène à accomplir les tâches que nous devrions déléguer. Il y a de quoi devenir folles. Cette charge mentale-là, nous la mettons nous-mêmes sur nos épaules !

Quand l'anxiété devient un poison pour nos enfants, nos conjoints (et nous-mêmes), il y a lieu de se recentrer sur nos priorités : l'épanouissement de tous.

La seule solution est d'accepter de laisser chacun faire ses essais, ses erreurs, et ses progrès.

---

1 Voir billet #6 – Que de souffrances vécues !

#9 – Une fois que tout sera impeccable

Je suis de celles qui veulent que tout soit parfait pour enfin se poser. Travailleuse, persévérante, je ne ménage pas ma peine pour que tout soit impeccable. Et alors, je m'octroie le repos mérité... enfin, je veux dire : **le repos que je méritais déjà avant que tout soit parfait.**

Et puis, comme tu le sais, il arrive que le moment où tout est justement parfait, coïncide exactement avec le moment où les enfants rentrent à la maison. Exit le fameux repos !

Bon, il a donc fallu que je travaille sur ça: **décider de me poser sans que ce soit impeccable. Me poser sans avoir à m'en justifier. Me poser parce que je suis un être vivant, et que les êtres vivants ont besoin de se poser.**

Ce repos-là n'est pas aussi bénéfique que celui où tout est impeccable, je te l'accorde, mais comme je le disais, celui où tout est impeccable tourne souvent au rendez-vous manqué.

Symboliquement, j'ai besoin d'associer ma pause à quelque chose... un verre d'eau, un thé, un bain de soleil. Quand je remarque que je suis en train de nourrir l'impeccable au détriment de mon bien-être, mon alerte mentale résonne « Charlotte, pose-toi avant toute chose ! ».

Je te passe la petite négociation intérieure qui s'en suit. Heureusement, la voix de la raison gagne de plus en plus souvent. Alors, adopte toi aussi, cette règle ! **Tu n'as pas à attendre que tout soit impeccable pour te poser. Tu n'as pas à te justifier de te poser. Tu as le droit « inaliénable » de te poser.**

#10 - Une journée de chien !

J'évoque parfois mon chien comme modèle de lâcher-prise. C'est un être heureux qui se fiche du passé et de l'avenir pour ne vivre qu'au présent. Il sait vivre une vie de qualité et savourer chaque plaisir qui s'offre à lui.

Alors, « temps de chien », « vie de chien » sont finalement de bien mauvaises expressions. Pour plaisanter, j'ai plutôt envie de dire : Pour avoir une vie pourrie, ayons une vie d'humain !

Faisons ensemble un petit jeu : **Aujourd'hui, ayons une vie de chien !** Tentons de prendre modèle sur nos amis à 4 pattes et soyons dans le présent, sans nous soucier de ce que notre collègue Bidule nous a dit, et sans ruminer 60000 pensées alarmistes.

Notre défi consiste à retirer le superflu de notre espace mental, à nous en libérer autant que possible. Plus rien n'a d'emprise sur nous, nous nous en fichons, nous vivons maintenant, pour maintenant.

Prête à relever ce défi ?

#11 – *Oui, c'est la vie !*

J'ai lu ceci récemment. Cela m'a amusée et je me suis dit que j'allais le partager avec toi :

« Il y a un nom pour les choses qui ne se passent pas comme on le souhaiterait : La Vie »

Nous avons des attentes et mettons beaucoup de choses en œuvre pour que tout se réalise selon nos plans. Cependant, quand nos efforts ne suffisent pas, la frustration est énorme.

Nous devons pourtant accepter de ne pas avoir de contrôle. Notre contrôle se limite à nous-mêmes, et encore !

Alors, c'est agaçant, frustrant, rageant même, mais c'est ainsi et cela porte un nom : La Vie.

La plupart des conflits parents-enfants commencent par des situations de contrôle qui échouent. Et cette perte de contrôle est tellement insupportable aux parents qu'ils s'autorisent chantage, menace, paroles blessantes, isolement et violence.

Pourtant, nous vivrions mieux si nous acceptions que le contrôle nous échappe, et si nous nous engagions pour que cela ne soit jamais la justification de comportements odieux de notre part. Car outre les conséquences sur nos enfants, nous sommes toujours la victime collatérale de nos élans d'humeur et d'agressivité.

Respirons, et lâchons prise !

#12 – J'ai encore raté !

Voilà ! Tu voulais gérer ce conflit avec patience, et patatra, tu en as eu ras le bol et tu as pété un câble. Bon. C'est déjà bien d'avoir essayé ! **Quand les émotions seront retombées, va vers la personne que tu as blessée pour t'excuser.**

Je vais te dire :

Rater c'est normal

Personne ne réussit tout, du premier coup (ni même du deuxième !). On passe en général beaucoup de temps à rater pour finalement réussir à-peu-près-bien.

Alors oui, **tu as peut-être déjà raté beaucoup de fois avant celle-ci, mais considère les progrès que tu as faits**. C'est important de les remarquer ! Essaie encore, persévère, et ainsi tu continues sur la voie du succès.

Accepte tes erreurs, et offre cette même indulgence à tes enfants. Ils seront motivés et progresseront encore plus vite !

#13 – J'arrête d'être parfaite !

La plupart des mamans ont un sens des responsabilités aigu. Elles veulent le meilleur pour leur famille, quitte à ce tuer à la tâche. Mais que se passerait-il concrètement si elles arrêtaient cette course effrénée à la perfection ?

Si nous arrêtions de vouloir que notre enfant réussisse (même) ses devoirs, qu'il ne mange que des repas équilibrés, qu'il prenne 6 douches par semaine, qu'il ne porte que de jolis vêtements sans tâche et bien repassés, que la maison soit rangée et nettoyée, tandis que nous resterions belles, minces, sportives, travailleuses, indépendantes, performantes, souriantes et super sociables, que se passerait-il ?

Eh bien, nous trouverions *La Liberté*

Une zone immense de temps et de tranquillité. Un espace dans lequel on peut décider pour soi et non plus selon les autres. Un espace où nos enfants peuvent être qui ils sont, sans se voir imposer ce que nous nous infligeons.

Nous cesserions de leur mettre la pression. Nous cesserions de nous mettre la pression. Et, ouf, enfin, ça irait mieux.

#14 – Le défi de l'année

Je ne me fixe jamais de défis (d'autres diront résolutions) entre décembre et janvier, en plein cœur de l'épuisement des fêtes, des repas à rallonge ou entre une rhino-pharyngite et une gastro-entérite.

Mon moment idéal, c'est plutôt les vacances d'été. Car alors, je me repose, je prends du recul sur ma vie, je sors la tête du guidon, je vis en-dehors de mes routines et automatismes et là, les déclics se produisent. Je me connecte à la « vraie » personne que je suis, à ce que j'aime et à ce que je trouve bon, utile et vrai pour moi.

Cette année, les vacances d'été m'ont donc délivré ce message : « Tu deviens trop sérieuse, ma vieille ! ». Était-ce motivé par ces rides qui creusent toujours plus mon visage ? Ou bien, le résultat de ma manière de réagir quand la vie s'accélère et que je stresse : « Arrête ça ! Pas comme ça ! Tu as oublié ... , etc. » ? Peu importe.

Mon défi est devenu le suivant : Et si tu osais rire chaque fois que quelque chose te contrarie ? Juste rire, franchement, ouvertement ?

Car, je trouve que peu de choses graves touchent mon existence et que souvent il y aurait matière à bien rigoler. Voilà donc que je relève ce défi de mon mieux, depuis quelques mois. J'en ai parlé à mes enfants pour qu'ils soient solidaires avec moi et me rappellent qu'en toute situation, j'ai décidé de rire ! Je me sens plus détendue. Ce défi me fait du bien. **Et toi, quel défi aimerais-tu relever ?**

#15 - Alors, motivée ou pas ?

La motivation est une chaîne de montagnes russes, plus encore quand on est une femme affublée du rôle de maman. Il y a les jours où on est motivée, et les jours où on n'est pas du tout (du tout, du tout) motivée. Mais, heureusement, on a quelques astuces, des principes-clés à respecter pour trouver notre salut !

- **Règle n°1 : Tu as un cycle, ne l'ignore pas !** Avant de remplir ton agenda, observes où tu en seras dans ton cycle menstruel, si celui-ci est assez prévisible. Seras-tu vraiment enthousiaste et pleine d'allant ce jour-là pour les châteaux gonflables, la fête d'anniversaire, etc. ?

- **Règle n°2 : Si la lune influence ton humeur, observe son cycle.** Ne te prive pas d'observer les effets de la lune sur ton humeur. Certaines personnes y sont sensibles. Si c'est ton cas, veille à anticiper une mauvaise nuit, un manque de sommeil, une humeur lunatique passagère.

- **Règle n°3 : Prends conscience de ce qui aiguise ta motivation.** Une bonne douche le matin ? Un thé toute seule à l'aube ? Une activité créative ? Certaines musiques ? Choisis d'accorder chaque jour 5 minutes de temps à ce qui te régénère. Fais-en ton rituel immuable.

Te voici maintenant avec quelques cartes pour attirer la motivation à toi. Et si celle-ci résiste obstinément, sache accueillir que c'est ainsi, sans jugement. Tu as peut-être juste besoin de te reposer.

#16 – Si je vais bien, les autres vont bien

Il peut arriver que nos enfants n'aient pas la grande forme. Dans ma vie de maman, j'ai constaté ceci : si mes enfants ne sourient plus, se traînent et râlent, c'est soit qu'ils couvent quelque chose, soit que je ne souris plus, que je me traine et que je râle.

Si je vais bien, ils vont bien. Si je vais mal, tout le monde va mal.

En cas de baisse du moral des troupes, examine donc ton propre moral. Plutôt que de dire à tes enfants d'arrêter de râler, prends soin de toi et offre-toi ce que ton corps et ton mental te réclament.

Examine ce qui te manque et te ferait plaisir. N'attends pas pour trouver un temps pour toi. Ce temps que tu t'offriras, profitera à toute la famille. L'énergie et le moral reviendront plus vite.

#17 – Panne sèche

A force de gérer la charge émotionnelle de nos enfants, notre propre monde émotionnel est impacté. Un peu comme s'il y a avait des transferts d'énergie qui se jouaient entre nos enfants et nous. Nous fournissons le carburant pour qu'ils surmontent les défis de la vie, puis cela devient si intense que nous finissons en panne sèche.

Malheureusement, cette tâche est immense et peu valorisée. Les partenaires bienveillants, soucieux de nous donner la possibilité de remettre du carburant dans notre machine ne sont pas légion. Tout au plus arrivons-nous à faire un bref passage à la station, rarement pour un plein, alors que ce plein nous serait si précieux.

Si nous pouvions refaire le plein, nous saurions redonner une énergie positive, de la patience, de l'indulgence et de l'humour aux difficultés de la vie.

Dans notre couple, nous aurions de la bonne humeur. Nous pourrions réapprovisionner nos enfants d'un carburant sain, exploitable, ni polluant ni pollué.

Si ton partenaire est l'un de ceux (encore rares) qui donne à sa compagne la possibilité de refaire le (vrai) plein, peut-être auras-tu envie de lui exprimer ta gratitude en soulignant **qu'en agissant ainsi, il fait du bien à sa famille et à son couple.**

Si ton conjoint n'est pas de ceux-là, peut-être pourras-tu **parler avec lui de ton souci de panne sèche, de carburant polluant et pollué, de ce vide d'énergie qui n'est jamais comblé et qui vous apporterait tant à tous.**

#18 - Ecoute les oiseaux chanter

Les enfants et moi étions en train de marcher, quand mon attention fut attirée par un son joyeux : le chant des oiseaux.

Que l'on soit en ville ou à la campagne, à la montagne ou à la mer, toujours subsiste la mélodie vivace des oiseaux.

Cette mélodie qui me reconnecte au moment présent. Qui me rappelle que la planète est merveilleuse et hospitalière. Que sous mes pas et partout autour de moi, c'est la vie à l'état pur. Que tout est là pour que je me sente bien, ici, maintenant. Que je peux saisir le bonheur d'être avec mes enfants. Que mon cœur est empli d'une vive gratitude que je brûle de témoigner. Merci.

Rappelle-toi la Nature à toi, c'est une vraie ressource ! Des études montrent qu'à son contact nous nous apaisons[2], nos enfants trouvent leur calme intérieur, et l'intensité des difficultés diminue.

Va sur Youtube et dans la barre de recherche, inscris « chant oiseau ». Fais-ton choix, allonge-toi et ferme les yeux pour te laisser voyager !

---

2 Meredith A. Repke, Meredith S. Berry, Lucian G. Conway, III, Alexander Metcalf, Reid M. Hensen, Conor Phelan, *How does nature exposure make people healthier?: Evidence for the role of impulsivity and expanded space perception*, US National Library of Medicine National Institutes of Health, 2018

#19 - L'effet boule de neige

Tu connais certainement l'effet boule de neige, celui qui décrit comment une accumulation de choses crée un phénomène plus grand. Eh bien, nous allons parler aujourd'hui d'une autre boule de neige... celle que l'on trouve à la période de Noël.

Sous un globe de verre, se trouve un décor. Si on le secoue, la neige va dans tous les sens et le décor n'est plus clairement visible. C'est comme si tout devenait flou. Mais, si on pose le globe et que l'on attend patiemment, alors la neige se dépose et le décor réapparaît.

Notre vie est comme ce décor enneigé. Quand elle est tourmentée ou agitée, notre espace mental devient flou et nous manquons de clarté. Mais, si nous réussissons (1) à faire cesser l'agitation - ce qui peut vouloir dire se reposer, s'éloigner d'une situation pénible et patienter, (2) alors la clarté revient avec son lot de bonnes idées.

Je te propose d'utiliser cette image ressource pour t'aider à dépasser les périodes de flou. Pense à toujours te reposer en premier. Tu verras que le reste suivra facilement.

#20– Mon ami le casque anti-bruit

La première fois que je me suis aperçue que les cris d'enfants pouvaient m'épuiser physiquement autant que nerveusement, ce fut quand ma fille d'un mois, souffrant de coliques, s'est mise à pleurer pendant des heures. Au début, j'arrivais à gérer. Mais, au bout de quelques temps, mes tympans n'ont plus pu le supporter et j'ai fini par souffrir même dans le calme. J'ai alors découvert que les pleurs d'un bébé pouvaient atteindre 100 décibels et j'ai osé prendre une mesure bien simple : j'ai mis des boules Quiès®.

Mon soulagement a été immédiat. Je ne l'ai plus entendue que "de loin" et mon stress retombant, ma fille a cessé de pleurer. Finalement c'était mon stress qui faisait durer ses pleurs.

J'avais oublié cette aventure. Puis, mes enfants ont grandi, se sont mis à jouer ensemble et leur agitation a rendu mon travail impossible. Cette fois-ci, je me suis offert un casque anti-bruit (trouvé dans un magasin de bricolage). Et tout est devenu beaucoup plus calme.

Mon casque anti-bruit a connu un tel succès que mes deux enfants ont voulu avoir le leur. Ainsi sont-ils devenus eux-mêmes plus calmes, ayant la possibilité de s'intéresser tranquillement à une tâche malgré le bruit.

Nos casques anti-bruit ont longtemps fait partie de notre vie et je trouve toujours dommage que cet accessoire ne fasse pas partie de la liste des fournitures scolaires. Il est même refusé par la majorité des enseignants et je ne comprends pas pourquoi on prive de confort et de calme les enfants qui en ont besoin.

Bref, rappelle-toi que le bruit a des répercussions importantes sur nos niveaux de stress et de bien-être. N'hésite pas à aménager ton environnement sonore !

#21 - Mets ton masque à oxygène

Dans les avions, on recommande aux adultes de mettre leur masque à oxygène avant de le mettre aux enfants. Mais concrètement, qu'est-ce que cela veut dire pour nous ?

Cela signifie simplement que si tu ne prends pas soin de toi, tu ne peux pas prendre soin des autres. Une maman asphyxiée est une maman inutile. Ainsi, si tu te sens mal, triste à bout de nerfs ou épuisée, tu rencontreras des difficultés pour t'occuper de tes enfants.

Prendre soin de toi est donc absolument essentiel et incontournable. C'est ta première responsabilité, afin de réussir à prendre soin de tes enfants.

Nous nous sommes toutes déjà dit : « Oui, oui, quand j'aurai le temps, je m'occuperai de moi ». Mais ce temps-là ne vient jamais. **Il faut aller le chercher, puis le trouver, puis le garder, puis le cultiver !**

Alors, concrètement, fais une liste de ce qui te ferait plaisir et change-la en décision simplement en associant chaque idée à une date et une heure dans ton agenda.

#22 – Le MBQ : Mummy Break Quotidien

Quelque chose de si bon et de si savoureux qu'un moment de repos pour une maman, tout le temps sur les chapeaux de roue, se doit de porter un joli nom. Voici donc le Mummy Break !

Le break (*la pause en anglais*) que toute maman a le droit de s'offrir, sans aucune justification, aucun prétexte ni aucune excuse.

Car le Mummy break est l'un des traitements les plus efficaces contre le burn-out, la surcharge mentale, l'épuisement physique, le ras-le-bol et le fameux pétage de plombs maternels. Ceci à condition de le prendre ré-gu-liè-re-ment, comme tout bon traitement !

Le Mummy Break est donc ce moment où tu te mets en pause et où tu t'offres une oasis de temps dans une journée marathon.

Si tu as peur d'oublier de prendre tes 2 ou 3 Mummy Breaks Quotidien (les MBQ), programme une alarme sympa sur ton téléphone pour te le rappeler. Pense aussi à expliquer le principe du Mummy Break à tes enfants, pour qu'ils sachent que quand la sonnerie retentit, Maman est sur pause !

#23 – N'abandonne pas

Beaucoup d'adultes se plaignent que leur enfant se comporte mal. Mais, bien peu d'enfants se plaignent de l'attitude de leurs parents. Quand l'adulte rumine, l'enfant pardonne.

Pourtant, les fautes des parents sont plus graves que celles des enfants. Un enfant qui crie ne brise pas un adulte. Mais, l'adulte qui crie souvent brise l'enfant.

Enfin, les fautes de comportement des enfants ne viennent jamais que des adultes eux-mêmes. L'enfant sans cadre ou bénéficiant d'un mauvais modèle, fait « comme il peut ».

Quand c'est trop dur et que l'on a tout lu, tout vu, tout compris de l'éducation positive, sans réussir à changer, il est possible que nous soyons embourbés dans les dégâts de notre propre éducation, de notre propre histoire qui reste vivace et insurmontable.

Insurmontable, oui, mais seulement pour le moment. Car, nous pouvons tous réussir à dépasser nos excès de colère. Mais, cela nous demandera du travail et du soutien.

Alors, si tu te trouves en difficulté, choisis de te faire accompagner. Crois en toi, ne lâche rien et utilise les ressources à ta disposition. Ces ressources sont parfois des personnes formées dans l'accompagnement[3] qui savent guidées les personnes arrivées dans une impasse.

---

[3] Accède au registre des coachs parentaux francophones du monde entier sur www.parentalite-positive.com (ouverture courant 2020)

#24 – Un temps pour récupérer

Le grand t'appelle en hurlant dans la maison car il ne trouve plus ses chaussures de sport. Le bébé pleure et veut venir dans tes bras, mais ta petite est sur le pot et il faut que tu l'essuies. Si avec ça tu n'as pas envie de crier « Zuuuuuut ! » Et j'en passe... Car parfois la pression monte trop et trop vite.

Mais, tout n'est pas foutu !

Dès que tu auras géré ce vent de panique, n'attends pas une minute pour faire redescendre la pression. Va boire un grand verre d'eau fraîche, passe tes mains sous l'eau, ou encore, ouvre quelques secondes la fenêtre et pose ton regard sur l'extérieur tandis que tu t'oxygènes.

Un moment de pression intense doit toujours être suivi d'une phase de récupération.

Sans cela, tu risques d'accumuler les tensions et les libérer de la plus mauvaise des manières (probablement en mode maman-dragon).

Allez ! 1,2, 3. On respire, on boit, on s'aère, et on est prête à rebondir !

#25 - Comment va ton sommeil ?

Si tu ne dors plus depuis que tu as des enfants, tu es probablement épuisée, nerveuse, réfractaire à te lancer dans de nouveaux projets ou peu enthousiaste à l'idée de faire diverses activités.

C'est normal, car le sommeil est indispensable à notre santé. Malheureusement, le sommeil de l'enfant se met progressivement en place tandis que ses réveils nocturnes répondent à des besoins essentiels. Nous savons de sources scientifiques que c'est vers 4 ans que l'enfant commence à dormir des nuits entières. Cela veut dire que jusque-là, vos besoins respectifs ne s'ajustent pas bien et que leur satisfaction peut vous mettre en difficulté. Tu dois donc prendre soin de ton repos chaque fois que possible.

Ma proposition est la suivante : **je voudrais que tu te rendes capable de t'offrir une fois par semaine une nuit complète**. Si tu vis en couple, je voudrais que ton partenaire s'occupe seul de vos enfants au moins une fois par semaine, afin que tu dormes une nuit entière, là où bon te semble.

Certaines mamans doivent quitter leur domicile et aller dormir chez leurs parents pour dormir enfin. Pourquoi pas ? Cela pourrait te faire beaucoup de bien.

Je ne suis pas capable de te dire exactement comment réaliser cette mission, car je ne sais pas comment s'organise ta vie. Mais je voudrais te rappeler qu'il n'y a absolument aucune raison pour que ton compagnon ne t'aide pas dans cette mission, aucune raison légitime de te sentir gênée.

Tu as droit au repos et ton compagnon a droit à sa charge de travail parental.

#26 - Répartis la charge parentale

Aujourd'hui, plus d'un couple sur deux divorce et les femmes continuent d'assumer l'essentiel de la tâche éducative. Pour la santé de tous et l'avenir des familles, il important d'impliquer les hommes dans la vie des foyers.

- Comment cela se passe-t-il chez toi ?
- Trouves-tu suffisamment de soutien dans ton foyer ?
- La charge parentale te semble-t-elle valablement répartie ?
- Y a-t-il des tâches que tu aimerais déléguer à Monsieur ?

Si tu te sens seule ou sous pression, il est préférable que tu n'attendes pas trop longtemps pour en parler. **Les rancœurs accumulées explosent souvent sous la forme d'accusations, de reproches, plaintes et jugements qui empêchent de se comprendre et d'avancer.**

Plutôt que d'en arriver là, veille à t'exprimer en partant de toi : tes pensées, tes émotions, tes attentes et ta demande. De cette manière, vous améliorez vos chances d'avancer ensemble dans l'écoute et le respect mutuels.

#27 – *Ciao et à bientôt !*

Et un jour, tu prends tes affaires, et tu te casses ! Oh, pas pour toujours, juste un petit peu, le temps de te ressourcer (si cela t'est possible).

Quand tu pars pour la première fois, tu peux te sentir tout à la fois pétrie de remords, d'excitation, de culpabilité, de joie, de folie, et de liberté. Tu t'en vas sans ta famille, sans ton mari, sans tes enfants. Waouh !

La première fois, pour moi, c'était à quelques kilomètres de ma maison, dans une pension, un ancien monastère, plongé dans la nature et le silence. J'étais fatiguée. Fatiguée d'entendre du bruit, fatiguée d'être interrompue dans mes propos comme dans mes pensées et j'avais soif de solitude. Pendant deux jours, j'ai mis ma vie sur pause. J'ai pris trois livres, mes baskets, une laine polaire et quelques affaires. J'ai trouvé le silence et le calme qui m'ont littéralement ressourcée. J'ai entendu ma voix intérieure, celle qui était rendue inaudible par l'agitation.

A mon retour, j'étais plus au clair sur mes attentes, et plus à même de chérir ce que la vie m'offrait chaque jour. J'avais renoué avec le désir de donner le meilleur moi-même.

Quelle que soit la manière dont tu le feras, quel que soit le moment où tu t'y autoriseras, sache qu'il est normal de s'offrir de petits tête-à-tête avec soi-même, des échappées belles !

#28 - Comment vas-tu ?

Dis-moi, comment vas-tu ?

As-tu quelques minutes pour t'asseoir aujourd'hui et écrire comment vont ton corps, tes émotions, et ton esprit ?

Corps, émotions, esprit forment le triangle de la pleine conscience. Faire le point sur chacune de ces facettes de ta vie est une bonne manière de faire « le tour du propriétaire » pour mener à ta conscience ton état d'être.

Tu seras parfois surprise de constater qu'il y a des informations que tu as laissé passer. Les traces d'une conversation, une empreinte émotionnelle, ou ton corps qui raconte une douleur ou un bien-être.

Je te propose de t'asseoir, de respirer et de fermer doucement les yeux, puis de répondre à cette question : Comment ça va ?

Cet exercice est l'un de mes préférés ! Pratique-le aussi souvent que possible !

#29 – Je ne le sens pas

J'ai tellement de témoignages de mamans qui ont eu raison de suivre leur intuition et tellement peu de mamans qui ont eu tort de l'avoir suivie, que cela sonne comme une évidence : **Suis ton intuition !**

Combien sommes-nous à garder le souvenir d'un enfant qui n'allait pas bien, d'un comportement inhabituel, de quelque chose qui nous alertait tandis que des médecins, des spécialistes, ou la famille, nous dissuadaient de nous écouter ? Nous sommes nombreuses à avoir traverser de **véritable parcours du combattant pour être entendues, et finalement et tardivement, obtenir que l'on nous donne raison.**

Alors, ne transige pas. Si tu as le sentiment que ton enfant n'est pas bien, qu'il ne se développe pas comme les autres, fais-toi confiance. Tu es l'experte de ton enfant. Tu le connais. Tu es celle qui passe le plus de moments d'intimité avec lui. Fais-toi confiance même si c'est dur. Les médecins et les enseignants sont de bonnes personnes et désirent faire le bien autour d'eux. Mais aucun ne passe autant de temps avec ton enfant que toi, et c'est cela qui change tout.

Je l'ai vécu à plusieurs reprises. Quand j'ai senti que ça clochait, j'ai trouvé des personnes qui se voulaient rassurantes autour de moi, mais qui en général ne m'écoutaient pas vraiment. Or, la vie m'a toujours donné raison parce qu'effectivement, je suis la plus à même de dire si mes enfants se portent et se développent bien ou non.

#29 – Le trop est l'ennemi du bien

Quelle maman ne désire pas organiser le plus bel anniversaire, le meilleur gâteau, la plus belle fête pour ses enfants ?

Certaines construisent des mondes enchanteurs et des décors féériques. Créatrices de souvenirs, elles donnent tout et témoignent qu'elles auraient aimé qu'on en fasse autant pour elles. Correctrices des injustices et déceptions du passé, les voilà qui s'investissent corps et âmes pour rendre la vie de leurs enfants 1000 fois plus belle qu'elle ne l'ont vécue.

Mais attention, à ne pas foncer tête baissée dans le « trop ». Ce trop qui est l'ennemi du bien. Ce trop qui épuise. Ce trop où la maman d'un enfant de 4 ans n'arrive plus à jouer avec lui parce qu'elle est trop occupée à préparer un gâteau *Cars* en pâte à sucre ou un univers *Reine des Neiges.* Ce qu'elle immortalisera par une série de photos à retoucher, sélectionner, publier et imprimer dans des livres dédiés, dès que la fête sera finie.

On a l'habitude d'entendre que les enfants manquent de discipline. Je trouve que nous, les adultes, avons beaucoup de mal à nous discipliner.

Et si nous apprenions à nous arrêter ? A réaliser que nous ne devons pas en faire autant, et qu'à tout donner de cette manière, il ne restera rien du meilleur de nous : notre vraie présence.

Je t'invite à choisir avec conscience où mettre ton temps et ton énergie. **Fais ce qui te semble juste, pour être en accord profond avec toi-même et en bonne santé mentale et physique.**

#30- Arrête de te justifier

J'ai tellement pris l'habitude de tout expliquer à mes enfants que j'en viens à me justifier, même auprès des adultes. Dernièrement, une amie m'a dit : **« Tu sais, tu peux aussi dire « NON », sans te justifier ».**

Elle a raison. Il y a des personnes auxquelles nous offrons la courtoisie de nos explications (et justifications). C'est normal, cela apporte du sens et de la douceur à notre refus. Puis, il arrive que nous ayons déjà bien expliqué notre point de vue et notre demande. Un simple « Non » devrait alors suffire.

Par exemple, j'ai expliqué à notre famille pour quelles raisons un livre pour l'anniversaire de nos enfants était souhaitable et surtout, suffisant. Je n'ai pas été écoutée et malgré mes gentilles et longues explications, de très nombreuses babioles en plastique inutiles ont envahi notre maison, année après année.

Désormais, je dis « Non, merci », j'ajoute un petit rappel de nos valeurs, un gentil sourire, et me contente de rendre le ou les cadeaux offerts. Est-ce rude ? Peut-être.

Il est également rude de ne pas écouter l'autre, année après année, demande après demande, explication après explication.

Mon amie à raison. Nous avons le droit de dire « Non ». Juste « Non ».

#31- Je me pardonne

Il a fallu que je me pardonne beaucoup d'erreurs pour avancer. J'ai voulu me pardonner pour vivre bien et être en mesure de pardonner aux autres.

Je me suis pardonnée d'avoir laissé pleurer mon fils un jour, je me suis pardonnée d'avoir crié trop fort, plusieurs fois. J'ai présenté mes excuses à mes enfants et je me suis pardonné ces blessures que je leur ai infligées.

J'ai pu me pardonner parce que j'ai compris dans quel contexte c'était arrivé, parce que j'ai fourni de vrais efforts pour éviter que cela ne se répète, parce que je suis de bonne volonté, et que je reconnais que je ne suis pas parfaite et ne le serai jamais.

Pour toutes ces raisons, j'ai estimé que j'avais le droit de me laisser tranquille, de ne pas m'accabler, et juste, de me pardonner.

Cela ne signifie pas que je ne regrette pas ce que j'ai fait, que je n'y pense plus ou que cela ne compte pas pour moi, mais **que j'accepte que ces événements appartiennent au passé et qu'ils n'ont de sens que si la culpabilité qu'ils génèrent nourrit le changement.** Je me suis employée à changer avec toute mon énergie et ma sincère volonté.

Chaque jour, mes enfants - parce qu'ils sont des enfants - font des bêtises ou commettent des erreurs. Je me sens alors frustrée, agacée, énervée, dépitée, déçue, dégoûtée. Puis, nous en parlons. **Je les pardonne toujours autant qu'ils m'ont toujours pardonnée et autant que je désire qu'ils sachent se pardonner eux-mêmes.** Ainsi, peuvent-ils progresser.

Je t'invite donc à te pardonner, à tourner la page pour permettre à tout le monde d'avancer. **Commettre des erreurs est ce qui nous rend humains.** Et, nous ne devons pas nous accabler démesurément pour des erreurs qui n'en valent pas la peine.

#32 – Offre-toi des fleurs !

Alors que tu évolues sur ce parcours, il est temps de célébrer tes efforts. Je te propose donc de t'offrir 5 fleurs.

Chaque fleur incarnera ce que tu estimes positif dans ta manière d'appréhender ton rôle de maman. Ton bouquet pourrait ainsi mettre à l'honneur tes progrès, ta persévérance, ton ouverture d'esprit, ta gentillesse et ta patience.

Ou plus concrètement, une fleur pourrait rappeler ta gestion de la crise d'hier matin, une autre le coucher sans accroc de l'autre soir, puis tu en aurais une pour avoir câliné ton enfant malgré les remarques te menaçant de trop le gâter.

À toi de décider à quel exploit ou quelle qualité tu accordes chaque fleur. Ce soir, quand toute ta petite famille se retrouvera, tu pourras expliquer ce que tes fleurs symbolisent.

#33 - C'est l'aube après une nuit de pluie

J'ai craqué. J'ai pleuré. J'ai évacué toutes mes larmes. J'avais l'impression que ça ne s'arrêterait jamais. Et puis, d'un seul coup, ma tempête s'est calmée. Je me suis sentie vidée, épuisée, mais nettoyée. Propre de ce nettoyage émotionnel. Comme détoxifiée.

C'était comme l'aube après une nuit de pluie. Quand l'air est propre et encore humide. Quelque chose de nouveau semble possible.

Ne crains pas d'exprimer ton chagrin. Il raconte ton humanité, ta vulnérabilité, ton authenticité. Ce sont tes forces. Rappelle-toi que tes larmes nettoient le paysage de tes émotions et de tes idées, pour rendre ton esprit ouvert à un nouvel élan.

#34 – S'ils se parlaient comme ça

Comment nous sentirions-nous si nos enfants se parlaient intérieurement comme nous nous parlons parfois ? Aurions-nous le cœur brisé de les entendre être durs et intransigeants envers eux-mêmes ?

Si c'est le cas, je te propose de te donner de la considération et de devenir plus indulgente, patiente et résiliente envers toi-même.

Un enfant n'a pas besoin d'une super maman parfaite, car lui-même ne sera jamais parfait. La perfection ne lui apprend rien. Mais, une maman imparfaite peut lui montrer comment vivre heureux malgré ses défauts et ses erreurs, comment les reconnaître, les réparer, s'excuser, sans jamais se nuire ou se punir.

Si tu t'entends être dure, impitoyable, sévère et véhémente envers toi-même complète l'une de ces phrases :

- *Oui mais ce n'est pas toujours comme ça, l'autre jour, j'ai…*
- *Ce n'est pas vrai, il m'arrive de…*
- *Peut-être, mais j'ai aussi réussi…*
- *Vraiment, tu exagères, tu es bien mieux que ça, d'ailleurs l'autre jour...*

Change ton regard sur toi-même. Tu verras des effets en cascade.

#35 - Pourquoi une maman a-t-elle le devoir de s'aimer ?

« Pour pouvoir t'aimer sans réticence, j'ai dû apprendre à m'aimer sans réserve. » - Jacque Salomé

Je suis insistante pour que tu tisses avec toi-même une véritable relation d'amitié et notamment que tu te donnes la place que tu mérites au sein de ta famille. Que cela passe par une thérapie, une formation, ou un autre type de travail sur toi, voici pourquoi cela me semble compter au plus haut point :

Si ton enfant peut observer que tu t'aimes, il saura mieux lui-même tisser cette relation de qualité avec lui-même. En grandissant, il choisira les relations, situations et environnements qui lui font du bien. Il saura prendre soin de lui, manger sainement, faire du sport. S'il s'aime, les voies du bonheur et de l'épanouissement lui seront naturellement grandes ouvertes.

Cependant, l'absence d'un tel modèle peut lui rendre la tâche bien difficile Si son père ou sa mère ne s'aime pas, comment saura-t-il prendre soin de lui, se donner une place, être à l'écoute de lui-même ? En l'absence de modèle, le processus d'apprentissage est rompu. C'est pourquoi, il nous revient de donner l'exemple à nos enfants.

Dans l'atelier pour parents que j'ai créé TePaPo 0-12 ans[4], nous commençons par cette magnifique citation de Christian Bobin[5] :

---

[4] TePaPo signifie Techniques de Parentalité Positive, voir www.formations-positives.com pour plus d'informations.

[5] Christian Bobin, *L'inespérée*, Gallimard, 1994

« **L'intelligence est la force, solitaire, d'extraire du chaos de sa propre vie, la poignée de lumière suffisante pour éclairer un peu plus loin que soi** ».

J'adore cette idée que par ma propre vie, je peux éclairer celle de mes enfants. Mes batailles et mes victoires deviennent plus légères quand elles bénéficient à tous. Alors soyons intelligents et éclairons le chemin de nos enfants.

#36 – Gratitude

Robert Emmons[6] a été le premier a prouvé scientifiquement les effets positifs de la gratitude. Et ils sont multiples !

- Elle booste les relations conjugales.
- Elle augmente la productivité au travail.
- Elle améliore la santé tant sur le plan immunitaire et cardiovasculaire qu'au niveau psychologique.
- Elle permet de développer des relations plus intenses et profondes avec les autres et accroît le sentiment de connexion et d'appartenance.

La gratitude est donc une ressource que nous devrions toujours avoir dans la poche.

Bien sûr, tu n'es pas obligée d'apprécier tout ce que la vie met sur ton passage. Après tout, tout n'est peut-être pas appréciable. Mais, si tu me lis maintenant, c'est que tu as un livre, un endroit où t'asseoir, une couverture pour mettre tes pieds au chaud. Tu profites d'un confort et de perspectives que d'autres n'ont jamais connus grâce à la conjonction de millions d'actions réalisées par des gens que tu ne connaîtras jamais.

Cette personne qui a élevé des moutons, celle qui a récupéré leur laine, cette autre qui l'a filée puis tissée. Cet homme qui l'a emballée, puis qui l'a transportée dans son camion. Ce type qui donnait des signaux aux navires pour les aider à exécuter leurs manœuvres avant de charger la marchandise destination Europe, et dans laquelle justement, ta couverture se trouvait... Tant d'humains sont mêlés à ton confort et à ta vie !

---

[6] Robert Emmons, *Merci ! Quand la gratitude change nos vies*, Belfond, 2008

Robert Emmons a découvert qu'en écrivant chaque soir 3 raisons de gratitude, notre bonheur grandissait !

Je te propose de faire cet exercice pendant 3 semaines et de vivre cette expérience merveilleuse.

#37 – Comment vivre les souffrances ?

Les étagères des librairies affluent de propositions pour se développer personnellement et vivre mieux. Mais finalement, la question qui se pose d'une manière plus ou moins directe dans la trame de ces ouvrages est : Comment vivre nos souffrances ?

Hier, j'ai beaucoup pleuré à cause d'un événement qui me touchait. Quelqu'un m'a proposé différentes « recettes » pour me soulager. Je lui ai dit que je ne voulais rien faire pour abréger ma souffrance et que j'avais au contraire le désir de la vivre pleinement. Je voulais la sentir, la palper.

Il y a en nous quelque chose de tendre, de triste et de beau qui désire parfois prendre toute la place. Ce serait dommage de s'en priver. Car **quand on y touche, on se reconnecte à soi, à la vie, aux autres et à l'essentiel. Alors, la souffrance s'efface et laisse sa place au calme mental et émotionnel.**

Probablement, dans nos vies surchargées, est-il nécessaire de chambouler notre agenda, pour offrir un espace-temps à une forte émotion désireuse de s'exprimer. **La laisser apparaître pleinement, la reconnaître, la nommer, accepter sa présence et son message, puis la laisser disparaître.** C'est ainsi pour nous tous : petits et grands. Le processus n'a pas de raison d'être accéléré, il doit être accepté, même si c'est dur.

Alors, bien sûr, cette information ne fait pas plaisir. Elle ne se lit pas en 300 pages, et ne remplit ni les librairies, ni les comptes bancaires. C'est une information nue, crue et très simple et **ce qui nourrit les librairies, n'est autre que notre refus d'y croire et de l'accepter.**

#38 -Les psychatrices de ma vie

Je n'ai pas la maternité de ce mot si bien pensé : **psychatrices** Les cicatrices de notre mental. Nos souffrances intérieures. Ces petits et grands traumas qui se rappellent à nous de manière inopinée.

Je n'ai pas non plus de traitement pour mes psychatrices. J'ai seulement appris que le plus simple pour vivre bien avec soi-même et avec les autres, étaient de les connaître, de les reconnaître et de les accepter. C'est-à-dire, retirer l'armure qui nous protège autant qu'elle nous éloigne des relations authentiques, et **vivre avec nos blessures** plutôt que de faire semblant.

Ne plus dire à son compagnon ou à son enfant des choses comme « c'est la moindre des politesses que tu m'écoutes », mais, « je me sens mal quand il n'y a pas d'écoute entre nous ».

Ne plus se cacher derrière « il faut que je fasse le ménage, la lessive, etc. » quand de toute évidence il n'y a pas d'urgence, mais admettre « c'est difficile pour moi d'être simplement dans la relation. Je remplis un vide intérieur en m'occupant. Pardon. Je vais m'asseoir et être avec toi. Merci de me rappeler que je dois apprendre à simplement être ».

Pour moi, ce message touche à une idée éminemment importante : la vraie force est de porter notre vulnérabilité comme un étendard.

#39 - Ce que je vais faire...

Un jour, j'ai commencé un carnet. C'était un peu après la mort de Michaël Jackson. Je me suis dit « Eh M**** ! Je n'ai jamais vu de concert de Mickaël Jackson, quel dommage ! ».

L'un de mes formateurs de coaching avait suggéré de tenir **une liste de tout ce que nous voulions faire dans notre vie pour ne rien manquer et prendre la bonne direction.**

Alors je me suis offert un carnet, et j'ai commencé « ma liste des choses à vivre avant de mourir ». **J'y reviens chaque fois que je souhaite la compléter, y cocher ce que j'ai réalisé ou barrer ce qui finalement, ne m'intéresse plus.**

Mais, je le consulte aussi pour mes choix importants...

Par exemple, imaginons que ton patron te propose de gagner en responsabilité, avec une augmentation à la clé. Tu pourrais te dire « Waouh, trop cool !!! » et te précipiter sur ce que tu identifies comme une chance.

Mais, si tu as ce carnet et que dedans tu as écrit : « Vivre au bord de la mer », « voir mes enfants au moins 8 heures par jour, jusqu'à ce qu'ils aient 16 ans », alors tu sauras que cette offre-là n'est pas pour toi.

Je t'invite à mettre en place un tel carnet. Indique dessus ce que tu veux vivre avec ta famille, tes enfants, tes amis et dans ta carrière. Précise ce qui te rend heureuse, du plus futile au plus sérieux. Compare ta liste aussi avec ce que tu vis aujourd'hui et pose-toi les bonnes questions !

#40 – Toujours pas le temps

Un jour ou l'autre, nous pensons que nous n'avons pas le temps. Pas le temps de prendre soin de nous, pas le temps d'être avec nos enfants, pas le temps de finir ce travail important, de faire les courses, de faire le ménage, de repasser, de lire une deuxième histoire, de veiller tard, d'appeler notre amie, de jardiner, de cuisiner, de rire, d'écouter, de vivre... Pas le temps d'exaucer nos rêves, ces rêves que nous rangeons dans le placard des « pour plus tard » qui se transforment en « jamais fait », « j'aurais voulu », « c'est trop tard » et « si seulement j'avais su ».

Alors, ouvrons ton placard et dis-moi ce que tu as mis dedans. Quels rêves y as-tu laissé comme autant de plumes de tes ailes coupées ?

Je vais te dire, i**l n'y a qu'une seule chose pour laquelle tu n'as ni le temps d'attendre ni celui de tarder, c'est Vivre ta vie.** La vie que tu aimes, que tu trouves exaltante, qui te rend toujours plus jeune, plus belle, plus attirante. Non, tu n'as pas le temps d'attendre pour vivre et réaliser tes rêves.

Alors ouvre le placard des « pour plus tard » et place les dates d'échéance. Étiquète tes rêves d'un «valable jusqu'au .... », « tenir au frais pendant... », et « ne pas laisser à la portée des pessimistes ». **Saisis-toi d'un rêve et réalise-le !**

Tu sais, on en fait tout un plat, mais il n'y a rien de plus simple. **Les rêves se réalisent quand on croit en eux.**

#41 - Dis-leur OUI !

Combien d'occasions j'ai dû rater de me reposer un peu, car je n'étais pas capable de dire oui quand une personne m'offrait un service.

Tant de « oui » acceptés auraient rendu ma vie plus douce : « Oui, merci, prends ma fille ce matin » ou bien « Oui merci, prends-moi 1 kg de courgettes et une brique de lait à l'épicerie », « OK, super ! Récupère mes enfants à la sortie de l'école ».

Que de « oui » qui se sont soldés par des « non », car j'avais peur de ne pas être capable de rendre la pareille, car je craignais d'être prise pour une incapable, car je culpabilisais. Que de « oui » manqués, qui m'auraient libérée.

Aujourd'hui, je suis devenue la maman en position d'aider les autres. J'ai compris que **je dois insister pour rendre service aux autres mamans, aller au-delà de leurs premiers refus avec des propositions très concrètes et, quand j'ai besoin d'aide, désormais, je le dis haut et fort.**

Toi aussi, cherche activement le soutien dont tu as besoin et accepte les mains tendues. Cela rend le monde plus heureux pour tous !

#42 - Crevée!

Crevée. Toujours crevée. Plus envie de rien faire. Juste rester sous la couette et dormir. C'est ma copine Gwendoline qui est comme ça. Pâle et l'air pas motivée.

- Eh Oh ! Gwendo ! Va voir le docteur !

- Non... c'est juste un petit coup de mou...

- Il faut que tu fasses un bilan !

Tu vois Super maman, tu es une grande fille maintenant et tu es responsable de tes petites têtes blondes. **C'est à toi désormais de te materner et de t'occuper de toi correctement. Si tu ne le fais pas, personne d'autre ne le fera. Et, ce n'est juste pas possible de prendre soin de quelqu'un, si l'on refuse de prendre soin de soi.**

Tout n'est pas « psychologique ». **Certaines fatigues, lassitudes, irritabilités ont des origines physiologiques.** Une carence en fer, ou en vitamines B12 et hop, c'est toute ta vie qui devient pénible.

Être toujours fatiguée n'est pas un état « normal ». Il ne faut donc pas l'accepter comme quelque chose d'inéluctable.

Pense à faire le point si tu te sens concernée par ce message. Prends rendez-vous chez ton médecin et fais un bilan.

#43 – Sommes-nous condamnés à tout voir en noir ?

Certains pensent qu'il suffit d'un compliment pour compenser un reproche. L'idée serait donc que si je te fais un compliment après un reproche, l'opération serait nulle émotionnellement, l'un annulant l'autre. Toutefois, ce n'est pas exact.

Je me rappelle ces petites difficultés de communication que j'ai eues :

- Je lui ai dit ce que j'aimais bien dans ce qu'il avait fait, puis je lui ai dit ce que je voulais qu'il améliore... et il n'a retenu que ce qui n'allait pas !

Depuis cette déconvenue (et tant d'autres), la science s'est mêlée de l'affaire et a donné un nom à ce phénomène. Elle l'appelle « biais de négativité[7] ». Pour faire simple, on s'accroche à tout ce qui est négatif et on laisse glisser ce qui est positif. Tu te rends compte comme c'est dramatique pour notre bonheur ?

Du coup, nous, les mamans, sommes aussi prises au piège de cette tendance. Nous pensons que « ça s'est mal passé toute la journée », parce qu'il y a eu quelques difficultés. Puis, quand on comptabilise effectivement le temps de ces problèmes, ils ne représentent que 30 à 60 minutes de la journée.

Ceci signifie que nos problèmes sont loin d'être insurmontables. Nous devons seulement consciemment les remettre à la bonne place temporelle et réajuster nos perceptions.

Chaque fois que quelque chose se passe bien, je voudrais que tu le verbalises. Au moins mentalement, si ce n'est à haute voix : « Je suis contente, car j'ai cuisiné un bon plat (et je ne l'ai pas fait brûlé ! Hé ! Hé !) ». Même si c'est pour toi la chose la plus normale au monde, imagine ce que tu aurais dit si tu l'avais brûlé. L'empreinte négative de cet événement aurait été tenace et tu aurais répété « j'ai brûlé mon plat ! ».

[7] Voir sur Wikipédia Negativity Bias https://en.wikipedia.org/wiki/Negativity_bias

Quand tu appelles ton enfant, tu pourrais aussi te dire « Ah ! Il m'a répondu du premier coup quand je lui ai adressé la parole ! Cool ! » ou encore « Elle est venue 5 minutes après que je le lui ai demandé ! C'est mieux que d'habitude ».

Et ainsi, d'événements positifs en événements positifs, tu construis ton parachute contre les baisses de moral et les perceptions noires de la vie.

Je peux t'assurer que tu vas vivre une journée bien différente aujourd'hui, grâce à ce simple exercice. Et je te suggère d'en faire une habitude de vie. Tu tiens entre tes mains l'un des secrets du bonheur[8] !

---

[8] Lire l'article du blog de Christophe André, *Après-coup*, 2012, https://psychoactif.blogspot.com/2012/12/apres-coup.html

#44 - Recharge-toi

Ce que j'aime dans la vie, c'est retrouver les gens dont je me sens proche, papoter et échanger avec eux. Je sais que c'est très important pour moi car cela me donne de l'énergie et ne m'en prend pas.

Nous avons tous **nos activités « recharge »**, et nos activités « décharge ».

Les activités « recharge » sont positives sur le plan énergétique. Alors que les activités « décharge » nous coûtent, nous vident, nous épuisent.

En devenant maman, il est certain que les opportunités de nous faire plaisir se réduisent. Mais dans nos maigres temps de liberté, nous devrions donner une pleine priorité aux activités « recharge ».

Quelles sont tes activités « recharge » ?

Essaie de dresser une liste concrète de ce qui te ressource et mets-toi en action.

#45 - Mon arrière-grand-mère te dirait...

Nous les mamans, en faisons souvent trop. Nous pouvons aller au-delà de notre fatigue, jusqu'à nous épuiser. Mais, franchement, ça sert à quoi une maman complètement épuisée physiquement ou psychologiquement ?

Aujourd'hui, je voudrais t'inviter à freiner. A ralentir vraiment. Tu as plus de temps que tu ne l'imagines.

Ton manque de temps peut venir du fait que tu charges trop tes journées. Ralentis un peu, ou ralentis beaucoup, mais ralentis !

Il n'y a pas si longtemps, les maisons n'étaient pas si soignées, les enfants pas si propres, la vie était plus dure et tournée vers l'essentiel. Il fallait se rendre au lavoir, cultiver son potager, nourrir les bêtes et s'occuper d'une bonne dizaine d'enfants.

Qu'auraient pensé nos arrière-grand-mères si elles avaient su que le temps récupéré grâce aux machines à laver, supermarchés, voitures et ordinateurs nous le remplirions par toujours plus de soucis et d'obligations ? Des contraintes que nous nous imposons à nous-mêmes ! Et, qu'auraient-elles dit si elles avaient su que l'argent gagné à travailler, nous le dépenserions en choses inutiles pour nous, notre maison et nos enfants, tout en nous berçant de l'illusion que tout ceci est indispensable.

Nous ne savons pas bien profiter du temps qui nous est donné. Il est tellement compliqué pour nous de simplement nous asseoir, d'apprécier un moment de relâchement, sans rien de productif. **C'est pourtant l'un des cadeaux que les générations précédentes avaient voulu nous faire.**

Alors. Fais-le ! Arrête-toi et vis. Respire, regarde, sens, partage un câlin, une parole, un silence.

Un enfant qui porte le même pantalon 3 jours d'affilée, se lave 2 fois par semaine et mange 3 fois des pâtes est le plus heureux du monde s'il a sa maman. Pour lui, tout est là.

#46 - Maison chargée, cerveau fatigué

Je voudrais que tu lises ce message dans ta pièce de vie. Celle où toi et ta famille passez le plus de temps. Cela peut être ta cuisine, ton salon, ou ta salle à manger.

Est-ce que tu y es maintenant ?
Bon, alors observe bien ce qui t'entoure.

Dans certaines maisons, ils arrivent que les objets deviennent insidieusement très envahissants. Des boîtes, des clés, des babioles, des bibelots, des pièces, des paquets de Kleenex, des médicaments, de petits jouets, des barrettes, des trucs cassés, une boucle d'oreille, trainent un peu partout.

Si ton environnement est surchargé, il est possible que cela crée un bruit mental permanent. Dès lors l'épuisement est au rendez-vous, les conflits deviennent plus nombreux et le plaisir de vivre tombe en berne.

Des études ont montré que le désordre et la profusion d'objets épuisent notre cerveau[9]. Ainsi, avant même d'avoir commencé la journée, l'énergie nous a quittés.

Épurer pourrait faire du bien à tout le monde. Le premier effet, serait le calme. Ranger, simplifier, ordonner crée un calme intérieur qui se voit à l'extérieur.

Essaie et tu le verras de tes propres yeux !

---

[9] Darby E. SAXBE, Rena REPETTI, *No Place Like Home: Home Tours Correlate With Daily Patterns of Mood and Cortisol*, Personality and Social Psychology Bulletin, 2009

#47 – Mettre fin aux relations toxiques

Il y a plusieurs choses qui ont changé ma vie et la rendent aujourd'hui telle que je l'ai rêvée : épanouissante, pleine d'amour et de relations heureuses. Si je regarde mes 20 premières années, j'ai le sentiment que j'étais plutôt mal partie ! Néanmoins, j'ai pris quelques décisions qui avec le recul, étaient très sensées. Et je vais t'en parler dans ce billet et les 3 suivants.

Tout d'abord, j'ai mis un terme définitif à des relations toxiques, même quand il s'agissait de membres de ma famille. Et cela m'a demandé un courage énorme. Certains en sont choqués car ils pensent que la famille est sacrée, et implique d'accepter d'innombrables souffrances, mêmes les plus inutiles. De manière régulière, des amis bienveillants essaient même de me faire envisager un retour en arrière. Ce pourrait-il que l'autre ait changé ? Peu m'importe, je tiens la paix, la santé et la possibilité de réaliser mes projets, à son absence. Je confirme donc ma décision de me préserver de cette relation.

Faire le choix de ses relations est le premier pas vers une vie heureuse. Je t'exposerai ces prochains jours d'autres pistes, mais tant que des personnes de ton entourage te tireront vers le bas, chercheront à annihiler tes efforts et à te ramener à ton point de départ, saperont ta confiance en toi, voudront te détourner de tes projets, ou simplement ne te respecteront pas, rien d'heureux ne se produira.

Il est vrai que ce message peut t'être utile autant qu'inutile. Je ne connais pas ta situation et je ne t'incite pas à chercher dans ton entourage de qui tu devrais t'éloigner. Si ce message t'est utile, tu n'auras pas besoin de chercher. Tu sauras immédiatement de qui il s'agit.

#48 – Mettre fin aux relations stériles

Dans le billet précédent, je t'ai parlé des relations toxiques. Celles qui t'empêchent de te libérer et d'aller à la rencontre de toi-même, la vraie « toi-même ». Aujourd'hui, je vais partager avec toi la deuxième chose que j'ai faite pour émerger de ce qui était selon moi, un marasme familial.

Nous avons tous 24 heures dans une journée. Personne au monde n'a plus de temps chaque jour. Il est donc une réalité que nous devons nous prendre « en pleine poire » : **Ce qui change tout, c'est la manière dont nous employons notre temps, et avec qui nous le passons.**

Bien entendu, tu as des responsabilités aujourd'hui. Tu es maman, et cela pèse sur tes journées. Mais, il y a un domaine où tu restes maîtresse de ton temps : tes relations.

Pour commencer à grandir et à déployer mes ailes, j'ai dû intégrer l'idée que certaines minutes valent plus chères que d'autres, et que nous devons donc choisir avec intelligence les gens avec lesquels nous allons passer notre temps, notre vie.

Bien sûr, il y a les toxiques – dont je te conseille de t'éloigner – mais il y a aussi **les relations vides, creuses et inutiles, qui n'aboutissent à rien (ni pour toi, ni pour l'autre).** Un peu comme si, par peur de rester seul et de tisser une relation avec soi, nous préférions ne rien tisser du tout, et faire semblant.

Depuis plusieurs années, j'essaie (je n'y arrive pas toujours), de choisir mes relations. Je veux apporter quelque chose à l'autre et recevoir de lui. Je veux désirer l'écouter, grandir à ses côtés et lui donner le meilleur de moi-même. Je désire vivre une intimité de la relation basée sur une confiance réciproque quasi-inconditionnelle. Je désire reconnaître mes zones d'ombre en sa présence, faire jaillir mes parts de lumière et les lui offrir. Or, comme tu t'en doutes, une telle relation demande beaucoup de temps et exclut naturellement les relations « en quantité ».

Je refuse délicatement des propositions, des invitations quand il m'arrive de sentir que l'on gravite autour de moi. Peut-être cette personne m'aime-t-elle très sincèrement, mais peut-être désire-t-elle se « remplir à ma source » ? Peut-être s'ennuie-t-elle ? Peut-être n'a-t-elle rien de mieux à faire ? Peut-être lui serais-je utile d'une quelconque manière ? Et moi, ai-je envie de cette relation ?

Les relations peuvent être un élixir de vie ou un poison. Bien choisies, elles nous boostent, donnent du sens et du plaisir à notre existence. **Il n'est pas utile d'en avoir beaucoup, mais il est indispensable d'avoir les bonnes.**

#49 – Savoir être en relation

Débarrassée des relations toxiques et des relations vides, J'ai reçu un double cadeau presque immédiat : du Temps et de la Liberté. **Liberté d'être pleinement moi (ou de le devenir), Temps pour m'investir à vivre ce que je désirais vraiment.**

Pourtant, ça ne marchait pas. Les gens qui m'intéressaient ne recherchaient pas ma présence. C'était terriblement frustrant ! Moi qui voulais des amitiés pleines de sens, je constatais que je n'en avais pas, ou, que le *feeling* n'était pas réciproque.

Avec la naissance de ma fille, j'ai eu mon premier électrochoc en constatant l'étendue de mon incompétence relationnelle. Je ne savais pas être en relation avec elle et ceci cachait mal une vérité plus terrible : je ne savais être en relation avec personne. Mes relations étaient basées sur le rapport dominant-dominé. Parfois j'étais dominante, parfois j'étais dominée. Parfois j'utilisais les stratégies (peu glorieuses) du dominant, parfois j'utilisais les ressorts (peu glorieux) du dominé.

J'ai décidé d'apprendre à Être en relation plutôt que d'Avoir des relations. J'ai commencé à gravir cette montagne dont je ne voyais pas le sommet, sans certitude mais avec l'espoir que quelque chose de beau m'y attendrait.

J'ai décidé de me former, d'apprendre, de comprendre, de changer. Le développement personnel, fut mon 3e ingrédient pour vivre mieux. J'y ai accompli le plus beau et le plus dur travail de ma vie. Et je sais que ce ne sera jamais fini. Ce que j'ai appris est à la portée de tous et vaut largement la peine. J'ai appris à être en relation, à me poser avec l'autre, à exister même dans le silence, à sortir de mes schémas et scénarios, à me réguler pour donner le meilleur de moi-même.

#50 – Adopter des routines de connexion et de recentrage

Le développement personnel est la touche sur laquelle je t'ai laissée dans mon dernier billet. Aujourd'hui, je vais mettre un point final à ce sujet en te livrant mon 4ème ingrédient.

Tu te souviens de ces messages où je t'exhorte à prendre soin de toi ? Tu as pu trouver cela pénible ou impossible, pourtant c'est fondamental. Et, il n'y a pas une manière de prendre soin de soi, il y en a plusieurs.

Certaines sont appelées hédoniques et d'autres eudémoniques. Les plaisirs hédoniques sont ceux qui te donnent un plaisir instantané : recevoir un massage, manger un carreau de chocolat, boire un bon vin, traîner en pyjama un dimanche matin. Ces plaisirs-là comptent mais quand on les répète, ils nous enferment plutôt qu'ils nous libèrent. Plus on mange de chocolat, plus on grossit, plus on boit de vin et plus on a mal à la tête, plus on traîne et moins on a envie de bouger. **Les plaisirs hédoniques font donc partie de l'équilibre d'une vie plaisante à condition de ne pas être consommés de manière exagérée. A eux seuls, ils ne peuvent pas suffire à la réalisation de soi.**

Les plaisirs eudémoniques sont plus difficiles à obtenir mais comptent davantage. Souvent, ils requièrent que nous fournissions un effort. Le plaisir et la satisfaction viendront mais plus tard. Par exemple, si tu fais du sport, cela te demande un effort, mais cela te permet de te sentir bien dans ton corps, dans ta tête, d'améliorer ton système immunitaire, et ta santé. Les plaisirs eudémoniques te donnent un sentiment d'auto-réalisation.

En ce qui me concerne, cela fait plusieurs années que je m'astreins à pratiquer le yoga et la méditation. Je désire appeler ton attention sur ces deux pratiques, car je pense qu'elles m'ont été déterminantes pour

progresser dans la vie et me sentir plus heureuse dans tous les domaines de mon existence.

Elles participent à maintenir une bonne connexion entre mon corps, mon mental et mes émotions. **Elles me permettent d'avoir un accès à l'information qui me concerne et à réguler les déséquilibres qui pourraient sinon subitement m'envahir.**

J'ai grandi dans un milieu où l'on criait, menaçait et tapait quand on n'obtenait pas satisfaction. Le développement personnel m'a donné accès à la connaissance mais j'étais restée ébranlée, intérieurement plus réactive que posée. Ce qui m'était le plus naturel, car imprimé dans ma chair était de crier, menacer et attaquer. Mais je m'y refusais. **Pour solidifier mes fondations, parvenir à dépasser et modifier ce que mon environnement avait fait de moi et pour devenir celle que je désirais être, j'ai dû beaucoup méditer, beaucoup me recentrer.**

Yoga et méditation[10] constituent mon dernier ingrédient, celui que je m'interdis d'abandonner. Il est à la source de ce « meilleur de moi-même » que je désire offrir à mes enfants, aux gens que j'aime, et à ceux pour qui j'écris et dont tu fais partie.

---

[10] Il est question de méditation laïque, aussi appelée méditation en pleine conscience. Je recommande les livres de Christophe André, sur ce sujet. Tu peux aussi rejoindre un cours de MBSR proche de chez toi qui t'initiera en 8 semaines aux bases de la réduction du stress par la pleine conscience.
Lire aussi Francis Lecompte, *La méditation agit directement sur notre stress*, Journal du CNRS ,lejournal.cnrs.fr, 16.04.2020

#51 - Seule, à l'intérieur

Il y a peut-être des jours où tu te sens seule et isolée. Des jours où il y a en toi un fond de solitude. Ce n'est pas une fatalité et cela se combat avec une bonne dose de relations sociales bien choisies, car ta vie sociale est importante et doit être prise au sérieux.

Après la naissance de ma fille, je me suis soudainement retrouvée très seule. J'ai déménagé pour rejoindre son papa, dans une région où je ne connaissais personne. Sans ami. Sans famille. Sans collègue de travail. Je ne parlais même pas bien la langue locale. L'isolement était total. Ce fut une expérience horrible et j'en ai tiré une vraie leçon.

L'isolement social est une souffrance que nous ne devons jamais accepter, et à laquelle nous devons veiller à ne jamais contribuer. Si tu te sens seule, refuse énergiquement cette solitude !

- <u>Première chose à faire</u> : Te renseigner pour voir s'il existe des groupes de mamans qui se rencontrent autour de chez toi.
- <u>Deuxième idée</u> : Chercher des cours maman-bébé ou maman-enfant et t'y inscrire !
- <u>Troisième remède</u> : T'inscrire à un cours pour toi rien que pour toi. Un cours de langue, de musique, de tricot, de zumba, de sculpture, de poterie, de théâtre, de chant. Ce que tu veux !
- <u>Quatrième solution</u> : T'engager dans un domaine associatif : écologie, social, humanitaire, féminisme, éducation. Les associations ont besoin de personnes motivées et n'ont pas peur que tu sois accompagnée de ton bébé !

Dans tous les cas, même si tu dois faire garder ton enfant, **il s'agit d'un temps précieux qui contribuera à te rendre plus heureuse et profitera à ton enfant et à votre relation.**

#52 – Parlons de la manière dont tu te parles

Aujourd'hui, je te propose d'écouter la manière dont tu te parles. Utilises-tu des mots gentils et aimables ? Ta voix intérieure est-elle plutôt acerbe, sans compromis, impatiente et critique ? Ou indulgente, positive et encourageante ?

Écoute la manière dont tu te parles - surtout quand tu es face à une épreuve - et tu sauras comment tu risques de t'adresser aux autres, quand le stress et la colère t'envahiront.

On ne peut pas traiter bien les autres si on ne se traite pas bien soi-même. **Par conséquent, pour commencer à bien traiter les autres, on doit apprendre à bien se traiter.**

Le chemin vers les autres
est d'abord un chemin vers soi.

Porte une attention particulière à ta manière de te comporter vis-à-vis de toi. N'accepte jamais de te traiter plus mal que ne le ferait ta meilleure amie. Ceci est un bon point de repère pour savoir si tu es dans le juste.

Travaille ceci dans le secret de toi-même, chaque jour et tout le temps. Tu verras combien ta vie deviendra plus claire, ton empathie renouvelée et tes relations plus détendues.

#53 - Tu es La Patience incarnée !

Si, je t'assure ! Tu as beaucoup de patience !

Tu voudrais peut-être en avoir plus, mais observe bien : quand tes enfants te réveillent la nuit, quand ils se salissent à peine habillés, quand ils doivent aller aux toilettes juste avant de partir, quand ils oublient leurs affaires à l'école, quand ils font tournoyer leur fourchette à table, quand ils courent en tous sens à l'heure de se coucher, et qu'ils te rappellent auprès d'eux 300 fois.

Tu as BEAUCOUP de patience ! D'ailleurs, je suis sûre que tu ne pensais pas en avoir autant avant d'avoir des enfants, n'est-ce pas ? C'est stupéfiant comme la maternité révèle des ressources enfouies et ignorées.

La patience est l'un des plus beaux cadeaux que l'on puisse faire à une personne que l'on aime.

Alors choisis maintenant le domaine dans lequel tu voudrais avoir encore un plus de patience et note ceci sur ton carnet :

« Je décide de placer plus de patience dans *cette situation (à modifier)*. **À partir de maintenant,** *dans cette situation*, **je resterai parfaitement patiente et rien ne pourra m'agacer. J'ai pris cette décision, j'en suis capable et je vais y arriver. »**

#54 –... et elle m'a vomi six fois dans les cheveux

C'est une amie venue boire un thé à la maison qui me raconte les problèmes de reflux de sa fille alors bébé, à cause d'une intolérance aux protéines de lait, qui était ignorée. La pauvre vomissait souvent. Et cette maman gardait sa fille avec elle, envers et contre tout.

Ce jour-là, elle déclare les yeux brillants, joueurs et fiers « *et une nuit, elle m'a vomi six fois dans les cheveux. Je n'en pouvais plus* ». Puis, elle éclate de rire.

Parce que c'est ainsi. Toutes ces fois où nous avons été les mamans-héroïnes de nos enfants, c'est vrai que ça a été le cauchemar et qu'on n'en pouvait plus, mais nous avons surmonté la difficulté avec brio et maintenant ça nous fait bien marrer !

On s'en trouve grandies, on est fières de nous, on est comme nous rêvons d'être, et c'est bon !

Les épreuves d'aujourd'hui deviendront tes exploits de demain. Elles créeront votre légende familiale ! Tiens bon !

#55 - Quel bon moment j'ai passé !

Tu as passé un super bon moment ? Tu t'es régalée ? C'était vraiment super bien ? Est-ce que tu l'as dit à tes enfants, à ton conjoint, tes amies, ta famille et à la Terre entière ?

Que penserais-tu de le faire ?

Nous sommes enclins à dépenser temps et énergie dans la rumination de nos malheurs et cela les fait durer beaucoup plus longtemps !

Heureusement, si on se met à ruminer et ressasser nos bonheurs, cela produira le même effet ! Nous les garderons plus longtemps !

Alors, ressasse tes bonheurs de la semaine. Raconte-les, répète-les, écris-les, crie-les sur tous les toits. Et, écoute les bonheurs des autres, accapare-les-toi, nourris-en-toi (*c'est du bonheur par procuration et cela fait du bien aussi*) !

Il s'agit là d'une petite pratique de psychologie positive, tout à fait efficace pour vivre plus heureux, chaque jour.

ADOPTER LA BONNE POSTURE PARENTALE

Nourrir le lien

Développer la bonne autorité

S'affirmer

Toujours respecter

Ecouter

Aimer

Ta place

Si j'avais eu la conscience suffisamment claire et les mots suffisamment nuancés pour l'exprimer, j'aurais aimé te dire que nous sommes là pour explorer, découvrir et partager ce qu'il y a de meilleur en nous.

Chacun possède un trésor.

Sois conscient et généreux de ton trésor et, en même temps, reste ouvert, attentif à recevoir le trésor des autres, disposé à apprendre et à te remettre en question.

Cherche la beauté, la vérité, l'excellence en accueillant aussi ta fragilité, ta vulnérabilité et ton ombre, de sorte d'être à même d'accueillir celles des autres.

Occupe joyeusement ta place : il y a de la place pour chacun, sinon ni toi ni moi ne serions là.

Pense que la place que tu n'occupes pas pour ne pas déranger reste vide à jamais et réjouis-toi que chacun occupe pleinement la sienne autour de toi.

- Rabindranâth Tagore

#56 – J'ai choisi une éducation relationnelle

A l'heure où des gens bienveillants se disputent pour savoir si on devrait parler de parentalité positive, bienveillante, éclairée, consciente ou créative, sortons la tête du débat. Finalement, ce qui compte c'est ce que nous entendons derrière ces mots.

Personnellement, je me fiche de savoir comment appeler ce courant mais je sais comment repérer à tout moment si je réalise mes objectifs de maman. Pour moi, cela se résume à l'idée d'éducation « relationnelle ».

D'un côté, les pratiques éducatives traditionnelles ont pour effet de tendre la relation jusqu'à la rupture. Si je menace mon enfant de l'abandonner, de ne plus m'occuper de lui, de le priver de dessert, je suis en route vers ce que j'appelle, **l'impasse relationnelle** : mes pratiques mettent une distance entre mon enfant et moi. Nous risquons de ne plus nous comprendre, et de ne plus savoir comment nous aimer.

De l'autre côté, nous avons découvert et développé des pratiques éducatives dont l'ambition est de montrer que la relation est plus importante et sacrée que tous les aléas, mésententes et disputes qui se trouveront sur le chemin. Si je choisis ce chemin, j'observe, m'interroge, me remets en question, cherche la communication, le contact. Je me dirige alors vers **l'harmonie relationnelle** : mon enfant, en grandissant, viendra vers moi chaque fois qu'il en aura besoin. Nous nous sentirons proches malgré la distance physique.

En permanence, je me demande sur quel chemin me mènent mes attitudes et réponses éducatives.
En faisant ceci ou cela, est-ce que je vais vers l'impasse relationnelle ou l'harmonie relationnelle ?

C'est une vraie boussole pour moi.

#57 - Des hauts et des bas

La vie de parents est une succession de lunes de miel interrompue par des guerres de tranchées.

Si tu vis, en ce moment, une lune de miel familiale, savoure donc ton plaisir et pense à le manifester auprès de tes enfants. Tu prolongeras ainsi les effets de cette période magique.

Si au contraire, c'est la guerre, sache que cela ne durera pas si tu restes confiante.

Sois un bon modèle pour tes enfants. Préoccupe-toi de leurs soucis et de leur stress. Sortez vous aérer pour libérer vos tensions ! Tu pourras ainsi raccourcir cette période difficile et la rendre moins pénible.

Quand la vie familiale n'est pas au beau fixe, **le pire que l'on puisse faire est s'énerver, manifester sa mauvaise humeur, et se plaindre à longueur de journée. En ajoutant du stress sur le stress, on met de l'huile sur le feu**. On obtient plus de stress, et on devient soi-même plus réactive et « stressante ».

Quand ça ne va pas, fais ton maximum pour rester calme. Je sais que c'est (**très**) difficile, je suis dans le même bateau que toi (**je t'assure !**). Je vis les mêmes hauts et les mêmes bas que toi. Alors, travaillons ensemble à nous améliorer et persévérons !

#58 - Reconnectons-nous !

Fin de journée. Tu as récupéré toute ta marmaille entre école, assistante maternelle, crèche, garderie et famille. Et vous voilà à la maison. Vous avez passé la journée, séparés, déconnectés.

Sais-tu que plus tes enfants sont jeunes et plus une étape de reconnexion est nécessaire voir incontournable ?

Surtout, ne te précipite pas dans la cuisine, ne pars pas faire le linge, ne range pas immédiatement les cartables et les chaussures.

Arrête-toi et laisse-toi tomber sur le canapé. Avachis-toi. Enfonce-toi bien dedans. Ne fais plus rien, attends seulement. Et si tes enfants ne te rejoignent pas spontanément, clame ta présence !

« Une Maman toute seule est disponible sur le canapé ! Qui veut en profiter ?! »

Ils vont sans doute se précipiter sur toi. Une maman **DISPONIBLE**, c'est tellement précieux !

Comment allez-vous vous reconnecter ? Un câlin ? Une conversation ? Une anecdote de la journée ?

Quelques minutes de repos et de connexion font du bien à tout le monde. Cela n'est jamais du temps perdu, car tes enfants sont plus autonomes dans les heures qui suivent un vrai moment ensemble. Tu réduis ainsi les risques de disputes et de tensions.

#59 - Pourquoi devrais-je me méfier de mon enfant ?

Mon enfant ? Un petit tyran manipulateur qui veut régner en chef dans la maison ? Quelle idée saugrenue !

Oui, il y a des enfants qui, à cause de leur éducation et de l'environnement dans lequel ils grandissent, deviennent difficiles. Mais, fondamentalement, il n'y a aucune raison de se méfier de son enfant.

- Non, ton bébé de six mois ne va pas devenir tyrannique parce que tu t'occupes de lui.
- Non, ton enfant de deux ans ne te manipule pas. Il en est juste incapable ! Il cherche à exister dans ce monde.

Vraiment ! Quelle idée étrange que celle de se méfier de son petit !

Chère maman, n'adhère pas à ces théories qui t'éloignent de ton enfant. Ton enfant a seulement besoin de toi.

#60 - Raconte-moi ma vie

Mes enfants ne sont jamais aussi attentifs que quand je leur raconte l'histoire de leur propre vie, du désir de les concevoir à aujourd'hui. C'est un moment unique de partage de nos émotions, doutes, erreurs, joies, surprises qui peut remettre de l'explicite sur de micro-traumas mémorisés de manière implicite, dans leur corps et dans leur inconscient.

Je précise ! Par exemple, quand tu as repris ton travail, ton enfant n'a pas peut-être pas compris ce qui s'était produit dans votre relation. Ou peut-être durant une période de sa toute petite enfance, des événements ont perturbé la sérénité qu'il connaissait. Des disputes ont pu éclater alors qu'il était présent. Ou une dépression, une vague de tristesse a pu éteindre la petite étincelle qui brillait jusqu'alors chaque fois que tu le regardais.

Toutes ces expériences de vie sont enfermées dans la « mémoire implicite » de ton enfant, dès lors qu'elles ont eu lieu avant qu'il ne sache parler et ait développé une vraie conscience de lui-même (ceci vient avec le développement de la mémoire autobiographique vers 4 ans).

Quand tu prends les albums photo, et que tu racontes à tes enfants leur vie, tu mets des mots sur des expériences sensorielles et émotionnelles qui parfois retentissent encore dans leurs comportements, peurs, colères et tristesses d'aujourd'hui.

Alors, si tu veux passer un bon moment, et te reconnecter à l'aventure que vous partagez ensemble depuis leur naissance, raconte à tes enfants de petits bouts de leur vie. Tu soigneras aussi les petits traumas et incompréhensions du passé.

#61 – Éloge de l'ennui

Le manque d'ennui est un mal en pleine explosion dans nos sociétés occidentales. Les enfants ne sont plus abandonnés à l'ennui car les adultes s'emploient à leur offrir nombre de distractions.

C'est vrai qu'un enfant qui s'ennuie, finit par ennuyer les autres. Mais **si on laisse un enfant s'ennuyer, il peut se rencontrer lui-même sur un chemin qu'il n'imaginait pas quelques minutes plus tôt.**

L'absence d'ennui est le ventre plein et rassasié qui ne peut plus manger. L'ennui est au ventre vide ce qu'est l'appétit.

Un peu d'ennui, c'est un peu de place libérée pour rêvasser. Rêvasser beaucoup c'est libérer un grand espace pour créer. Et justement, figure-toi que la rêverie éveillée est **le mode par défaut de notre cerveau**[11]. Cette « inactivité » est fondamentale pour notre santé mentale.

Laissons donc nos enfants rêvasser. Laissons-les s'ennuyer et se plaindre qu'ils s'ennuient. Surtout, ne les gavons pas dès que l'ennui paraît. Accompagnons-les pour découvrir ce qui les attend derrière la porte de l'ennui.

Si ton enfant ne s'est encore jamais ennuyé, il s'ennuiera certainement bruyamment et en embêtant les autres. Propose-lui de s'ennuyer avec confort. Par exemple, il peut s'allonger sur le canapé avec son doudou, sous une couverture, pour s'ennuyer tranquillement…

---

11 Voir Michel Thiebaut de Schotten, *Un nouveau modèle du réseau cérébral du « mode par défaut »*, CNRS Institut des Sciences Biologiques, octobre 2019, https://insb.cnrs.fr/fr/cnrsinfo/un-nouveau-modele-du-reseau-cerebral-du-mode-par-defaut

#62 - Défends-le !

Les parents croient souvent que leur enfant les provoque, s'oppose à eux, cherche à entrer dans un rapport de force. Pourtant, en dépit des apparences, tous les comportements de nos enfants visent à se rapprocher de nous.

C'est évidemment difficile et épuisant car nous avons du mal à nous comprendre et nos besoins divergent complètement. Mais les enfants n'y peuvent rien, ils nous aiment plus que tout, et la société est impitoyable avec leurs moindres erreurs et travers.

C'est pourquoi, nos enfants ont absolument besoin que nous soyons dans leur camp, que nous nous fassions leur avocat face aux propos des adultes qui les jugent sans les connaître, sans vivre avec eux, et même, en ignorant tout du développement de l'enfant.

Si tu devenais l'avocate de ton enfant, voici le type d'interactions que tu pourrais avoir :

- Comme il se comporte mal aujourd'hui !
- Oui, le pauvre est très fatigué. Il a besoin d'indulgence.

- Elle touche à tout ta fille !
- J'apprécie sa curiosité. Les couleurs et les textures l'attirent beaucoup.

- Comme ton fils est bavard !
- Ah ! Si tu savais toutes les choses intéressantes qu'il me raconte ! C'est formidable !

- Ta fille est tellement maladroite !
- Ce que j'apprécie c'est qu'elle ne renonce pas pour autant. Cela lui sera utile toute sa vie !

Es-tu prête à essayer ? Tu verras combien cette pratique te rapproche de ton enfant et nourrit son estime de soi.

#63 - Recharge-moi

C'est le matin, tout le monde se prépare. Comme presque chaque jour, la famille va être séparée pour que chacun parcoure « seul » le chemin de sa journée. Emmitouflés, sac sur le dos, prêts pour cette aventure « sans toi », tes enfants se tiennent sur le palier.

On minimise souvent l'impact des séparations. Pourtant rien ne prédestine l'être humain de moins de 4 ans à se séparer de sa maman (ou de sa figure d'attachement), si ce n'est la culture dans laquelle il baigne.

Alors, si tu offrais à tes enfants une dernière recharge d'amour ?

Cela veut dire, te mettre à leur hauteur, planter ton regard souriant dans le leur, et pulvériser des étincelles d'amour et de tendresse directement dans leur petit cœur. Ajouter des chuchotements de mots doux « Je t'aime de tout mon cœur, tu es unique pour moi, quelle chance d'être ta maman, quel bonheur de vivre avec toi chaque jour, j'ai hâte de te retrouver ce soir. » Puis un câlin, une embrassade, un « hug » comme le font les Américains, et ta recharge est propulsée et pourra **alimenter leurs qualités d'adaptation et de coopération tout au long de la journée.**

Fais-en une habitude ! Pense à recharger tes enfants quand vous devez vous séparer.

#64 - Le minimum syndical

Il m'est arrivé d'en faire des tonnes pour mes enfants : De me perdre dans les tâches ménagères, les activités, les repas équilibrés afin de leur assurer un environnement sain et épanouissant.

En procédant ainsi, je m'éloignais de l'essentiel. Car le "minimum syndical" est relationnel et ne tient pas à l'organisation matérielle. **Il tient dans le Temps et l'Amour que nous offrons à nos enfants.**

Réaliser cela peut nous mettre sur la voie d'une vie plus simple et détendue, davantage source de plaisir pour nous et nos enfants.

L'organisation matérielle bien pensée devrait rendre possible, voire faciliter, la relation. Au **contraire si elle devient une fin en soi, elle fait obstacle à la relation et nous mène à d'importantes difficultés relationnelles.**

C'est pourquoi je désire t'inviter à te concentrer sur ce "minimum syndical" relationnel à offrir à ta famille. C'est ça d'abord, et le reste ensuite. C'est ce que tes enfants sont en droit d'attendre de toi avant toute autre chose, et qui permet que le reste devienne plus facile.

#65 - Ton temps est précieux, ne le gâche pas.

Nous avons tous besoin d'argent pour vivre, mais ce que je regrette, c'est que nous ne sachions pas dire « STOP, je n'ai pas besoin de plus ».

J'ai connu des personnes très travailleuses, dont les enfants étaient gardés de 7h à 19h. Ces enfants-là ne voyaient leurs parents que 2 heures par jour, pour des échanges logistiques : manger, ranger, se laver. Alors, tôt ou tard, les problèmes relationnels apparaissaient et devenaient leur poison quotidien. La détresse, la frustration, la rancœur et l'incompréhension étaient le lot à partager.

Le week-end venu, les parents se sentant fatigués et coupables d'une semaine de travail, sans moment de qualité avec leurs enfants, faisaient du shopping. Beaucoup de shopping. Ils s'employaient ainsi à dépenser une partie de l'argent gagné grâce à la séparation d'avec leurs enfants.

Les enfants recevaient une profusion de vêtements et de jouets, à la place de ce qui leur aurait été le plus précieux : du temps et de l'attention de leurs parents. Ce temps simple où l'on ne fait rien de plus que de vivre ensemble, se parler, s'intéresser, se connaître, se comprendre, s'aimer.

Certains diront qu'ils n'ont pas le choix et ne peuvent faire autrement. **Pourtant, nous avons le choix.** L'équilibre entre vie pour soi et vie de parent n'est pas facile à trouver et il est évident que pour beaucoup d'entre nous, le travail génère une satisfaction sociale et intellectuelle qui va au-delà de l'argent. Néanmoins, nos enfants ont besoin de nous.

Un enfant avec qui on passe du temps de qualité, et que l'on décide d'apprendre à connaître, est un enfant facile avec lequel ça se passe bien. Il ne tient qu'à nous de nous investir dans la relation.

#66 – Je pars sans toi et autres gentillesses...

Je déplore l'usage de cette petite phrase cinglante que l'on entend à la sortie des magasins. Le parent a décidé de sortir, l'enfant ne vient pas, le parent s'impatiente et menace la relation. Il menace son enfant d'abandon et de solitude.

Les enfants éduqués « à cette sauce » se disent peut-être ce que je me suis dit petite : « On ne m'aime pas. On voudrait être débarrassé de moi. ». Ce que j'ai complété en grandissant par : « Un jour, je serai assez grande, et c'est moi qui partirai ! ».

En tant que maman, ma pratique est exactement inverse. Quand mon enfant traîne et ne vient pas, je lui dis « **Chéri, je ne peux quand même pas partir sans toi. Je t'aime trop ! Viens avec moi !** ».

Et ça marche !

#67 – Les bonnes paroles qui font du bien

Nous l'avons vu dans le billet précédent, certaines paroles découragent et nuisent à la relation. Si ces paroles nous ont été répétées pendant notre enfance, elles résonnent dans notre tête sans que nous puissions nous en débarrasser. L'important est donc de ne pas les laisser s'échapper, de ne pas les répéter, de ne pas leur donner accès à la relation avec notre enfant, et de les remplacer par ce qui convient.

D'une part, parce que dans l'immédiat, elles sont contre-productives. C'est-à-dire qu'elles empêchent l'enfant de coopérer.

D'autre part, parce qu'elles menacent la relation. Il arrivera un jour où notre enfant, fatigué de courir après cette relation que nous menaçons, décidera de laisser tomber, et nous laissera la détruire voire y contribuera.

Enfin, parce qu'elles renvoient de l'enfant, une mauvaise image de lui et pourrissent son estime de soi. Elles le font paraître mauvais, pénible, indigne de notre amour.

Voici quelques suggestions sur la base de ce que les parents peuvent dire.

« Je te préviens, je pars sans toi »
« Je t'aime trop, et je ne peux pas imaginer partir sans toi »
« Je ne partirai jamais sans toi »

« Dépêche-toi ! »
« Prends ton temps et concentre-toi. Tu vas y arriver »

« Je n'en peux plus de toi ! Tu mérites une fessée »
« Je suis tellement agacée que je me sens violente intérieurement.
Mais je ne lèverai jamais la main sur toi. Je te le promets »

« Fais attention ! Tu vas tout renverser »
« Concentre-toi. Tu peux le faire »

« Je ne te supporte plus »
« Parfois je trouve que c'est difficile d'être maman. Cela me demande beaucoup de patience. Mais, je suis heureuse que tu sois là »

Voici quelques manières de passer de paroles négatives à des paroles positives favorables à la relation et à la coopération.

#68 - De pire en pire

Oui. Nos enfants peuvent être très difficiles, mais nous devons réaliser pour quelles raisons. Il est possible que notre attitude ou celle des gens qui les entourent ou encore l'environnement dans lequel ils baignent, soient toxiques pour eux.

Dans tous les cas, demander à nos enfants d'initier un changement n'a jamais permis que le changement se produise.

Au contraire, cette demande crée d'énormes tensions, car même comprise, elle est impossible à réaliser. C'est alors de pire en pire.

Soyons attentifs et demandons-nous à qui appartient le comportement que nos enfants répètent. Une personne de la famille, des fréquentations ? Nos marges de manœuvre sont finalement assez simples :

- **mieux incarner ce que nous voulons observer,**
- **contrôler notre environnement,**
- **insister sur les valeurs qui sont les nôtres, par la conversation et le partage.**

#69 – Remonter la piste

Voici deux enfants jouant ensemble. Ils entretiennent une relation unique et apaisée. Tous les parents voudraient voir leurs enfants s'accorder ainsi.

Retrouvons le chemin de cette photo. Que s'est-il passé pour que ces deux enfants en arrivent là ?

- **Dans quel environnement ont-ils grandi ?**
- **Qu'ont fait leurs parents ?**
- **Que n'ont-ils pas fait ?**

Ce que nos yeux observent aujourd'hui est l'aboutissement de choix, d'efforts, de comportements et de paroles. **Tout le monde peut partir de ce résultat visible et reconstruire le chemin qui y a mené.** Il ne reste plus alors qu'à mettre en œuvre ce que nous avons compris.

A ton tour, choisis une photo de ce que tu voudrais vivre. **Demande-toi quel chemin (choix, efforts, etc.) y a mené. Réalise aussi ce qui a été évité. Mets ton plan à exécution et mène tes enfants vers la destination choisie.**

#70 - C'est pas juste !

La vie est un enchaînement d'injustices et les enfants sont justement allergiques aux injustices ! Ils rêvent d'un monde juste où on pourrait être sûr que chacun aurait précisément le même nombre de spaghettis dans son assiette, la même quantité de cadeaux à son anniversaire pour la même somme, la même couleur de brosse à dents… évidemment !

La vie est bien décevante quand on cherche la justice à tout prix. **Mais, la justice ne doit pas être ton combat.**

En tant que maman, tu sais bien que ton fils ne veut pas forcément porter un diadème Reine des neiges, que ton plus petit ne mange pas les mêmes quantités que le plus grand et que ta fille déteste les jeux de guerre.

Sans t'en rendre compte, **tu as certainement déjà opté pour l'équité** : **tu t'adaptes aux besoins et au développement de chacun. Et c'est exactement ce qu'il faut faire.**

#71 - Ils se disputent tout le temps...

"Mais alors, tout le temps !!!"

Statistiquement, on observe que dans 7 familles sur 10[12], les enfants s'affrontent physiquement. Alors, surtout ne pense pas que tu fais exception. En fait, **la violence des enfants est certes très désagréable, mais c'est un phénomène normal dans les conflits entre enfants.**
Tu te demandes pourquoi ?
Eh bien, simplement parce que tes enfants sont des enfants. Ayant un corps plus réactif que réflexif, ils sont immédiatement mobilisés physiquement en cas de conflit, d'agression ou de danger.

Ce que tu peux faire :

T'employer à rester non violente est absolument primordial. Si tu deviens toi-même violente, ils pourront se dire « même maman n'est pas capable de rester non-violente », ou « même maman le dit, parfois on ne peut pas faire autrement », et ils concluront « donc, moi aussi, il est normal que je devienne violent parfois ».

Après un conflit violent et une fois les émotions à peu près retombées, demande à ton enfant : « Que peux-tu faire à la place ? » ou « comment pourrais-tu faire la prochaine fois, quand tu seras très très en colère ? ».

De cette manière, tu es pleinement dans ton rôle. Celui de l'éducation. Celui d'élever tes enfants, c'est à dire les porter plus haut.

---

12 Elizabeth Crary, Arrête d'embêter ton frère ! Laisse ta soeur tranquille !, JCLattès, 2012

#72 - Acceptation

Ne passons-nous pas notre temps à lutter, maugréer, râler, refuser, juger, empêcher ou nous battre (même), contre ce qui est ? Que d'énergie perdue !

J'entends tant d'adultes se plaindre de leur enfant. « Ah ! Si seulement il pouvait être plus calme, plus sage et mieux gérer ses émotions. S'il était un peu plus adulte, ce serait tellement bien ! » - se prennent-ils à rêver !

D'accord. Mais ce ne serait plus un enfant. Il ne serait plus à la maison. Rien ne serait plus pareil.

Accepter la Nature de l'enfant, c'est ne pas lui résister. C'est comprendre que tout ce que fait l'Enfant a une cause, une origine, une explication naturelle, fonctionnelle et utile.

Dès lors, notre champ d'action devient bien plus visible.

Il s'agit pour nous de commencer à accepter que nous ne pouvons pas tout contrôler (tempérament, sommeil, repas, etc.), que ce qui est naturel nous dépasse et à une raison d'être, et qu'il nous appartient d'apprécier l'existence avec ce que nous avons.

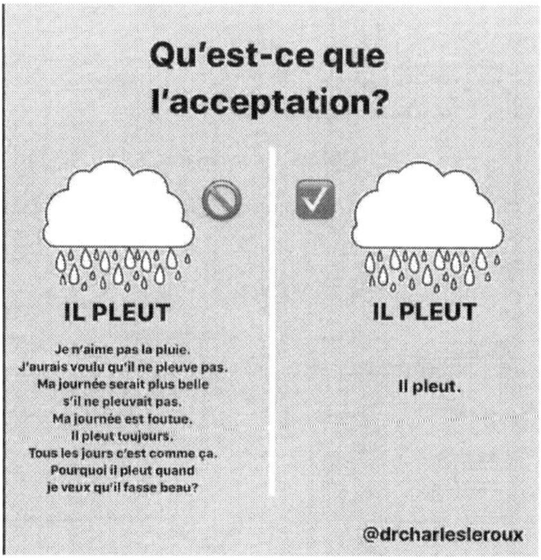

#73 - Qui va arriver le premier ?

Qui n'a pas utilisé la compétition pour faire avancer ses enfants ?

C'est une astuce tellement efficace sur le moment ! D'un seul coup, les enfants qui trainaient se précipitent. Ils ne veulent pas être le perdant. Ils veulent tous gagner, briller et peut-être devenir le meilleur et le préféré.

Malheureusement, à procéder ainsi, la compétition devient omniprésente entre eux. Chaque situation devient un combat à gagner, la mésentente et les humiliations sont au rendez-vous et de nombreux conflits éclatent avec leur lot de violence.

Si tu es tombée dans le piège - assez commun - de mettre tes enfants en compétition, je t'invite à changer de stratégie éducative, dès que possible. Essaie d'être simplement patiente, encourageante et déterminée !

Connecte tes enfants à ce que vous allez faire après, ou bien exprime-leur tes attentes et tes sentiments par rapport au problème que tu rencontres.

Ces approches sont plus productives : elles fonctionnent à long-terme, sans dommages collatéraux.

#74 - C'est la guerre à la maison

Les disputes entre nos enfants nous épuisent. Ah, si seulement ils pouvaient s'entendre !

Figure-toi que c'est possible et que **certaines attitudes des adultes augmentent ou réduisent notablement les conflits entre les enfants**. Je me suis dit que tu aimerais certainement les connaître afin de prendre les mesures qui s'imposent !

Par exemple, **traiter les enfants différemment** (comme c'est souvent le cas en ce qui concerne les filles et les garçons) est assez commun, mais malheureusement très problématique.

La compétition est aussi un catalyseur de disputes. Les enfants se mettent à croire que pour te plaire, il faut être meilleur que l'autre. Et cela devient infernal.

Enfin, **l'exigence d'amour entre frères et sœurs** pose aussi problème. Elle empêche tout simplement un attachement naturel de se faire.

Alors, as-tu repéré une erreur dans tes attitudes ? Si c'est le cas, comble-la afin d'éviter que des animosités persistantes ne s'installent. Ce n'est pas forcément très compliqué, mais cela demande un peu de vigilance.

#75 - Cherchez le coupable !

Si tu as plusieurs enfants, tes journées peuvent être rythmées par les disputes. Beaucoup de parents imaginent que des enfants bien élevés ne devraient pas se disputer. En fait, une bonne éducation ne rend pas les désaccords impossibles. La preuve, nous-mêmes en vivons beaucoup. La différence c'est que nos enfants ont plus de chances de passer à des comportements violents et agressifs quand ils ne sont pas d'accord. Ceci est simplement dû au fait qu'ils sont immatures et ne savent pas encore gérer les conflits.

Du coup, qui est le coupable quand un conflit entre enfants éclate ?

Personne.

Si tu comprends que tes enfants sont trop immatures pour vivre des relations agréables tout au long de la journée, gérer leur baisse d'énergie, leur agacement, leur ennui, leur communication, leurs émotions, leurs insatisfactions, leur impatience, leur frustration, alors tu t'aperçois que tu as 2 victimes quelle que soit la dispute !

Victimes de leur incompétence relationnelle et émotionnelle, ils se rendent coupables d'actes de provocation et de violence verbale comme physique.

Mais, en comprenant leur impuissance face à cet état de fait, tu te sentiras plus indulgente et plus patiente. Tu sauras mieux les accompagner dans ces épreuves de la vie[13].

---

[13] Tu peux faire suivre ce billet du #187 sur la violence

#76 – Ex aequo

Si tu as plusieurs enfants, tu le sais mieux que personne :
Ils se disputent souvent.

Mais en réalité, c'est surtout que **nous retenons beaucoup mieux les moments émotionnels déplaisants et bruyants, que ceux où tout va bien[14].**

Le truc que je voudrais te donner aujourd'hui, c'est d'**éviter de donner raison à l'un ou à l'autre de tes enfants quand il y a un conflit entre eux.**

Si tes enfants constatent que l'un d'entre est désigné comme vainqueur de la dispute, cela va attiser leur haine et leur désir de revanche. Donc pas de gagnant dans les conflits de fratrie !

Alors, prête à jouer le « mauvais » arbitre ? Tu peux siffler la fin du match … tout le monde est ex æquo !

---

[14] Voir billet #43 – Sommes-nous condamnés à tout voir en noir ?

#77 – S'ils sont violents, interviens tout de suite !

Quand les enfants deviennent violents (*et crois-moi, tous les enfants le sont parfois*), impossible de l'ignorer. Les cris et les hurlements fusent à nos oreilles, autant que les appels au secours.

A mon époque, on aurait dit « **laisse-les se débrouiller !** ».

Résultat, j'ai vécu toute mon enfance sous les ordres et la violence d'un frère trop immature pour développer patience et pédagogie à mon égard. Mon grand frère s'est comporté comme (presque) tous les aînés de son époque, sans jamais être inquiété de ses agissements.

En ai-je gardé un bon souvenir ?
Pas vraiment.
Cela a-t-il-eu des conséquences négatives sur ma vie ?
J'en suis convaincue.

Outre ma propre expérience, il me semble utile de le préciser. **L'intervention des adultes en cas de violence verbale, physique ou psychique n'est pas une option. Elle est indispensable. Aucun enfant ne devrait subir de violence dans une famille, de quelque manière que ce soit.**

Cela ne signifie pas que celui qui est l'auteur des violences soit le seul coupable. La plupart du temps nous sommes face à **deux victimes qui du fait de leur immaturité, sont incapables de résoudre leurs conflits. Il leur est donc nécessaire d'apprendre comment faire. Et c'est là que notre rôle est essentiel.**

En cas de disputes, approche-toi de tes enfants et impose-leur de s'asseoir. Puis, donne la parole à chacun pour avancer vers une communication plus respectueuse et chercher un accord.

#78 - Rien ne l'intéresse

Un papa me dit : « rien n'intéresse mon fils ».

- Rien ?
- Non, rien. Il ne fait rien de toute la journée.
- Ah oui ? Par exemple ?
- Eh bien, le matin, il traîne en pyjama sur son téléphone.
- Ah… et que fait-il exactement ?
- Rien. Il lit des trucs et parle avec ses potes…
- Ah… Il lit et communique.
- Ouais… vous voyez, c'est un jeune. Après, il joue à des jeux vidéo.
- Ah… il joue.
- Oui… c'est ça. Quand j'essaie de lui parler de trucs plus intéressants, il soupire.
- Alors pour vous, il ne fait rien et ne s'intéresse à rien.
- Ben, il aurait quand même mieux à faire de sa vie.
- Ok… en fait, votre fils ne fait pas ce que vous feriez à sa place, c'est ça ?

Il est bien rare que nos enfants ne fassent rien, mais quand nous n'aimons pas ce qu'ils font, nous le rejetons et le réduisons au néant : « rien n'intéresse mon fils ! ».

Pourtant quand ils sont petits, nous sommes plutôt enclins à accepter leurs différences. Tandis que quand ils deviennent ado, nous nous mettons à les juger. Et si nous ne laissions pas l'adolescence nous éloigner d'eux ?

Ton petit d'aujourd'hui, est ton ado de demain. La relation que tu es en train de tisser avec lui est la base de quelque chose de fort et de merveilleux qui peut encore grandir. **Prends l'engagement dès maintenant de ne pas laisser les goûts et les couleurs vous séparer bêtement. On peut ne pas aimer les mêmes choses, les mêmes musiques, les mêmes activités, les mêmes vêtements, et s'aimer et se respecter quand même.**

#79 - Je n'ai de contrôle que sur moi

Ah ! Ça c'est un truc important ! Car, pour ma part, je serais parfois tentée d'exercer un contrôle sur les autres. Et encore plus si ces autres sont moins forts et plus petits que moi...

Bien entendu, autant que possible, j'y renonce. Cela fait plusieurs années que j'ai décidé d'accepter cette simple vérité :
Je n'ai de contrôle que sur moi.

Je ne peux pas imposer à mes enfants de faire tout ce que je dis. Je peux travailler à changer, m'affirmer et devenir plus convaincante, plus patiente et indulgente.

Je ne peux pas forcer ma fille à finir son assiette, mais je peux adapter les portions que je lui mets.

Je ne peux par rendre mon fils plus rapide pour enfiler ses chaussures, mais je peux m'organiser pour qu'il se prépare plus tôt.

Je ne peux pas forcer mes enfants à être silencieux, mais je peux leur dire comment je me sens quand mon environnement est trop bruyant. Je peux aussi me déplacer et mettre mon casque anti-bruit.

Je ne peux pas obliger mes enfants à avancer quand nous nous promenons, mais je peux leur dire quels sont les avantages s'ils le font : un peu plus de temps pour jouer, par exemple.

Oui, J'ai renoncé à avoir du contrôle sur les autres, mais je n'ai pas renoncé à avancer selon ce qui me semble le plus juste.

#80 – Tu as droit au respect

Un jour où l'autre les limites du respect sont franchies par nos chères têtes blondes. Et nous devons prendre ce virage relationnel avec quelques précautions. Voici les « bonnes pratiques » pour ne pas te planter :

1 – **Résiste à l'envie de dire « On ne parle pas comme ça à sa mère »**, car cela donne l'impression que le respect est attendu juste parce que c'est Toi.

2 – **Résiste à l'envie de t'effondrer : « Comment peux-tu me faire ça, à moi qui ai tant fait pour toi ? Tu me fais de la peine ! ».** Ce serait rendre ton enfant bien trop et injustement responsable de ton bien-être émotionnel.

3 – **Exprime tes attentes de manière claire. « Le respect est important pour nous tous. Si tu veux être écouté, montre-toi respectueux. Merci. »** Car nous avons tous le droit au respect. Sans relever les moindres petits écarts de chacun (nous en commettons tous), mais en exprimant tes attentes de manière claire et non passionnelle.

#81 – Evitons de sauter sur tout ce qui bouge

Tu ne peux pas être sur tous les fronts.

Impossible d'avoir une maison rangée, un enfant qui utilise savamment les formules de politesse, qui exécute tes demandes dans la minute, qui honore tes goûts et choix alimentaires, qui trouve ton organisation du planning sensationnelle, qui renonce à toucher ce qui lui est interdit et qui s'abstient de sortir tous ses jouets quand tu viens de les ranger. IMPOSSIBLE.

Ton enfant est un enfant. Il traîne. Omet de te répondre. Dérange. Salit. Interrompt. Se plaint. Braille. Oublie. Perd. Crise. Tape et bien entendu… fait des trucs débiles que tous les enfants font et trouvent super rigolos … Mais pas nous !

Bref, tu ne peux pas être sur tous les fronts. Sinon, tu vas l'assaillir, l'épuiser, et t'épuiser de reproches et de frustrations. **Il y a des batailles qui valent la peine, et d'autres que tu dois laisser de côté.**

Par exemple « c'est papa qui va te brosser les dents » est une bataille à refuser si « mange avec tes couverts » est d'actualité. Ou « tu ne mets pas tes bottes de pluie au centre commercial » est une bataille à abandonner si « attends que je sois là pour traverser la route » est en ce mal acquis.

Choisir ses combats, c'est concrètement faire en sorte que l'atmosphère familiale soit vivable pour tous, plutôt que toujours sur le point d'exploser. Cela rend la vie plus belle !

#82 – Punir t'empêche d'éduquer

Nous en avons déjà parlé, n'est-ce pas ? **Éducation ne rime pas avec punition.**

La punition fait basculer tes demandes dans un rapport de force, où celui qui a le dernier mot n'est pas le plus sage, mais le plus fort.

La punition crée des émotions qui parasitent le message du parent, même si ce message a du sens. Ces émotions augmentent le risque de ne plus écouter, de ne plus croire, de ne plus respecter l'autre et résultent en oppositions et rebellions systématiques.

Le coin, le *time-out*, la chaise à réfléchir ou à punir, l'isolement dans une chambre ou ailleurs, l'indifférence sont toutes des formes de punition. Pour en avoir la preuve, il suffit de te demander :

« Est-ce que je me sentirais punie, si on me faisait ça ? »

Nous traversons tous des difficultés relationnelles avec les gens qu'on aime. Mais, **rester dans le dialogue, la bienveillance et le respect est une bonne manière de les traverser.** De cette façon, des améliorations seront assurément au rendez-vous. Alors, persévérons et développons notre patience !

#83 – Dominant / Dominé

J'ai une quantité impressionnante de raisons d'être contre les punitions et aujourd'hui, je voudrais te parler de cette maman, arrivée à moi complètement désemparée.

- Mon fils a 16 ans et ça ne va pas du tout. Avec lui rien ne marche. Je l'ai privé de dessert, privé d'écran, privé de sortie, privé d'argent de poche et privé de téléphone. Il voulait aller au cinéma avec ses amis, je l'ai privé de cinéma. Maintenant, tout ce qui lui reste, ce sont les moments d'école qui lui laissent un peu de liberté... Mais, on dirait qu'il n'en a rien à faire ! Il se moque de moi et de son père. Il ne nous obéit pas. Il ne rentre pas à l'heure. Il continue à fumer des joints en cachette.
- Et qu'est-ce qui pourrait le motiver à changer ?
- Je ne sais pas !!! Quand même !! Il devrait réagir... puisqu'il n'a plus rien !!

La punition est une domination infligée à un individu sur la base d'un rapport de force déséquilibré. Seul celui qui détient un ascendant sur l'autre peut infliger la punition. Il détient cet ascendant car il est plus fort physiquement ou parce que l'autre se trouve sous sa dépendance affective, matérielle et/ou légale. Cette dépendance crée une vulnérabilité dont le punisseur abuse pour parvenir à ses fins. Dès lors, comment imaginer que le punisseur puisse être perçu autrement que comme un oppresseur ?

Certes quand l'oppresseur punit, sa victime est contrainte à une certaine obéissance, mais le vent de la rébellion, du rejet, et de la vengeance gronde en permanence aux oreilles de la victime qui donnera peut-être son obéissance forcée, mais jamais son cœur ni son respect.

Les enfants qui fuient tôt leur foyer appartiennent le plus souvent à des familles très punitives. Adolescent, ils n'ont qu'une parole à la bouche

« Quand j'aurai 18 ans, je vais m'barrer ! ». Alors, ils disparaissent. Finies les punitions. Finie l'oppression. Ils se retrouvent en difficulté sociale dans une monde auquel ils sont mal préparés, parce qu'ils préfèrent l'hostilité du monde à celle que leurs parents leur infligent.

En faut-il plus pour conclure que la punition n'est pas une solution relationnelle ? Car il s'agit bien d'une relation qui a lieu de s'établir entre l'enfant et son parent ou entre l'enfant et son enseignant. Était-ce cela notre rêve quand nous avons tenu pour la première fois ce petit bout de chair dans nos bras ?

Si un système punitif est établi pour éduquer (dresser) l'enfant, la punition nous reviendra en pleine figure, et cela fera mal. **Choisissons la relation.** Tissons la relation. Chaque jour. Il n'y a que cela qui nous rendra audibles.

#84 – Un modèle duplicable

Dans mon billet précédent, j'ai partagé avec toi pourquoi je suis contre la punition. Je vais te raconter une anecdote. Je donnais une conférence dans une crèche et une maman m'a expliqué qu'elle avait abandonné la fessée, mais que, ne sachant comment se faire obéir, elle mettait désormais son enfant au coin. Cette maman me demandait ce que j'en pensais. Voici ce que je lui ai répondu :

- Tout ce que vous appliquez à votre enfant doit être duplicable.
- C'est-à-dire ?
- C'est-à-dire que si vous pensez que l'on peut mettre une personne au coin parce qu'elle ne fait pas ce qu'on lui dit, il faudrait que vous soyez d'accord pour que l'on vous mette au coin, que vous mettiez au coin d'autres personnes de votre famille, et que votre enfant puisse vous mettre au coin aussi, si la situation est bloquée.

Bien entendu, il y eut des rires. Alors, la maman s'est défendue.

- Mais, ce n'est pas pareil, je suis une adulte et c'est un enfant.
- Oui, donc théoriquement, vous êtes plus mature et capable de trouver des solutions respectueuses et de gérer le stress du désaccord.
- Non, mais je ne suis pas d'accord. Avant, je donnais des fessées. Maintenant, je le mets au coin, il faut bien que je fasse quelque chose !
- **Votre enfant apprend en faisant comme vous. Toutes vos réponses en cas de conflit, il devrait pouvoir les copier. Or, peut-il mettre un copain au coin s'il ne veut pas jouer au même jeu que lui ? Peut-il vous mettre au coin quand vous refusez de mettre vos chaussures pour aller vous promener ? Il ne le peut pas. Donc, il ne dispose d'aucun modèle. Il n'apprend rien. Votre modèle n'est ni duplicable, ni recopiable...**

La conversation a évidemment continué et je te propose de t'en partager la suite dans le prochain billet.

Retenons ici que tout ce que nous proposons à nos enfants comme attitudes et comportements devraient être recopiables de leur part. Et si ça ne l'est pas, eh bien, c'est que le ver est dans la pomme et cela posera tôt ou tard des difficultés.

#85- Comme dans la vie

Je t'ai laissée sur ma conversation publique avec une maman qui mettait au coin son enfant. Je te propose de poursuivre aujourd'hui ce compte-rendu. La maman était agacée et n'aimait pas se sentir prise à défaut. C'est normal et la situation me gênait. Malheureusement, elle ne renonçait pas, s'exposait et insistait pour défendre la mise au coin, la conversation s'est donc poursuivie.

- Alors, il ne faut pas taper les enfants, il ne faut pas les mettre au coin, et on fait comment ?
- Eh bien, on devrait faire comme on voudrait qu'ils fassent. Dans la vie, nous ne pouvons pas mettre les gens au coin ou les taper sous prétexte qu'ils ne nous donnent pas satisfaction. Si un mari fait cela à sa femme, il est hors la loi, si un patron fait cela, c'est un abus de pouvoir. Notre rôle est de montrer à nos enfants comment faire.
- Mmm...
- De toute façon, combien de temps votre enfant va-t-il accepté d'être mis au coin ? J'imagine que parfois il refuse déjà ? Comment allez-vous faire quand il n'y restera plus ? Devenir violente ?
- Oui, mais pour le moment, après le coin, il fait ce que je lui dis, alors ça marche ! Quand je le mets au coin, il comprend ce que je lui demande et il le fait.
- D'accord, vous pensez qu'il a compris. Imaginons, que je vous mette au coin parce que vraiment, j'en ai marre de cette opposition par rapport au fait que j'ai dit « pas de coin ! » (*rires*)... donc vous êtes là-bas, dans votre coin...
- Oui...
- Qu'est-ce que vous pensez ?
- **Que ça m'énerve**
- Comment vous sentez-vous
- **Eh bien... Je me sens humiliée !**
- Alors, vous n'apprenez pas que j'ai raison ? Je vous ai mise au coin pour que vous compreniez, mais en fait, vous êtes juste énervée et

humiliée. Vous n’apprenez donc rien ! Et pour sortir de cette impasse, vous allez faire semblant d'avoir compris, n'est-ce pas ?
- Oui, c’est vrai (*sourires*). Mais c’est dur ! Comment on fait ?

Je vais te raconter la suite dans mon prochain message. **Comme tu le vois, la punition n’enseigne rien. Elle nous confine dans nos émotions négatives et empêche notre cerveau de réaliser l’opportunité d’un apprentissage.**

#86 - Devenir adulte

Dans le billet précédent, nous avons laissé la maman de ma soirée sur sa question. Elle était bien courageuse de parler avec tant de franchise. Et je l'en ai chaleureusement remerciée. Beaucoup de parents pensent comme elle, mais rares sont ceux qui osent le dire. Grâce à elle, la soirée fut vraiment une réussite avec une très belle dynamique d'échange.

- Mais c'est dur ! Comment on fait ?
- Quel âge à votre enfant ?
- Il a 4 ans.
- Alors votre enfant a 4 ans et il a besoin que vous – qui êtes une adulte, qui êtes sa mère, qui incarnez sa sécurité – vous lui montriez que vous n'êtes pas déstabilisée par un petit de 4 ans
- ...
- Parce que le problème il est là. Nous sommes des adultes et nous perdons nos moyens quand un petit de 4 ans ne fait pas ce que nous voulons, ne nous obéit pas, nous parle mal. Remettons les choses à leur place. **Nous devrions avoir acquis la stabilité et l'assurance nécessaires pour surmonter ce type de situation. Vous vous rendez compte dans quel état nous nous mettons à cause de si petits bouts... 4 ans ! Il s'agit de devenir adulte et de faire la part des choses. Un enfant qui ne nous dit pas bonjour ou merci, qui ne fait pas ce que nous demandons, cela peut nous énerver mais de là à se mettre dans les états dans lesquels on se met, il y a des limites...**

La soirée a continué ainsi avec d'importantes prises de conscience. Oui, nous sommes tous en peine pour réguler nos émotions. Nous ne savons pas comment nous y prendre et demandons aux enfants de ne pas nous contrarier afin de nous éviter nos propres tempêtes émotionnelles.

Nous leur demandons même de gérer leurs émotions mieux que nous-mêmes. Nous nous cachons derrière des apparences de contrôle qui consistent à obliger l'autre, simplement parce que le contrôle sur nous-mêmes nous échappe et que c'est un travail monumental.

C'est effectivement le chemin le plus long d'une existence. Et celle qui t'écrit n'a pas du tout fini de le parcourir. Cependant être adulte, c'est déjà remettre les choses dans le bon ordre et regarder sa part d'ombre.

Quand l'enfant comprend que nous sommes en train de travailler à ne plus nous imposer, mais à être en relation, quand il constate que nous renonçons à le contraindre mais que nous nous contraignons au « respect envers et contre tout », alors naturellement, il devient plus doux et prêt à coopérer[15].

[15] Voir comment apprendre à s'affirmer avec le billet #281 – La colère positive

#87 – Faire du chantage

« Si tu ne viens pas tout de suite, on n'ira pas voir ta copine Anna ». C'est quoi le rapport entre venir tout de suite et la copine Anna ? Et comment me sentirais-je si mon mari me disait :
« Si tu ne viens pas tout de suite on ira pas voir ton amie Flo? »

On est tous tentés de vouloir accélérer les choses, de prendre le contrôle sur le temps, car nous constatons qu'être avec un enfant, ça nous ralentit énormément. Mais nous devons nous demander si ce que nous faisons a vraiment du sens. Est-ce que nous voulons que nos enfants nous obéissent par peur de la sanction ou par désir de prolonger ces relations aimantes et respectueuses que nous entretenons avec eux ?

Le chantage est déplaisant pour tout le monde. Si nous le pratiquons, il nous stresse autant qu'il stresse celui qui est menacé. À la fin, nous sommes tous perdants.

Le chantage est un aveu de faiblesse. Il clame haut et fort « Je ne sais pas quoi faire. Je suis dépassée par les événements. J'ai perdu le contrôle, je fais et je dis n'importe quoi ».

Le chantage nous décrédibilise. Même si notre demande initiale avait du sens, elle le perd immédiatement. Plus personne ne sait pourquoi il est important de faire ce qui est demandé. Nous passons du sens à l'autoritarisme.

Le chantage sépare. Celui qui le subit ne se sent pas respecté. Il réalise que nous blessons et menaçons la relation, ce qui lui donne envie de moins s'impliquer, voire de partir.

Alors, je te propose de l'oublier et de ne pas en faire l'une de tes approches éducatives. Tu verras que tout le monde s'en portera très bien !

#88 – Tu n'auras pas de dessert et autres menaces

- Si tu n'es pas sage, pas de dessert !
- Si tu ne te tiens pas bien, pas d'écran !
- Si tu ne viens pas tout de suite, je compte jusqu'à trois !

Nos menaces montrent l'ampleur de notre vrai problème. Nous sommes dépourvus d'autorité et nous paniquons dès que l'on pose des limites à notre pouvoir. Il s'ensuit que nous faisons et disons n'importe quoi.

Imaginons que ton patron t'ordonne de manière sèche de venir tout de suite dans son bureau. Pour diverses raisons, tu ne le rejoins pas immédiatement. Peut-être parce que tu ne te sens pas respectée ou simplement parce que tu finis une tâche importante. Agacé par ton attitude nonchalante, ton patron te dit alors :

« Pauline, si vous ne vous dépêchez pas, vous n'aurez pas de dessert ! ».

Quel sens cela aurait-il ? À quel point aurais-tu envie de répondre à ses demandes ?

Ne croyons pas que les enfants soient différents. Certes, ils n'ont pas le niveau de conscience leur permettant de verbaliser le problème, mais ils le ressentent. **Ils ne trouvent aucun sens à nos privations de dessert et autres menaces que nous posons dans le paysage de notre relation avec eux. En pareille situation, ils ne développent de respect ni pour l'attitude ni pour la personne. Notre responsabilité est de faire l'effort de les connecter sainement à la relation de pouvoir qui existe entre nous, en nourrissant nos demandes de sens et de lien. Sans cela, ils cesseront de nous écouter.**

#89 - Jamais plus, je ne te taperai

As-tu déjà tapé ton enfant ? **C'est le cas de plus de 80 % des Français et c'est pourquoi on parle tristement de Violence Educative Ordinaire** (VEO)[16]. Beaucoup de Français (et ce ne sont pas les seuls) réclament leur bon droit à la violence prétextant qu'ils ont besoin de pouvoir « *à un moment, poser des limites à leur enfant* », c'est-à-dire l'*éduquer*.

Le pire c'est que plus les enfants sont tapés (cela peut aussi être violentés verbalement), plus ils deviennent difficiles et incontrôlables. Alors, les parents dépassés et épuisés, sévissent davantage.

Si tu tapes parfois ton enfant sur le coup de la colère (ou si tu le menaces de le faire), je te propose de prendre ici l'engagement de ne plus jamais le faire.

Ce que je peux te promettre, c'est que les deux prochaines semaines seront très difficiles si dans le passé tu as tapé ton enfant ou que la menace de cette sanction est devenue ta manière de le faire obéir.

Quand le parent opère un changement dans l'éducation qu'il donne, ses enfants surréagissent parfois, même quand il s'agit d'une amélioration. Mais une fois ces deux semaines passées, le changement te sera profitable.

---

[16] Voir le site https://www.oveo.org/ de l'Observatoire des Violences Educatives Ordinaires

#90 - Il n'y a que la punition qui marche !

« Avec lui, il n'y a que la punition qui marche », me dit ce papa exaspéré.

Alors souvent, je confirme :

- Oui, monsieur, la punition, ça marche. Oui ! Frapper son enfant, le fait obéir. Le menacer d'être battu, aussi ! Vous avez observé que votre enfant faisait ce que vous lui demandiez après avoir reçu une fessée ? C'est vrai. Il le fait. **Mais, peut-il faire autrement ?** Si je vous battais, pour que vous laviez les vitres. Si vous n'aviez aucune chance d'en découdre. Vous laveriez les vitres, pas vrai ?

  Et que penseriez-vous alors ?
  « Elle a vraiment raison de me demander de laver les vitres. Sa demande est pleine de sens. Il est nécessaire de laver les vitres maintenant. »

  Ou est-ce que vous penseriez ...
  « Je vais laver les vitres parce que sinon je vais souffrir. Mais, un jour, je serai plus fort. Je lui dirai non, et c'est moi qui gagnerai. De toute façon, je cracherai sur les vitres dès qu'elle aura le dos tourné. Je lui ferai un doigt d'honneur quand elle ne me regardera pas. Je lui mentirai pour me venger. Ce sera elle la plus stupide quand je la manipulerai. » ?

  Les punitions engendrent de l'obéissance sur le moment. Puis, il y a deux types d'enfant :

  - L'enfant qui par crainte de l'adulte, **se renferme**, vit dans une angoisse empêchant son développement, souffre de **difficultés relationnelles et de problèmes de concentration,** qui s'effondre facilement. A l'adolescence, cet enfant risque d'adopter des comportements dangereux pour lui-même et des conduites addictives ou suicidaires. Il répète encore et encore la punition qu'il mérite. Il est tellement nul. Il se déteste tellement. Il méritera toujours d'être puni.

- L'enfant qui devient **incontrôlable**, qui cherche à reprendre le contrôle chaque fois que possible, qui conduit le parent à sévir toujours plus. A la maison, c'est l'escalade des punitions, des cris, de la violence. A l'école, **il manque d'empathie, fait souffrir les autres, se rebelle systématiquement contre l'autorité. Il casse, vole, rackette, violente. Il cherche des sensations fortes pour anesthésier ou libérer l'excès d'énergie que produit en lui cette colère permanente.** Il se met en danger autant qu'il met en danger les autres. Plus tôt que les autres enfants, il est déscolarisé et quitte le foyer familial.

Voici ce que j'explique à ce papa qui me dit qu'il n'y a que la punition qui marche. Et finalement, je lui demande :

Est-ce vraiment ce que vous voulez ?

#91 – Des câlins pour l'intelligence

Si les mammifères se câlinent spontanément, c'est qu'ils ressentent en eux combien c'est agréable et bon pour la cohésion du groupe. Nous, les humains, sommes des mammifères évolués. Être câlinés participe aussi à satisfaire nos besoins d'appartenance, de lien et d'amour.

Avec le câlin, nous pouvons valider la croyance que nous ne sommes pas seuls au monde et qu'il y a des gens qui nous aiment et nous protègent.

Des recherches récentes nous ont appris que les câlins font bien plus que ça. Dans certains hôpitaux, il n'y a pas de parents disponibles pour des bébés prématurés ou malades. Or, on s'est rendu compte que **les câlins augmentaient considérablement leurs chances de survie**. On recrute donc des bénévoles[17] câlineurs pour venir chouchouter ces bébés.

Les recherches montrent que les câlins sont bons pour l'intelligence. **Les neurones d'un enfant qui reçoit suffisamment de câlins foisonnent, se déploient, établissent de meilleures connexions avec certaines zones du cerveau ce qui présage d'un meilleur développement futur[18].**

Oui, les câlins rendent l'enfant intelligent, et **c'est aussi, pour nous, une douce manière de nous apaiser quand nous risquons de craquer devant les bêtises de nos enfants**. Vive les câlins !

---

[17] Voir sur www.20minutes.fr, *Hôpital: Des bénévoles prêtent leur bras pour réconforter les bébés malades*, 15/09/2019

[18] Nathalie L. Maitre, Alexandra P. Key, Olena D. Chorna ..., *The Dual Nature of Early-Life Experience on Somatosensory Processing in the Human Infant Brain*, Cell.com, 2017

#92 – De la confiance pour la compétence

Pour devenir compétent dans un domaine, il faut s'y essayer. C'est à force de répéter et répéter une expérience, que nous en obtenons la maîtrise. Si tu désires que ton enfant tente des choses et se sente capable de faire par lui-même, fais-lui confiance. Mais ne lui fais pas confiance pour y arriver tout de suite, car tu seras forcément déçue. **Fais-lui simplement confiance pour y arriver à force de persévérance.**

Au moment où tu voudras faire à sa place (*ce qui est bien naturel*), retiens ton geste, prends du recul et respire. Abreuve-le plutôt de phrases comme : **« Prends ton temps, concentre-toi, continue comme ça, persévère, si ce n'est pas pour aujourd'hui, tu y arriveras un autre jour, je crois en toi ».**

Nous avons tendance à vouloir accélérer les choses pour éviter les problèmes. Nous accélérons l'enfilage de la veste, emboîtons le zip récalcitrant, empêchons notre enfant de se servir tout seul. **En faisant ainsi, nous l'empêchons de devenir compétent, nous ralentissons ses progrès et nous lui transmettons un message sans équivoque « tu n'es pas capable, mais moi, je le suis ».** Exactement le contraire de ce que nous souhaitons vraiment !

Alors, respirons, calmons-nous et ralentissons. Laissons une vraie place à nos enfants dans notre vie. Une place qui les prend en compte et leur permet de se développer. Et profitons-en pour renouer avec une vie de qualité, où il y a du temps pour exister, respirer, s'aimer.

#93 – De l'amour pour la bonté

L'amour a des effets sensationnels sur nos enfants et nos relations. L'un d'entre eux est la bonté.

Quand nous offrons de l'amour à nos enfants, ils deviennent bons. Bons avec nous, bons avec eux-mêmes et bons avec les autres.

La valeur « bonté » peut sembler de moindre importance dans un monde matérialiste et narcissique où performance, richesse et apparences sont seuls signes de réussite. **Pourtant, ce n'est pas une carrière réussie, des diplômes et des succès commerciaux qui rendront nos enfants heureux, mais la capacité à créer et maintenir des relations saines et heureuses.**

Et c'est là que l'amour intervient.
Une personne aimée devient bonne.
Une personne bonne devient aimée.

Et quel que soit l'environnement dans lequel on désire se développer, être aimé est toujours utile. Alors, si on donnait un peu plus d'amour et un peu moins de reproches à nos enfants ?

#94 – « Sois gentil ! »

- Et, sois gentil !
- *Tu veux dire que d'habitude je ne le suis pas ? Quelle déception ! D'ailleurs, comment on fait pour être gentil ? Qu'attends-tu de moi exactement ? Es-tu gentille, toi?*

Pour obtenir de la gentillesse, inutile de l'exiger. Nos enfants ont besoin de nous voir en action afin de nous copier ! Alors, quel genre de gentille es-tu ?

- La « gentille-qui-souffre », qui râle, se plaint, donne trop et s'oublie elle-même ?
- La « gentille-heureuse-d'être-gentille » qui s'épanouit dans un monde de bonté ?

La manière dont tu appréhendes la gentillesse détermine la façon dont tes enfants accepteront ou non d'être gentils. S'ils s'aperçoivent qu'être gentille te fait souffrir, que tu le vis comme une injustice, une faiblesse ou une niaiserie, cela les dissuadera d'être gentils.

Au moment où tu pratiques la gentillesse, pense à ranger tes plaintes et commentaires négatifs au placard. Tu peux rendre visibles tes efforts, en précisant simplement : « je vais pratiquer ma gentillesse et faire cela pour toi ». Si tu ajoutes un sourire et te montre heureuse d'être bonne pour ton enfant, il remarquera que la gentillesse te fait du bien, et sera enclin à être gentil.

#95 - La patience est une forme d'amour

Je me dis souvent que si tout le monde devenait plus patient, chacun de nous se sentirait plus aimé et la violence diminuerait. Le manque de patience est un vrai fléau et je serais intéressée à ce que l'on en mesure l'impact économique et social.

Concrètement, pour quelles raisons nous disputons-nous avec nos enfants ?

- Parce qu'ils nous font attendre, parce que nous voulons qu'ils fassent immédiatement ce que nous leur demandons, parce que nous devons leur répéter plusieurs fois la même chose, parce qu'eux-mêmes se poussent et se disputent sous l'effet de leur impatience.
- Mais aussi, parce qu'au travail, notre collègue est trop molle, que son travail n'avance pas, que notre patron fait des monologues interminables, qu'en rentrant, une personne roulait à 30 là où on aurait pu rouler à 90 et que notre chéri n'a pas fait ce qu'il nous avait promis de faire.

Bref, on se dispute par impatience.

Nous accumulons la frustration de ne pas contrôler, et de devoir patienter. **Et si le problème vient de nos enfants, cela devient vite explosif. Car nos enfants accumulent la dépendance, l'immaturité, et le droit légitimé par la société à être criés et réprimandés** (*ce qui ne peut se faire auprès du patron*).

Si seulement nous apprenions à patienter, notre vie serait tout simplement plus belle et nos enfants sentiraient beaucoup mieux ce que veulent dire nos « je t'aime ».

Qu'attendons-nous ?
En ce qui me concerne, je ne suis pas née avec la patience dans les

gênes. J'ai du travail ! C'est la tâche la plus ardue pour moi, mais je m'y mets volontiers car je sais qu'elle peut changer ma vie.

Je te propose de travailler toi aussi ta patience, dès aujourd'hui. Fais un tableau de 30 jours, au moins. Chaque case représente un jour. Chaque jour évalue ta patience (sur une échelle de 1 à 10) et suis tes progrès !

#96 – Pardon !

Un jour, au sortir d'une séance de psy, j'ai réalisé que le vide qui persistait en moi n'était plus tant lié à mon histoire avec mes parents, qu'à l'absence d'excuses de leur part. J'avais attendu toute ma vie qu'ils s'excusent de leur négligence, de leur absence de considération et de leur agressivité. Je savais bien que leur comportement avait des origines socio-culturelles et qu'ils n'avaient pas perçu ma souffrance d'enfant. Malgré cela, leurs excuses m'auraient aidée. Car **s'excuser, aurait signifier reconnaître que le tort avait existé.**

Ces excuses ne sont jamais venues et j'ai compris qu'elles n'arriveraient jamais. Toute attente était vaine. Il était temps de passer à autre chose, de bâtir sur le présent sans rester enchaînée au passé. C'était ma liberté et cela ne dépendait que de moi.

En tant que parent, on commet des erreurs. On génère quantité de petites souffrances, souvent de manière tout à fait involontaire tout en croyant bien faire. Mais nous pouvons faire en sorte **que tout le monde sorte grandi de ces expériences malheureuses : en reconnaissant nos torts et en nous excusant.**

Je ne me sens jamais plus à ma place de mère que quand je suis capable d'offrir à mes enfants une humilité totale et inconditionnelle. Comme si reconnaître que se planter, nous rendait plus proches, plus tendres, plus heureux.

#97 - Quand ça va bien...

Nous ne sommes pas tous égaux face au bonheur. La plupart d'entre nous savent mieux ce qui leur manque que la chance de ce qu'ils ont. D'ailleurs, quand je suis en bonne santé, je ne le répète pas à tout le monde car cela me semble normal. Mais quand je suis malade, le monde entier le saura et m'entendra m'apitoyer.

Outre les malheurs qui peuvent jalonner notre existence, certaines personnes sont en plus imperméables au bonheur. Elles ne l'accueillent pas quand il est là, prêt à être saisi.

Ainsi, au parc, une maman dit à son fils qui joue, sans faire d'histoires : « Tu vois, tout à l'heure je voulais que tu ranges et tu n'as pas rangé. Cela m'a mise très en colère. Et maintenant je suis au parc avec toi, alors que j'ai horreur de ça. Je le fais pour te faire plaisir. Tu te rends compte de tout ce que je fais pour toi et du peu que tu fais ? »

Attention, nous entrons en zone dangereuse. Gardons-nous de partager de telles pensées avec nos enfants. **Ils doivent pouvoir vivre dans le présent, et quand ils ne créent aucun problème, se sentir valorisés et aimés, afin d'être motivés à bien se comporter.**

Dans le cas contraire, ils seront en droit de conclure que bien se comporter ne change rien à leur sort, puisqu'ils ne reçoivent jamais que reproches, plaintes et récriminations.

Ne laissons pas passer les bonheurs et satisfactions qui se présentent à nous sans les accueillir. Ruminons-les plus que nous ne ruminons notre stress, et participons activement à créer une atmosphère positive.

#98 – Tu es le Capitaine !

« Tu veux des pâtes ou du riz ? »

Certaines personnes pensent que la parentalité positive consiste à laisser l'enfant tout choisir. Ce n'est pas exact. Cela passe plutôt par l'implication de l'enfant tout en restant de bons capitaines de navire ![19]

Ainsi, il est bien naturel de donner des choix, sur les vêtements, les jeux, les amis à inviter pour un anniversaire.

Mais, il est important que l'adulte continue à prendre seul certaines décisions, surtout quand il s'agit du cadre, des valeurs ou de l'organisation qui touchent toute la famille.

Par exemple, une famille n'est pas organisée comme un restaurant. On ne peut pas faire un menu différent pour chaque personne sans que cela devienne compliqué à gérer.

Alors puisque tu connais les goûts de tes enfants et que tu sais ce qui est bon pour leur santé, décide du menu ! Ce type de décisions et bien d'autres te reviennent naturellement.

---

[19] Lire à ce sujet Charlotte UVIRA – *Parentalité Affirmée, et si le Capitaine du Navire Familial c'était Vous ?*, Ecole des Formations Positives, 2018

#99 – Elle s'oppose tout le temps

« Elle s'oppose tout le temps... »

Attendez... C'est mon mari qui parle de moi !

Je l'imagine dire à mon sujet : « Je lui propose d'aller en forêt, elle préfère une balade près de la maison. Je lui dis qu'elle devrait mettre ses bottes car il pleut, mais elle veut mettre ses baskets. Quand elle veut sortir un carton lourd de la voiture et que je lui dis que je vais le faire, elle me dit qu'elle veut le faire toute seule. Dernièrement, je lui ai dit de venir manger, elle m'a demandé d'attendre encore quelques minutes le temps de finir d'écrire un email. Ma femme est insupportable, elle passe son temps à s'opposer. »

Heureusement, mon mari ne dit pas ça de moi. S'il le faisait, je rigolerais aux éclats et je lui répondrais :

« Il ne faut pas tout confondre. Quand je veux faire un tour près de la maison cela n'a rien à voir avec le fait de sortir un carton de ma voiture ou de finir d'écrire un email... »

Mais, peut-être insisterait-il :

« Si ! Tu t'opposes à tout systématiquement. Je ne vais quand même pas me mettre à tout négocier avec toi ! »

Je lui répondrais :

« Mais, il ne s'agit pas de te mettre à tout négocier. Il s'agit de me laisser exister ! J'ai peut-être d'autres besoins à satisfaire, et d'autres envies. Par exemple quand tu me dis d'aller faire un tour en forêt, cela tombe mal car je suis très fatiguée. Quand tu veux sortir ce carton à ma place c'est gentil, mais je m'en sens capable et désire être autonome. Et quand tu me dis de venir tout de suite à table, ce n'est pas que je ne reconnais pas l'effort que tu as fait, mais j'ai envie d'arrêter mon travail de manière cohérente, car ce sera plus facile d'y revenir plus tard. »

A ce stade, nos voix pourraient monter un peu. Ce serait dû au stress.

Si j'avais accumulé de nombreuses frustrations les derniers jours, je pourrais perdre le contrôle de mes émotions et m'énerver. Je me mettrais à crier, à pleurer, à hurler, à claquer la porte...

Il dirait alors que je fais un **CAPRICE**.

Mais ça, c'est une autre histoire !

#100 – Non !

Tu as le droit de dire non.

Non, pour les bonbons. Non, pour sauter sur le canapé. Non, pour mettre les doigts dans les prises. Non, aux courses poursuites dans la maison. Non, aux bagarres. Non, aux mixtures de feutres qui baignent dans de l'eau (même si c'est de la potion magique !!). Non, à la maltraitance des animaux.
Ton droit de dire non est ENTIER.

Être dans la parentalité positive ne signifie pas que tes enfants peuvent faire des choses interdites, désagréables, dangereuses, mauvaises pour eux-mêmes ou pour les autres. L'idée n'est pas non plus que tu les préserves de ressentir des émotions déplaisantes.

Ton rôle est de les accompagner gentiment dans leurs défis émotionnels, comme quand ton « non » va créer un grand bouleversement, totalement ingérable pour eux !

#101 – Rions !

Quand mes enfants étaient tout petits, je ne me baladais jamais sans mon nez rouge fourré dans mon sac. Aujourd'hui, il m'arrive encore de l'utiliser.

Le nez rouge c'est la solution pour désamorcer les conflits. Il améliore ta communication quand tu sens que tu vas être trop sèche et cassante. Hop, un nez rouge de clown sur ton nez et voilà que tes messages prennent une autre teneur et sont accueillis avec plus de légèreté !

Car il y a de multiples manières de rappeler à un enfant que ce qu'il fait ne nous convient pas. Et rire en fait partie.

Rire est aussi excellent pour diminuer le stress et ramener du lien. Alors si l'atmosphère est tendue, cherchez à rire, lisez des gags ou des BD comiques, regardez des vidéos drôles, faites les clowns et tout le monde se sentira mieux !

#102 – Notre égo

L'ego est l'ennemi numéro 1 de la parentalité positive.

Un parent qui éduque son enfant en mettant son ego au centre de la relation ne s'en sort jamais à bon compte. L'enfant prend conscience de cette faille narcissique et devient facilement insolent et rebelle. (*Rappelle-toi que nos enfants nous poussent toujours à travailler nos faiblesses !*)

Alors, s'il est normal d'espérer des signes de respect et de la coopération de la part de nos enfants, mon conseil est de ne pas trop en faire. **Veille surtout à mettre du sens dans tes demandes.**

Évite de dire à ton enfant qu'il doit ranger parce que tu le lui as dit, car il risque de refuser de le faire. Évite de lui dire qu'il doit t'embrasser ou te dire bonjour parce que tu es sa mère. Cela n'a pas de sens.

Dis-lui plutôt que tu aimes avoir une maison bien rangée, manifeste que se dire bonjour permet d'entretenir de bonnes relations et de participer à créer un foyer chaleureux et rempli d'amour. Alors il n'aura pas peur de t'obéir ni de te faire plaisir.

En préservant le sens de tes demandes et en évitant de placer ton ego au milieu, tu améliores énormément tes chances d'être entendue.

#103 - Obstinée ?

L'obstination n'a pas bonne presse auprès des parents. Ils sont nombreux à témoigner que leur fille est têtue comme une mule, que leur fils ne lâche rien, et qu'il est impossible de leur sortir une idée du crâne. Aujourd'hui, je voudrais te proposer de voir chaque trait de caractère comme un avantage, plutôt que comme un problème.

Prenons justement l'obstination. Quand elle s'applique à un effort, on l'appelle détermination ou persévérance. On la reconnaît alors comme très utile. D'ailleurs, certains enfants en sont dépourvus. Ils abandonnent dès que l'effort se présente. Être plus obstinés leur permettrait de mieux apprendre.

Si l'on s'inquiète de l'enfant timide, on peut se réjouir de sa **prudence sociale et de ses bonnes qualités d'écoute.**

Quant à l'hypersensible, il est **un compagnon empathique, prévenant et soucieux du bien-être de ses amis.**

Enfin, les colériques **ont de l'énergie à revendre et n'abandonnent pas quant il s'agit de reprendre le contrôle sur une situation.**

Certes, un trait de personnalité poussé à l'extrême devient pénible, et les enfants sont souvent assez caricaturaux. Nous pouvons malgré tout reconnaître leurs qualités, car rien n'est jamais tout à fait noir ou blanc. **Les traits de caractère sont, eux aussi, à apprécier avec subtilité.**

D'ailleurs, comment qualifierais-tu ton enfant ? Et, quelle qualité son tempérament apporte-il à votre relation ?

#104 – J'ai raison et tu as tort !

« On a le choix dans notre vie entre être heureux et avoir raison »
- Marshall Rosenberg

J'ai été saisie que ma fille me tienne tête en affirmant que l'automne était après l'hiver. Je lui ai répété que c'était faux. Elle m'a répondu : « C'est la maîtresse qui l'a dit ! ». Argument qui - nous le savons tous - ne suppose aucune contradiction.

Alors, je me suis souvenue de Marshall Rosenberg et de mes deux choix face à l'adversité :

- **M'agacer, vouloir imposer que j'ai raison envers et contre tout. Dire quelque chose comme : « Tu crois me faire la leçon ? »**
- **Ou décider que finalement, je n'en ai strictement rien à cirer, que je fais le choix d'une vie en paix avec une personne que j'aime.**

Je te recommande d'appartenir à la deuxième catégorie. En un mot, lâche prise ! Il ne s'agit pas de dire « tu as raison ». Mais seulement d'injecter la flexibilité nécessaire pour que cette contrariété prenne le bon chemin : « Eh bien, je vois. Nous avons des avis différents ».

Il y a beaucoup de guerres, de souffrances, de drames et de vengeances au nom d'opinions et de convictions différentes. La paix du monde commence par la paix dans nos foyers.

Incarnons l'idée suivante : « Nous pouvons ne pas être d'accord et nous aimer quand même », puis, on solutionnera le problème un jour, en vérifiant, ou pas. On verra bien.

L'intelligence dans un désaccord est de savoir faire en sorte que chacun se sente respecté et que la relation soit préservée.

#105 – Il y a des limites !

Le mot « limite » est un mot employé (1) quand on passe le permis de conduire et (2) quand on parle des enfants.

Les parents occidentaux parlent beaucoup de limites. Ils disent qu'il faut les fixer, les poser, les rappeler, et affirment que les enfants cherchent à les dépasser et à les tester.

Je dois dire que je ne sais pas trop si les enfants ont un problème de limite, mais ce dont je suis sûre, c'est que mes limites me posent problème à moi ! **Pour faire simple : C'est parce que j'ai MES limites que certaines situations me sont désagréables.**

Par exemple, je supporte très mal le bruit et l'agitation. Ceci **ME** limite. De même, ma vitalité est limitée et cela me rend incompétente, agacée, nerveuse, démissionnaire dans certaines situations. Quand je regarde ces papas qui portent poussette, enfants, sac à langer et sacs de course, j'imagine, envieuse, quelle mère extraordinaire je serais si j'étais si forte.

S'approcher trop près de mes limites ou m'obliger à les dépasser produit toujours le même effet : du stress, de la mauvaise humeur, de la colère, des difficultés à rester agréable et constructive. Quand je sens que j'approche de mes limites, je passe en état d'urgence. J'essaie de faire cesser très vite l'objet du délit, et comme « aller vite » est la pire idée avec des enfants, cela tourne à la catastrophe relationnelle.

Le problème n'est donc pas le comportement de mes enfants mais davantage ma manière à moi de prendre la mesure de mes limites, et de les expliquer à mon entourage. Ceci est valable pour mes enfants et mon partenaire. Je dois connaître leurs limites et avoir l'intelligence d'en tenir compte.

Alors dis-moi, quelles sont tes limites ?

#106 – « Il ne mérite pas mon attention »

J'ai entendu maintes fois cette phrase : au supermarché, au restaurant, dans la rue et dans les repas de famille. C'est une mère ou un père qui pense que son enfant devrait mériter l'attention qu'on lui porte.

Or, c'est faux. L'enfant n'a pas à mériter l'attention de ses parents. Car les parents ont un devoir d'attention envers leur enfant.

Et quand un enfant en demande plus, c'est souvent que **l'attention donnée est insuffisante ou peu qualitative**. Eh oui ! Parce que nous, les adultes, faisons parfois « semblant » de donner de l'attention. Les enfants le sentent et ne peuvent s'en satisfaire ni s'en nourrir.

La science confirme que le besoin d'attention est inné[20].

- D'un côté, **si l'on ne donne pas l'attention nécessaire à un enfant, son développement neurologique est entravé**. Ceci sera rendu visible par des difficultés de concentration, de régulation des émotions et de comportement.
- **Au contraire, en nourrissant d'attention notre enfant, nous arrosons ses connexions neuronales du meilleur engrais**. Il en résultera de meilleures habiletés à se concentrer, à se réguler et à persévérer.

Aujourd'hui et ces prochains jours, soit 100% présente à ton enfant quand la situation le requiert et observe ce que cela change.

L'attention, c'est magique !

---

[20] Le lecteur pourrait être intéressé par la lecture de Boris Cyrulnik, *Sous le signe de l'attachement*, Puriel, 2010

#107 – Comporte-toi bien et après on verra !

« *Les enfants qui ont le plus besoin d'amour, vous le demanderont de la manière la moins aimable.* » - Jacques Salomé

Il arrive que des adultes réclament à l'enfant de devenir plus aimable, et l'exigent comme une condition nécessaire pour lui donner amour, indulgence, patience et gentillesse.

C'est un peu comme si nous disions à celui qu'une douleur physique torture « Guéris d'abord, et je te soignerai ensuite »...
Un peu tordu, n'est-ce pas ?

C'est justement quand le souffrant ne souffre plus qu'il trouve les mots, la douceur, le tact, la clarté... Et c'est aussi quand l'enfant n'est plus dans cette torture du manque d'acceptation, d'amour, d'attention et de protection qu'il devient plus aimable.

Sachons donc aller à l'encontre de nos agacements.

Comprenons : L'enfant insupportable est ce souffrant hurlant sa douleur sur un lit d'hôpital.

- Ça fait mal aux oreilles !
- Ça heurte notre bonne volonté.
- Ça fait monter le stress !
- Et surtout, ça appelle à l'urgence d'un traitement d'amour...

L'amabilité de l'enfant est un effet de notre amour.

#108 - Je l'ai « involontairement » récompensé

Rares sont les enfants qui se tiennent « bien » au restaurant. L'environnement est différent, leurs sens sont hyper-stimulés, les contraintes physiques sont importantes.

Au départ, les parents emmènent leurs enfants au restaurant pour se détendre, mais ils en sortent agacés et fatigués. L'enfant s'agite, bouge, fait du bruit, parle trop fort, interrompt la conversation. Alors, quand ils en ont marre (et plus que marre), les parents prennent leur téléphone, l'allument, et le tendent à leur enfant en lui disant « Bon. Prends mon téléphone maintenant et tiens-toi tranquille », à moins que l'enfant ne dispose déjà de sa propre tablette.

C'est ce que l'on appelle une « récompense accidentelle ». C'est-à-dire que de manière involontaire, le parent « récompense » l'enfant d'adopter un comportement qui lui déplaît. L'enfant reçoit alors un « bénéfice » qu'il n'aurait pas eu s'il avait « obéi », il est donc incité à continuer ainsi.

Ainsi, dans le cas du restaurant, l'enfant aurait mangé. Mais, grâce au fait qu'il n'y arrive pas ou s'y refuse, il obtient le téléphone. **Le parent alimente les comportements qui lui déplaisent, au lieu d'alimenter ceux qui lui plaisent.**

Nous sommes tous susceptibles de tomber dans le piège des récompenses accidentelles.

Alors, y a-t-il des comportements que tu n'aimes pas chez tes enfants et que tu alimentes involontairement ?

#109- Les câlins sont-ils des récompenses accidentelles ?

Il existe une idée répandue **qui nous laisse croire que prendre un enfant dans ses bras, alors qu'il est en détresse émotionnelle, consiste à l'encourager à désobéir** *(il s'agirait donc d'une récompense accidentelle)*.

En général, **les personnes qui pensent cela confondent émotions et comportements. Elles croient que l'expression d'une émotion négative est en soi, un mauvais comportement.**

Or, ce n'est évidemment pas le cas : Le fait que je ressente et exprime de la tristesse, de la colère ou de la peur n'est pas un mauvais comportement. Il s'agit d'une réaction naturelle.

De plus, chez l'enfant, nous savons que le stress induit des pertes de contrôle explosives, absolument involontaires. Nous sommes face à des réactions physiologiques en chaîne, induites par des hormones. Ces réactions sont plus extrêmes chez l'enfant, dont le cerveau et le corps sont immatures. Nous-mêmes, nous ne sommes pas capables d'empêcher notre cœur de battre à tout rompre après une grosse frayeur !

En l'état actuel de nos connaissances, **le seul moyen que nous connaissions de calmer un enfant est de lui donner de la tendresse**. C'est ainsi que nous réduisons son stress et lui permettons de redevenir maître de ses comportements, du fait de l'ocytocine dont nous induisons la production dans son corps.

#110 – Peut-on prêter son téléphone au restaurant ?

Abordons la question du téléphone ou de la tablette quand on sort. Ici, je ne vais volontairement pas aborder la question des écrans au sens large (*le livre contient une partie dédiée aux écrans*[21]). Tu le sais, **le moins est le mieux.**

Ce qui nous intéresse est de savoir si tu peux prêter ton téléphone au restaurant, sans que cela ne devienne une récompense accidentelle. Et ceci est valable pour d'autres situations où nous risquons de tomber dans l'incitation involontaire.

Voici le principe à garder en mémoire :
Si tu veux « récompenser » ton enfant - dans le sens où tu lui octroies un bénéfice exceptionnel - il faut que tu t'assures que le comportement produit précédemment soit positif ou au minimum OK.

Par exemple, au restaurant, tu pourrais dire à ton enfant « finis tranquillement ton assiette et après je te prêterai mon téléphone ». **Cela veut dire que ton enfant doit accomplir sa part avant** d'obtenir le Graal (*oui, parce que pour les enfants, ton téléphone, c'est le Graal!*). De cette manière, tu t'assures que le comportement qui précède est OK.

Autre situation : imaginons que tu demandes à ton enfant de jouer seul au parc pendant quelques minutes et que tu le surprends à taper un autre enfant. Si à la suite de ces circonstances tu décides de jouer avec lui, tu lui permets d'obtenir un bénéfice inattendu pour sa violence : *«* Je joue avec toi quand tu te comportes mal avec les autres *»*. Il s'agira d'un encouragement involontaire.

---

[21] Voir billet #239 et suivants

Au contraire, si tu demandes à ton enfant de te montrer qu'il est capable de jouer seul et de manière sympa avec les autres enfants, et que tu vas jouer avec lui à peine une minute plus tard, tu n'es plus dans une récompense accidentelle mais dans une incitation positive.

#111 - Être ou ne pas être un parent positif

Ah ! La parentalité positive... Elle est l'objet de tant de croyances !

- La première laisse à penser que le parent est super souriant et ne voit que le bon côté des choses. Bien sûr, ce n'est pas cela.
- Il y a ceux qui pensent que c'est un modèle éducatif permissif. Mais, si elle l'était, elle ne serait ni éducative, ni positive.
- D'autres pensent qu'il s'agit d'un moyen d'obtenir l'obéissance sans cris ni pleurs. Heureusement, c'est également faux !
- Et puis, certains imaginent que cela consiste à allaiter son enfant, faire du cododo, porter en écharpe. Or, ceci est de la Parentalité Proximale.

Alors qu'est-ce que nous entendons par Parentalité Positive ?
Eh bien, simplement une relation qui permette à chacun de se sentir bien, sans être dominé, humilié, maltraité, soumis. Que chacun soit traité dignement et puisse s'exprimer et développer son potentiel de vie.

Rien d'impossible, rien d'inatteignable, ni rien de choquant.

Au quotidien, cela consiste à ne rien prendre pour acquis, à s'interroger, à nourrir la relation, à cultiver une graine pour qu'elle pousse et s'épanouisse bien. Et souvent, le résultat en est la coopération de l'enfant, même si ce n'est pas son ambition à proprement parlé.

#112 – 5 expériences positives

Il existe en nous un biais de négativité c'est à dire une tendance naturelle à nous accrocher aux événements négatifs.

À la suite d'expériences scientifiques sur ce sujet, les chercheurs ont découvert que les informations négatives avaient 5 fois plus de poids que les positives. Pour ne pas tomber dans la torpeur, nous devons donc consciemment accrocher le positif et laisser glisser le négatif.

Si nous communiquons et désirons être motivants, c'est une règle à prendre en compte. À défaut de fournir au moins 5 informations positives pour une négative, l'empreinte de notre parole restera négative.

Je m'applique donc à mettre en place cette règle avec mes enfants.

1 reproche pour 5 compliments. **Et ça marche ! Ils restent plus attentifs aux qualités que je leur reconnais et poursuivent sur le bon chemin.**

#113 - Aie Confiance en toi !

Une solide confiance en soi a des conséquences extrêmement positives sur le bien-être de ton enfant et sur votre relation ensemble. On pourrait penser que c'est une qualité innée, qui dépend d'aspects biologiques eux-mêmes héréditaires. Cependant, il n'en est rien.

La confiance en soi s'acquiert au fil du temps et des expériences. C'est une prédiction ou une observation réaliste que nous avons les ressources nécessaires pour réussir dans un certain domaine. Et elle varie avec le temps.

En tant que « parent de ton enfant », tu as le pouvoir de susciter chez ton enfant plus de confiance en lui (ou moins de confiance en lui). Et, précisons-le, l'injonction « aie confiance en toi » est inutile !

Voici des approches issues des études scientifiques en psychologie positive.

1. Ton enfant a vécu un succès. **Fais-y référence**, et rappelle-lui comment sa **persévérance et son travail** ont eu un impact décisif sur le résultat.
2. **Montre-lui que sans essayer on ne peut y arriver**. Fais-le en prenant toi-même des risques, en tentant de nouvelles choses, en osant, et en te montrant positive quand tu échoues. Les échecs nous indiquent ce que nous devons améliorer. Ils sont donc indispensables.
3. **Valorise le travail de ton enfant en veillant à être spécifique et descriptive**. Consacre-toi davantage au processus qu'au résultat.
4. **Ne le sauve pas**, ne le conseille pas sans t'être assurée que c'est ce qu'il attend de toi. Tu risquerais sinon de lui transmettre un message sous-jacent très puissant : « tu n'es ni capable, ni compétent. Tu ne peux pas avoir confiance en toi, c'est pourquoi, je prends les commandes ».

#114 - Nous avons besoin les uns des autres

Tu n'es pas un Super Héros. Je ne suis pas Wonder Woman. Nos enfants ne sont pas les Terribles Fantastiques.

Du coup, nous sommes des gens normaux qui avons besoin des autres pour exister. Et même plus : nous nous sentons bien quand les autres nous montrent qu'ils nous trouvent utiles. Y as-tu pensé ?

Il est important que tes enfants remarquent qu'ils contribuent positivement à la vie de famille et qu'on les voie comme des personnes utiles et capables.

Si mon mari me disait à longueur de journée « Non, ne touche pas à ça, c'est dangereux. Tu es trop petite. Tu n'as pas l'âge. Ce n'est pas pour toi. Tu vas le casser ». Je me sentirais mal. Très mal…

Voici comment remplacer ces remarques :

- **Oui, j'ai besoin de toi !**
- **Merci d'être là pour moi.**
- **Tu me rends bien service.**
- **Sans toi, ce ne serait pas aussi bien !**

Les enfants ont besoin que l'on croie en eux. Montrons-nous soutenants !

#115 –Tu es capable !

Oui, ton enfant est capable, mais peut-être l'ignore-t-il encore. Or, il est possible d'adopter les bonnes attitudes qui insufflent de la confiance en soi en nos enfants. Voici comment faire :

- Lui montrer plusieurs fois comment faire.
- Lui montrer, signifie réaliser la tâche en question **lentement et sans paroles**.
- **Veiller à ton attitude**. Le fait que tu ne t'inquiètes pas qu'il casse un objet ou qu'il renverse un récipient a beaucoup d'importance.
- Être **disposée à patienter** tandis qu'il essaye encore et encore.
- **Éviter à tout prix de l'arrêter dans ses gestes**, et ne rien faire à sa place quand il est lancé dans sa tâche.

Croire que ton enfant est capable, et le lui montrer, est un véritable cadeau. Car tandis que ses sentiments de compétence et de confiance grandissent en lui, il se développe bien[22].

Nous avons tous besoin de constater qu'il y a des personnes qui croient en nous. C'est extrêmement motivant et encourageant. Pense à lui dire : « **Tu es capable ! Persévère !** », cela l'aidera certainement.

---

[22] Duclos, G. *L'estime de soi, un passeport pour la vie* (3e éd.). Montréal, Québec : CHU Sainte-Justine, 2004

#116 - J'ai confiance en toi

La confiance est un cadeau particulièrement précieux dans une relation. C'est comme un raccourci pour aller vers l'essentiel, vers ce qu'il y a de plus beau !

Quand tu as confiance en ton enfant, il intériorise cette confiance pour la faire sienne. Et quantité de moments de confiance accumulés, participera à une bonne estime de soi.

On a découvert que l'estime de soi est l'un des piliers du bien-être et du sentiment de satisfaction générale d'un individu et qu'elle est largement influencée par l'attitude parentale[23].

C'est donc un terrain que tu peux explorer. Vois dans quel domaine tu pourrais injecter plus de confiance en ton enfant. **Par exemple, lâche prise et dis-lui : « J'ai confiance en toi. Tu vas y arriver ! »**

Et s'il se montre résistant, persévère. Il faut parfois du temps pour que la graine finisse par germer.

---

23 R. S. Isberg, S. T. Hauser, A. M. Jacobson, S. I. Powers et G. Noam, *Parental contexts of adolescent self-esteem: A developmental perspective*, Journal of Youth and Adolescence, vol. 18, no 1, 1989,

#117 – Les compliments, c'est Bling-bling !

Quand mes enfants étaient petits, j'avais envie d'être soutenante et motivante pour eux. Alors, je leur faisais des compliments ! Mes paroles semblaient les rendre fiers, jusqu'au jour où ma fille de 4 ans m'a surprise :

- Je vais aller montrer mon dessin à papa. Il va me dire « Waouh ». Il dit toujours « Waouh ». Je peux faire n'importe quoi, il dit « Waouh ». C'est pour être gentil avec moi.

J'étais stupéfaite. Elle avait visiblement compris ce qui échappait aux adultes. Elle observait que les compliments pouvaient être vides. Et elle avait raison.

Ce n'est pas de compliments dont les enfants ont besoin, mais de reconnaissance, d'encouragements et d'émotions ! Alors, c'est vrai que comparé au « super-youpi-extra-génial-bravo-magnifique-c'est-trop-beau » pétillant du compliment, c'est moins bling-bling. Mais, quand nous nous concentrons sur l'effort, le courage, la persévérance, le travail qui a mené au résultat, nous alimentons la confiance en soi alors que quand nous complimentons, nous n'avons pas d'effet durable[24].

Voici à quoi cela peut ressembler :

- J'aime la manière dont tu as associé ces deux couleurs (**émotions**).
- J'ai observé la concentration que tu as portée à ce travail (**reconnaissance**).
- J'ai vu les efforts que tu as fournis pour parvenir à ce résultat (**encouragement**).

A toi maintenant de t'approprier cette pratique !

---

24 Carol S. Dweck, *Changer d'état d'esprit : Une nouvelle psychologie de la réussite*, Mardaga, 2010

#118 - Simplifier

La vie des parents est trop compliquée et les prend au piège.

Agenda compliqué, maisons et rangements compliqués, accès aux objets compliqués. Le mot « compliqué » signifie ceci : « requiert l'assistance d'un adulte, freine l'autonomie de l'enfant, déclenche énervement et disputes, disperse l'énergie ».

Mais, en simplifiant nous obtenons plus d'autonomie, de simplicité, de responsabilité et de bonne humeur !

Simplification de la chambre de l'enfant : Tout ce qui s'y trouve devrait être à sa portée et lui être autorisé. On laisse à sa disposition les jouets avec lesquels il joue. Les autres peuvent être rangés ailleurs, ainsi on fera un tournus: aller chercher un jouet à la cave et en déposer un autre à la place.

Simplification des gestes de la vie quotidienne : Par exemple, prévoir une plateforme (une table dont les pieds ont été raccourcis) ou un trépied pour que ton enfant accède aux lavabos, bureaux, et meubles trop hauts. Un petit pichet en plastique pour se verser à boire, des verres dont le fond est large et stable, des patères à sa hauteur pour accrocher ses vêtements, un panier ou un tiroir de commode dans lequel se trouve tous ses vêtements de la semaine, ce qui lui permettra de les choisir avec un minimum de guidance.

Simplification de l'agenda : une activité extrascolaire hebdomadaire pas plus, un système de garde habituel (toujours le même), peu de changements de dernières minutes, des rendez-vous immuables pour la famille : petit-déjeuner, dîner, routine du soir, par exemple.

Observe ton enfant et repère tout ce qui est trop compliqué pour toi et pour lui. Puis, simplifie ! En simplifiant, tu rends votre vie plus douce tout en développant sa confiance en lui.

#119 – Il dit qu'il est nul

Certains enfants tiennent des propos extrêmement durs envers eux-mêmes. S'ils se trompent, échouent ou rencontrent des difficultés, les voilà en pleine autoflagellation : « nul », « moche », « gros », « débile », etc...

Ce problème est assez sérieux et il ne sera pas solutionné dans un court billet. Cependant, dans un premier temps, nous pouvons commencer par nous rendre attentifs aux aspects suivants :

- **Y a-t-il beaucoup de compétition dans notre famille ?**
- **Des personnes de notre entourage donnent-elles l'impression de tout réussir ? Sont-elles perfectionnistes ?**
- **Comment les évaluations venant de l'école ou des professeurs sont-elles accueillies ?**
- **Comment les efforts sont-ils valorisés même en l'absence de résultats satisfaisants ?**
- **A quel point l'enfant est-il autorisé à être autonome : prendre des décisions par lui-même, faire des choses par lui-même ?**
- **L'enfant est-il incité à s'évaluer lui-même ou est-ce que ce sont les adultes qui lui disent si son travail et ses réalisations sont bons ou mauvais ?**

En répondant à ces questions tu te mettras sur la piste de ce qui peut mettre à mal l'estime de soi de ton enfant.

#120 - Mais, tu l'avais dit !

Aïe... qu'est-ce que j'avais dit déjà ? Qu'est-ce que je n'ai pas tenu ? Elle me regarde exaspérée. J'ai dû louper un épisode.

« Tu avais dit que je pourrais faire de la peinture ce matin ! »

Les enfants n'oublient jamais. L'oublieux, c'est l'adulte ! Et, heureusement, nous sommes rappelés à l'ordre. Si nous ne faisons pas ce que nous avions promis, nous rejoindrons le rang des menteurs et des manipulateurs.

Des études longitudinales ont montré comment le fait de tenir ses engagements impactait la relation. **Nos engagements tenus montrent que nous sommes fiables et conduisent les enfants à mieux accepter les frustrations, ou le report de la satisfaction de leurs envies[25].** Au fur et à mesure qu'il grandit, l'enfant peut se dire « je peux attendre, car ma maman s'est engagée et qu'elle tient toujours parole ».

Au contraire, ces mêmes études ont montré que les enfants dont les parents ne respectaient pas leurs engagements refusaient la frustration. Quand le parent leur demande de remettre à plus tard le bonbon, l'activité peinture ou cuisine qui étaient prévus, ils risquent de résister, de désobéir et dans l'avenir, ne se montreront pas digne de confiance.

Il est donc temps de faire le point. Y a-t-il des promesses que nous n'avons pas tenues ? Qu'est-ce qui nous a mis dans l'impossibilité de les tenir ? Est-ce trop tard ? Un premier pas consiste à aller voir notre enfant pour nous en expliquer. Le deuxième sera d'examiner comment tenir effectivement notre promesse. Et les bénéfices ne tarderont pas : notre enfant apprendra à « être frustré », à croire en nous. Il n'explosera plus au moindre refus et deviendra lui-même toujours plus fiable.

---

[25] Voir l'ensemble des recherches : https://fr.wikipedia.org/wiki/Test_du_marshmallow

#121 – C'est contre-productif

Voici un cercle vicieux qui se produit encore et encore. L'enfant veut faire par lui-même mais ne sait pas bien faire. L'adulte fait à sa place.

L'enfant voudrait encore essayer, mais ne fait pas assez bien ni assez rapidement. Il s'énerve car il échoue. L'adulte fait à sa place.

L'enfant et l'adulte se disputent car l'enfant voudrait essayer encore mais l'adulte trouve qu'il en résulte toujours plus de temps à nettoyer, ou de temps à donner, ce qui le met en retard. Alors l'adulte reprend le contrôle et fait à sa place.

L'enfant grandit et n'a pas bien développé ses compétences. Il n'a pas confiance en lui et il faut toujours refaire derrière lui. L'adulte fait à sa place.

L'enfant a arrêté d'essayer. Il ne fait pas grand-chose à la maison et se fait servir. L'adulte se plaint d'avoir des enfants (devenus ados) qui ne savent rien faire et qu'il faut servir. Il demande plus d'implication et fait à leur place.

L'enfant a appris à ne pas participer et à se faire servir. Les tâches ménagères lui ont toujours été présentées comme pénibles. Il refuse de participer. Il faut toujours tout faire à sa place !

Décidément, nos prises de contrôle sont contre-productives et nous mènent à un épuisement durable !

Nous ferions mieux de cesser de nous plaindre et donner le temps et la patience nécessaires à nos enfants pour qu'ils puissent devenir autonomes, dès que possible.

#122 - Laisse-le rater

Comment apprendre à verser de l'eau sans verre ni carafe ? Le grand défi des enfants d'aujourd'hui est de conquérir leur autonomie, avec des parents toujours moins disposés à laisser la place aux expérimentations, essais et échecs. Souvent, ces derniers ont peu de patience, et une vraie peur qu'il y ait de la casse.

Alors, débarrasse-toi de ce problème matériel et achète une vraie vaisselle, pas chère, mais bien cassable, pour que tes enfants puissent apprendre, et rater. Trouve les solutions qui te permettent de moins t'inquiéter.

De cette manière, ils se sentiront capables, autonomes, et deviendront plus respectueux et coopérants. Et ta vie sera tellement plus simple quand tu ne devras plus tout faire à leur place !

Ce message vaut pour presque tout : le lave-vaisselle, le tri du linge, l'aspirateur, bref tout tout tout ! Lâche prise et agis pour le développement de leur autonomie.

#123 – Le vrai problème des enfants gâtés...

A l'heure où nous vivons dans un monde qui n'a jamais été aussi superficiel, consumériste et matérialiste, nos enfants ne manquent pas de jouets. J'imagine que tu as remarqué combien nous étions débordés par leur profusion.

De récentes études montrent même que le diagnostic d'hyperactivité diminue avec la réduction du nombre de jouets :

> *« M. Payne*[26] *a mené une étude consistant à simplifier la vie d'enfants souffrant d'un trouble du déficit de l'attention. En seulement quatre mois, ces symptômes disparaissaient chez 68% des jeunes sujets. Les aptitudes scolaires et cognitives de ces enfants augmentaient aussi de 37%, ce que l'on ne constate pas avec les médicaments généralement prescrits comme la Ritaline. »* - Le Huffington Post.

Mon message est donc le suivant.

Si tu veux donner une attention positive à tes enfants, si tu désires ne pas péter un câble parce qu'ils sont agités, manquent de concentration et que ta maison est sens dessus dessous. Si tu désires qu'ils soient plus calmes, plus attentifs et réceptifs à tes demandes. Si tu veux qu'ils se disputent moins. Si tu désires donner plus de cohérence au temps que tu passes à travailler pour gagner de l'argent.

---

[26] Kim John Payne, Lisa M. Ross, *Parents, tout simplement ! : Comment rendre nos enfants plus calmes, plus heureux et plus confiants*, Aethera 2001

- **Achète moins de jouets.**
- **Diminue notablement les objets qui vous entourent.**
- **Range de manière à éviter que les tables, commodes, consoles et étagères ne soient remplies de bibelots.**
- **Divise par deux ou trois le nombre de jouets disponibles.**

Certes, certains jeux stimulent la créativité. Mais pas tous. Et trop de de stimulations sensorielles épuisent l'attention.

#124 – L'enfant difficile

Les jugements pleuvent sur les enfants difficiles. Sont difficiles ceux qui dévient de la trajectoire conventionnelle, qui débordent d'énergie, n'ont pas de patience, n'écoutent pas, répondent avec insolence, ne respectent pas les règles, se montrent violents et cruels, perturbent le bon fonctionnement d'un groupe, d'une classe ou d'un projet, pour ne citer que quelques exemples.

Je crois aux enfants difficiles. Mais, je préfère dire que certains comportements et attitudes me sont difficiles à supporter car ils ne répondent pas à mes attentes. Oui, c'est toujours la même histoire : **la différence entre mes attentes et la réalité dessine l'étendue de ma frustration.**

Et plus que je ne crois à l'enfant difficile, je crois en un environnement qui ne répond pas aux besoins de l'enfant. Besoin de repères, besoin de modèles fiables, besoin de sécurité.

Tous les matins, je marche avec mes enfants vers l'école et il y a ce camarade de classe de ma fille que nous apercevons dans sa maison. Elle le trouve difficile, la maîtresse le trouve difficile, tout le monde le trouve difficile. Il n'arrive pas à être attentif, intéressé ou sociable. Tous les matins, nous le voyons assis dans une pièce désordonnée, où des objets hétérogènes s'accumulent et où la lumière et la propreté manquent cruellement. Il y prend son petit déjeuner, attablé, tandis que son grand frère de 18 ans environ projette sur grand écran, un jeu de guerre, où souffrance, violence, situation d'urgence, combats et effusions de sang lui sautent aux yeux. **Il mange cela, comme il mange son bol de céréales. Et avec un stress indéniable, puisqu'il est déjà en retard pour l'école.**

Cet enfant est-il naturellement difficile ? Ou, vit-il dans un environnement qui lui rend impossible de devenir facile, attentif, intéressé et sociable ?

Pour chaque enfant « difficile » il y a quelque chose de toxique dans l'environnement plus ou moins proche.

Ne soyons pas trop rudes et tentons de créer du lien avec ces enfants-là. Nous pouvons être la fenêtre qui leur montre que quelque chose d'autre est possible. Cela ne changera pas tout, mais cela sera déjà bien. Et si c'est notre enfant qui est difficile, explorons notre environnement pour comprendre ce qui le rend ainsi.

#125 - Si elle changeait, alors...

Elle est là, devant moi. Maman fatiguée, Maman à bout. Maman inquiète. Maman qui compare aussi. Maman frustrée. « Quand même, à 10 ans, elle devrait savoir... elle devrait être capable... elle ne devrait plus... On en a parlé plus d'une fois ! »

Sa fille n'est pas telle qu'elle la voudrait. Elle la voudrait plus mature, plus dure, plus énergique, plus réfléchie, plus responsable, plus rapide et plus perspicace. Mais, pour le moment, elle n'est rien de tout cela. Et cette fille-là s'effondre pour un rien et pour tout. Elle se sent nulle et moche. Elle ne s'aime pas. Elle pleure souvent.

Elle est fragilisée et vulnérable de ne pas être à la hauteur des attentes qui pèsent sur elle, les attentes de sa maman, qu'elle aime tant et pour qui elle ferait n'importe quoi.

Quel est le chemin pour cette maman ?
Il ne s'agit plus ici d'éducation positive... Car il est question de ce que la maman n'a pas peut-être pas reçu enfant :

ACCEPTATION

Accepter les choses comme elles sont. Les gens comme ils sont. Les aimer sans condition.

AMOUR

L'amour qu'elle n'a pas eu. L'amour qu'elle doit se donner. L'amour dont elle a manqué. L'amour qu'elle doit inventer et apprendre à cultiver. Car, on peut **aimer**, sans **savoir aimer**.

D'ailleurs, savons-nous nous aimer en dépit de nos erreurs, de nos manquements, de nos oublis et autres imperfections ? Si nous sommes intransigeants avec nous-mêmes, nous le serons avec les autres.

Et pour cultiver le lien et l'amour, il faut du :

TEMPS

Du temps pour soi. Du temps pour l'autre. Du temps pour cultiver l'amour et le lien. Car nous n'aimons facilement que ce que nous connaissons. Prendre du temps ou partager du temps ensemble, sans objectif, ni attente, n'est jamais du temps perdu.

#126 - Ah Oui ! Mais toi, tes enfants sont faciles !

Quand on me dit que mes enfants sont « simplement » faciles, mes poils se hérissent. S'imagine-t-on le travail que j'ai dû fournir pour que mes enfants deviennent « faciles » ?

Certes, il y a une petite prédisposition génétique à la facilité, mais celle-ci peut vite être gâchée par un environnement défaillant. Or, bâtir un environnement accueillant et sécurisant, propice à leur développement fut un travail mené au quotidien, depuis leur naissance.

Avoir des enfants « faciles » est donc une question de travail et de volonté et ceci signifie que TOUS les parents peuvent vivre des améliorations importantes dans la vie avec leurs enfants et les rendre - si ce n'est « faciles » - au moins « beaucoup plus faciles ».

Haut les cœurs ! Si tu trouves que tes enfants sont « difficiles » pour le moment, n'en fais pas une fatalité.

Peut-être que tu as fait de mauvais choix. Qui n'en fait pas ?
Peut-être que tu t'es trompée. Qui ne se trompe pas ?
Peut-être qu'il y a eu des circonstances dans leur environnement qui ont rendu l'éducation plus compliquée ! Ce sont des choses qui arrivent !

#127 – Noël à haut risque

Selon l'époque où tu lis ce livre, tu es plus ou moins proche des fêtes de fin d'année. Ces fêtes-là ont quelque chose de spécial, pour un nombre infini de raisons : on bouleverse à l'extrême le rythme de nos enfants, ils se goinfrent de sucreries, bougent peu, sont surstimulés sur les plans sonore et visuel, reçoivent une profusion de cadeaux, sont trimbalés d'un endroit à l'autre, reçoivent des invités chez eux, passent du temps sur les écrans. Bref, c'est trop et cela se fait vite ressentir.

Les adultes ne sont évidemment pas en reste, puisqu'eux-mêmes lâchent du lest en bougeant moins, en mangeant plus et en consommant de l'alcool de manière inhabituelle.

Comment ne pas s'attendre à ce que cela dégénère ?

Tu l'auras compris, notre salut ne peut venir que de la discipline et de l'auto-discipline. Nous pouvons notamment mieux anticiper, en décidant de ce que sera Noël et où se trouveront les limites.

Mais les fêtes resteront les fêtes, et si les émotions sont plus intenses, n'en veux pas à tes enfants. Comme toi, ils ne sont que les victimes d'une dérive « institutionnalisée », appelée : Magie de Noël.

#128 – Elle a du caractère cette petite !

Nous voici au restaurant avec la petite d'une amie qui veut des pâtes natures. Que des pâtes natures. La serveuse prend la commande et nous fait quantité de propositions pour agrémenter les pâtes. Toutes refusées. Puis, elle assène ce commentaire dans une forme de complicité entre adultes qui se comprennent « Eh bien, elle a du caractère cette petite, ça ne doit pas être facile tous les jours ! ». Je réponds, « **Non, Madame, elle aime la simplicité** ». La petite en question me regarde avec intérêt, je viens de rendre beau et appréciable ce qui était dénigré.

Un autre jour, la scène a lieu avec mon fils. Il a 6 ans. Il est déçu et pleure dans mes bras : il n'est pas sélectionné pour le match de foot de samedi. L'entraîneur passe dans son dos et en recherche de connivence avec moi, lui dit « Eh bien, il ne faut pas pleurer comme un bébé !». Je réponds « **Non, Monsieur. Il ne pleure pas comme un bébé. Il pleure comme une personne qui est triste** ».

Je ne suis pas là pour faire l'éducation de ces adultes qui n'ont pas eu la chance d'être entendus. Mais, j'ai décidé de donner cette chance à chaque enfant qui croise ma route. Je veux lui dire :

- **Tu as le droit d'être celle/celui que tu es. Tu as le droit de ressentir des émotions. Tu as le droit d'être différent et d'aimer ce que d'autres n'aiment pas. Tu as le droit d'être toi, et je suis là pour y veiller et défendre tes droits.**

Je t'invite à être dans mon camp. Nous disperserons cette bonne parole et elle remplacera l'intolérance, la domination, le dénigrement, le jugement, l'abus de pouvoir dont les enfants sont victimes chaque jour.

#129 - Mêle-toi de ce qui te regarde

J'avoue : cette phrase me chatouille facilement les lèvres. Prête à être dégainée. L'ai-je trop entendue quand j'étais petite ? Probablement. Et d'ailleurs, je ne me suis jamais sentie respectée en l'entendant. C'est pourquoi, **je cherche à trouver plus de douceur et de tact pour exprimer qu'une conversation – pour diverses raisons, de temps, d'efficacité ou de maturité - me concerne et ne concerne pas mes enfants. À un certain âge, il est bienvenu que nos enfants apprennent à être discret.**

Mais faisons aussi la part des choses. Un enfant qui s'intéresse et pose des questions, c'est bien ! Si cette conversation n'est pas de son âge, puis-je l'avoir à un autre moment ? Si je n'ai pas le temps de fournir des explications sur le moment, puis-je lui proposer de le faire plus tard ?

Que chacun prenne ses responsabilités et que nous restions les accompagnateurs de nos enfants sur le chemin de la vie, c'est cela la parentalité positive et relationnelle.

#130 – Il ne m'a pas fait de bisous

« Non, il ne vous a pas fait de bisous, parce que c'est son corps et qu'il se respecte ».

As-tu déjà été gêné, voir exaspérée parce que Tata Macha (ou tout autre personne), réclamait son bon droit aux bisous et insinuait que le refus de ton enfant de l'embrasser était de la mauvaise éducation ?

Si Tata Macha se met dans un tel état pour le bisou d'un enfant, elle a un problème, mais ton enfant n'en a pas.

Non, ton enfant n'a pas le devoir d'embrasser les adultes. Tout au plus, doit-il, à partir de trois ou quatre ans, saluer pour dire bonjour (par un sourire, un regard, un geste de la main ou un mot). Et c'est suffisant !

Et ma foi, tant pis pour Tata Macha !

#131 – Tiens, je vole !

- **Je me suis dit : « Tiens, je vole ! Oh la la!.... Je vole ! ». Ah non... On me faisait voler...**
  Quelques secondes plus tôt, j'étais debout et mes pieds touchaient terre. Je regardais un oiseau en train de picorer un ver dans le jardin. Puis, j'ai entendu une voix derrière moi et hop, mes pieds n'ont plus touché terre. J'ai vu le paysage défiler. Eh bien, figure-toi que c'était Papa ! Il m'a emmené et m'a assis devant mon repas. Mais, je regardais un oiseau, moi ?!?! C'est quoi ce délire !!!

- Il m'est arrivé pareil ! J'étais dans ma chambre en train de jouer. Et, on m'a prise, on m'a soulevée, retournée, puis j'ai senti un nez se coller à mes fesses. C'était Maman ! Elle a dit « Oh ! Tu as fait caca, toi ! Je vais te changer » et elle m'a emmenée sur la table à langer. En quelques secondes, je me suis retrouvée les jambes nues et dans le froid ! Franchement, ça leur ferait quoi à eux d'être traités comme ça ?

Bien entendu, cette conversation entre deux bébés est pure fiction. Mais, qui sait ce qu'ils nous diraient si la parole leur était donnée ?

Nous nous étonnons souvent des réactions de nos enfants. **Certaines sont dues à leur immaturité et leur hyper sensibilité, mais d'autres peuvent résulter, comme ici, d'actions spontanées de notre part, qui dans le contexte de l'impuissance à s'exprimer de nos enfants, nous explosent à la figure sous la forme de cris, de dérobades et de pleurs.**

Pouvons-nous approcher nos enfants avec délicatesse, les prévenir de notre intention d'exécuter des gestes sur leur corps, et s'assurer de ne pas brûler les étapes ? Cela ne paraît pas si compliqué et pourrait même être une manière de les respecter.

Il est normal de s'occuper du corps de nos enfants, mais nous pouvons y mettre des mots, des regards et un peu de temps. Par exemple :

- Nous allons sortir de la maison et partir en voiture. Je vais te prendre dans mes bras pour t'attacher dans ton siège, pour que tu sois en sécurité.

Pour nous, cela ne change rien. Mais pour eux et notre relation avec eux, c'est absolument déterminant.

#132 - Faut-il parler de sexe à ses enfants ?

En tant que parents, nous nous demandons si nous devrions parler de sexe à nos enfants. Mais si tu ne le fais pas, qui le fera ?

Car, si nous pensons que NON, nous ne devons pas parler de sexe à nos enfants, cela implique une conséquence assez désagréable. Ce sont leurs amis et leurs recherches sur internet qui se chargeront de le faire...

Est-ce vraiment ce que nous voulons ?

Pour ma part, le choix a été vite fait : J'aborde le sujet de la sexualité peu à peu avec mes enfants. Pas en bloc. Mais au fil de leur développement. Et c'est un long chemin.

Quand ils étaient tout petits, il a d'abord été question d'**intimité**. Je les ai invités à satisfaire mon besoin d'intimité. Je les ai aussi invités à s'interroger sur leur besoin d'intimité quand l'un d'eux était aux toilettes et que l'autre voulait entrer, par exemple.

Puis, comme tous les enfants, les miens ont commencé à se caresser parfois les parties génitales en lisant un livre, en se reposant sur le canapé. Sans prononcer immédiatement le mot « masturbation », je leur ai expliqué que, **quoique cela génère du plaisir et de la détente, dans notre société, Il s'agit d'un geste intime qui se pratique seul.**

Quand ils voient deux libellules ou deux vaches l'une sur l'autre, ils s'interrogent. Je leur explique simplement que ces animaux sont en train de **se reproduire et que cela leur fait probablement plaisir**.

Je pense que **les enfants posent habituellement les questions dont ils sont prêts à recevoir les réponses**. Et je **réponds à petits pas**... leur laissant la possibilité de poser plus de questions, s'ils le jugent nécessaire et **sans jamais leur donner l'impression que la question me gêne ou est inappropriée.**

Dans notre société, pour les questions délicates, les parents se réfugient derrière les livres. Mais, je tiens à te le dire, **les livres ne sont pas indispensables pour parler de sexe, de reproduction, des règles, etc.** Ils peuvent servir de support mais **ne remplacent pas un véritable échange** dans lequel on peut se regarder l'un l'autre.

#133 - Faut-il leur donner de l'argent de poche ?

À mon avis, l'argent de poche est une bonne manière d'introduire la notion d'argent auprès de nos enfants. J'ai donné de l'argent à mes enfants dès l'âge de quatre ans. Comme tu t'en doutes, ils n'avaient pas encore une grande idée de la valeur de ce que je leur donnais, mais ils ont pu commencer à l'expérimenter.

Quand ils voulaient quelque chose, nous comptions l'argent qu'ils avaient. Souvent, nous réalisions qu'il leur faudrait attendre pour acheter l'objet de leur désir. Nous calculions le nombre de semaines que représentait la somme manquante et ils obtenaient parfois un crédit (*selon un taux très avantageux !*).

Si comme beaucoup de mamans, tu te poses la question de donner ou non de l'argent de poche à tes enfants, je t'y encourage ! Tu peux vraiment le faire ![27]

En revanche, pas question de les payer pour réaliser la moindre tâche ménagère. Il s'agit-là de leur contribution normale à la vie de famille.

---

27 Jessica BERTHEREAU, *Nos enfants et l'argent*, Les échos, 2018, https://www.lesechos.fr/2018/08/nos-enfants-et-largent-1020728

#134 - Les devoirs sans drame

Mes enfants font bien leurs devoirs mais celle que les devoirs embêtent le plus, c'est moi. Après une journée de travail, d'école, de séparation, je voudrais juste avoir la joie de retrouver mes enfants et passer des moments de détente et de plaisir avec eux. Au lieu de cela, ils sont à peine sortis de l'école que nous voilà tous assis, à table, pour faire des exercices.

Je te le dis (mais je ne le leur dis pas...), je DÉTESTE les devoirs !

Comme je déteste les devoirs, j'essaie de bien cadrer **ce qui me concerne, et laisser ce qui ne me concerne pas.**

J'ai donc décidé que mon travail relevait de la méthode. J'explore avec mes enfants des méthodes de travail variées pour que les devoirs soient plus fun, mais surtout, pour que mes enfants acquièrent méthode, organisation, connaissance de leurs préférences d'apprentissage.

On manipule la connaissance, on apprend en jouant, en créant des tableaux de synthèse, en trouvant des mantras pour les règles indigestes, on bouge, on dessine, on colorie, on invente des codes avec des symboles.

Nous ne devrions pas nous battre avec nos enfants pour qu'ils soient performants à l'école. Notre rôle est de structurer leur esprit et leur pensée. Cela leur sera utile toute la vie et ne passe pas seulement par l'école.

#135 – Tu ne me décevras jamais avec tes notes

C'est la larme à l'œil que ma fille sort de l'école. Elle enfouit son visage dans mon pull et pleure les larmes retenues la journée.

Elle a eu une mauvaise note et s'identifie à cette note. C'est une jeune fille perfectionniste. Cette mauvaise note lui fait mal et lui permet de grandir.

Bien plus tard, une fois les larmes séchées et oubliées, il est temps de lui dire :

- **Tu ne me décevras jamais avec tes notes, car elles n'ont rien à voir avec la personne que tu es, ni avec l'amour que je te porte. Aucune note n'est capable d'absorber la totalité de la magnifique personne que tu es à mes yeux. Une note porte sur un exercice, formulé d'une certaine manière à un moment donné. La note n'est pas toi. Je t'aime. Je suis fière d'être ta maman pour la personne que tu es, avec les valeurs que tu as. Le reste c'est bien, mais pas indispensable…**

Rappelle-toi de laisser l'école à la place qu'elle doit occuper dans ta relation avec tes enfants. Même si tu penses que l'école est très importante, ton amour reste prioritaire.

#136 - Tu n'es pas responsable de ses résultats scolaires

Non. Tu ne l'es pas et heureusement !

Tu sais, il n'y a pas que l'école qui permette aux individus de réussir, d'être heureux et épanouis. Certains parcourent la vie en ligne droite, et d'autres préfèrent les chemins de traverse. Peut-être que ton enfant fait partie de cela ? Le plus important, c'est qu'il se réalise.

Alors, de quoi es-tu responsable ?

Sur le chemin de sa scolarité, voici les éléments que tu peux clairement prendre en charge :

- **qu'il consacre le temps nécessaire à ses devoirs,**
- **qu'il ait le soutien et les ressources dont il a besoin,**
- **qu'il ait le cadre lui permettant d'être sur de bons rails: temps d'écran, temps de sommeil, alimentation et temps social contrôlés.**

Le reste est entre ses mains et les relations que vous entretenez doivent absolument rester une priorité. La meilleure chose pour un enfant - avant ses résultats scolaires (et pour avoir de bons résultats scolaires) - c'est d'avoir de bonnes relations avec les gens qu'il aime.

#137 - Je m'ennnnuie!

Eh oui ! Il s'ennuie.

- Il s'ennuie parce qu'**il vient de terminer une activité** et qu'il ne sait pas encore ce qu'il va commencer.
- Il s'ennuie parce qu'**il est fatigué**.
- Et enfin, il s'ennuie parce que v**ous avez été séparés toute la journée ou simplement « très » ensemble** ... ce qui au niveau de l'ennui, revient au même !

Alors que faire, si toi, justement, tu ne t'ennuies pas ?

1. S'il est fatigué et ne t'a pas vue de toute la journée, arrête-toi deux minutes et propose-lui **un câlin**. Ça vous fera du bien à tous les deux.
2. S'il ne sait tout simplement pas quoi faire, fais-lui **des propositions**, et ensuite, laisse se débrouiller.
3. Pense aussi à lui proposer de **s'allonger sur le canapé** et à ne rien faire du tout. Dans notre société du « faire », s'arrêter sans chercher à combler le temps est devenu une compétence rare et précieuse. Nous pourrions participer à l'enseigner à nos enfants.

Dans tous les cas, reste bien vigilante. Les chances qu'un enfant qui s'ennuie et dont personne ne s'occupe fasse une bêtise sont maximales !

#138 - Elle préfère son papa

C'est douloureux de se sentir rejetée par son enfant. Il arrive même que des parents se fâchent pour cette raison. Peut-être est-ce une situation que tu vis en ce moment ou au contraire, peut-être vis-tu la situation inverse, celle où tu es LA PRÉFÉRÉE de ton enfant ?

Je dis « en ce moment » parce que les préférences ne sont jamais durables.

Si tu te sens rejetée et afin d'éviter que cela s'éternise, évite d'y donner trop d'importance. **Montre-toi réjouie de la relation que tu entretiens avec ton enfant et n'essaie pas de le séduire. Investis plutôt le terrain où tu te sais irremplaçable.** Tiens ! Peut-être que tu es la meilleure conteuse d'histoires ? Ou la Reine de la rigolade ?

C'est en s'accrochant à vouloir changer les choses que l'on crée de la résistance. La meilleure attitude est de laisser passer cette période, sans la traduire en blessure narcissique.

#139 – Elle refuse de me quitter

Il peut arriver que les séparations soient mal vécues et refusées par nos enfants. Évidemment, cela arrache le cœur des parents de rejeter et repousser leur enfant qui s'accroche et pleure. Et tout doit être fait pour éviter d'en arriver-là.

Tout d'abord, se séparer requiert de la confiance en la relation, la solide croyance que l'autre nous aime et qu'il reviendra. Si l'enfant et le parent se sont disputés avant de se séparer, cette croyance a été mise à mal. L'enfant a peur de perdre son parent pour toujours. C'est pourquoi dans les grands moments de séparation, c'est-à-dire séparation par la nuit, par le travail, par l'école, par la garde de jour, ou par une sortie des parents, **l'objectif doit être de maintenir à tout prix des relations chaleureuses, et surtout ne pas se disputer.**

Oui, éduquer son enfant est important.
Certes, il ne faut pas céder à tout.
Mais, la sagesse c'est aussi de savoir choisir ses combats et rien n'est plus précieux qu'un enfant prêt à se séparer, dont le sentiment d'amour et de connexion a su être maintenu. Car cet enfant est plus sociable, gère mieux ses frustrations, dort mieux, se concentre mieux et, bien entendu, se sépare mieux !

Il y a aussi **de petits trucs** qui permettent à l'enfant de mieux concrétiser la continuité du lien. Je t'en donne ici quelques-uns :

- **Tu peux, mettre un collier autour de ton cou** (un collier qui n'a pas trop de valeur) et au moment de la séparation, le mettre autour du cou de ton enfant pour lui montrer que tu restes avec lui. À la place du collier tu peux prendre un foulard, un bracelet, un petit porte-clé.

- **Tu peux dessiner un cœur sur sa main,** (un tatouage fait par maman !!) qu'il pourra regarder chaque fois qu'il le désirera pour se rappeler « Maman m'aime ! ». Tu peux dessiner le même petit cœur sur ta main et les faire s'embrasser !

#140 – Le sens de la séparation

Pour faire suite au billet précédent, voici **deux attitudes dans lesquelles il est préférable de ne pas tomber au moment de se séparer de son enfant.**

La première est celle qui laisse l'enfant croire, au moment où il refuse la séparation, que nous décidons de le mettre à la crèche (ou ailleurs) parce qu'il ne se comporte pas assez bien. Cela sous-entend que s'il se conduisait bien, il resterait avec nous.

Le stress de notre demande à « bien se comporter » s'ajoute alors au stress de la séparation. L'enfant se montre incapable de satisfaire notre demande, et se sent coupable, pas assez bon, peu aimable. Sa détresse va redoubler. Il désirera obtenir le pardon, l'amour, le réconfort, et insistera pour rester avec nous.

La deuxième attitude fait penser à l'enfant qu'il est placé dans un système de garde parce que nous y sommes obligés : « Je dois travailler, je ne peux pas rester avec toi » ou « tu DOIS aller à l'école ».

Comme tu l'auras remarqué, les enfants sont très réactifs au fait qu'une obligation n'est pas juste ou n'a pas de sens. Dans ce cas, l'enfant offre de la RESISTANCE.

Certes, il est naturel pour toi de prendre un tel raccourci, mais ton enfant aura plus de facilité à se séparer de toi s'il entend : « J'ai envie de travailler. Cela m'apporte beaucoup et me permet de me sentir bien ». Ou bien « Je désire que tu ailles à la crèche car j'ai besoin de me reposer pour pouvoir passer de bons moments avec toi, à jouer et rire. ». Ou encore « J'ai vraiment envie que tu ailles à l'école et que tu puisses devenir libre ! Libre de lire, de compter, de voyager, de grandir ! ».
En cultivant la bonne attitude, et en évitant certains écueils ou raccourcis, les séparations peuvent vraiment devenir plus faciles.

#141 –Tu lui donnes de mauvaises habitudes !

Combien de mamans, plutôt que d'être récompensées pour leur implication et leur dévouement au bien-être de leur enfant, sont critiquées par leur entourage ? Parce que soyons honnêtes :

C'est plus facile d'**ignorer** son enfant pour dormir 7 heures par nuit que de lui montrer qu'il est **entendu**, en se levant 3 ou 4 fois par nuit !

C'est plus facile de **contraindre physiquement** un enfant à venir avec nous que de **l'amener à décider** de nous rejoindre.

C'est plus facile d'**effrayer** un enfant pour qu'il fasse ce qu'on lui demande que de lui **donner envie de coopérer**.

On le voit bien. D'un côté on a : "ignorer, contraindre et effrayer". De l'autre, "être entendu, amener à décider, coopérer" **Alors quelle est la bonne attitude ?**

Désirons-nous que notre enfant prenne l'habitude d'être ignoré, contraint et effrayé ? **Ou celle d'entendre et être entendu, de décider avec sagesse et de coopérer ?**

Vraiment, il n'y a là que de bonnes habitudes. Bonnes pour l'enfant, sa famille et la société. Alors, continuons et ne nous laissons pas démotiver.

#141 – Le syndrome du disque rayé

J'ai parfois l'impression de vivre dans un monde où chacun égrène son message à répétition. Pourquoi ? Parce que malgré notre société d'ultra-communication, personne ne se sent entendu. Et ce phénomène nous touche tous, enfants inclus.

Ainsi, il arrive que notre enfant se répète en boucle. Pourquoi le fait-il ? Eh bien, simplement parce qu'**il n'a pas le sentiment d'avoir été entendu pleinement**.

Dans ce cas, nous n'avons plus le choix, il nous faut l'écouter, l'écouter, l'écouter. Mais je propose que nous utilisions une amorce de réponse "anti-disque rayé" qui a fait ses preuves :

« Est-ce que tu veux dire que…? »

- Est-ce que tu veux dire que ta piqûre de moustique te démange vraiment beaucoup ?
- Est-ce que tu veux dire que tu as vraiment cherché partout ton jouet sans le trouver ?
- Est-ce que tu veux dire que tu t'es senti rejeté ?
- Est-ce que tu veux dire que tu es exaspéré par cette situation ?

Tu verras ! Cette phrase est tout simplement MAGIQUE !

#142 – Comprendre ou entendre

La notion d'écoute est subtile : certains écoutent pour comprendre, d'autres écoutent pour entendre. Et souvent, quand on cherche à nous comprendre, on ne se sent plus entendus.

Quand une personne essaie de **comprendre** nos émotions, elle risque de nous dire : « j'ai compris que tu étais en colère, mais je ne comprends pas que tu sois en colère pour si peu ».

Alors que si elle entend nos émotions, elle dira simplement « j'entends combien tu es en colère. Cette histoire te remue beaucoup ».

Avec la compréhension, nous tombons facilement dans le jugement. Nous comparons involontairement nos réactions avec celles de l'autre. **Avec l'écoute, il n'y a plus lieu de savoir si l'émotion est juste, valide ou valable. Savoir comment nous aurions réagi n'a aucune importance. Nous sommes présents, attentifs, à l'écoute.**

Il arrive que les parents soient mal accueillis par leurs enfants quand ils tentent de les comprendre plutôt que de commencer par les entendre. Si c'est ton cas, essaie simplement de leur faire sentir qu'ils sont entendus.

#143 – Je n'ai pas le temps

Prendre le temps, le gagner, le gâcher, le perdre, le chercher, le trouver, le tuer, lui courir après, l'avoir, le donner et l'offrir...
Quel type de temps as-tu avec tes enfants ?

Quand des parents me disent qu'ils n'ont pas le temps d'être avec leur enfant**, je leur dis qu'ils devraient en faire une priorité.**

Imagine un peu : Tu transformes le bain en douche, tu remplaces le repas par un bol de céréales, tu remets à plus tard ton moment « réseaux sociaux », tu fais le choix entre l'utile et le futile, et... tu te retrouves en tête à tête avec tes chères têtes blondes : Tu as trouvé du temps.

Le temps donné aux enfants n'est jamais du temps perdu. Tu le retrouveras sous forme de complicité, coopération, facilité, détente, diminution du stress, augmentation du plaisir et amélioration de la santé de tous.

#144 – Tu l'as inscrit à quoi ?

Nous sommes nombreuses à être animées d'un trop plein de bonnes intentions à chaque rentrée scolaire. Nous inscrivons nos enfants aux activités sportives, créatives et musicales qui se présentent à nous car elles semblent sympas et éducatives. Au début, l'enthousiasme nous fournit toute l'énergie nécessaire. Mais peu à peu, alors que les journées se raccourcissent et que les nuits s'allongent, nous finissons épuisées.

Tu sais, tu peux être une très bonne maman sans que ton enfant ait de multiples activités. D'ailleurs, voici pour un point de repère :

- Moins de 5 ans : aucune activité extrascolaire.
- De 5 à 7 ans : une activité extrascolaire.
- De 7 à 10 ans : deux activités, maximum.
- Après 10 ans : deux activités ou trois si vraiment cela lui donne du plaisir et de l'énergie.

Si ton enfant est parfois réticent à aller à une activité, qu'il traîne, râle, refuse d'y aller (même si finalement, il s'y amuse bien), si au retour, il est incontrôlable ou épuisé et s'endort, si pour toi, aller le déposer puis aller le chercher est pénible, c'est probablement que l'activité en question doit être supprimée.

Ce n'est pas qu'elle ne lui apporte rien, mais c'est qu'elle prend la place de besoins prioritaires qui, du coup, peinent à être satisfaits.

#145 – Attention, cerveau encombré

Les foyers occidentaux du XXIe siècle ont ceci en commun qu'ils sont touchés par le mal du « trop ». Un mal sournois, insidieux, dont l'incursion lente est peu visible, mais les résultats extrêmement encombrants. Nous avons trop de vêtements, trop de chaussures, trop de jouets, trop de bibelots, trop de vaisselle, trop de draps, trop de meubles, trop de livres et de magazines, trop de gadgets, trop de souvenirs et de photos, trop de « au-cas-où », partout, de la cave au grenier.

Cela crée un **bruit visuel** incessant, une impuissance déprimante, des déperditions d'énergie physiques, mentales et émotionnelles monumentales.

Et la profusion d'objets tape en plus dans nos portemonnaies, pèse sur notre charge mentale, réduit notre liberté. Car il a bien fallu payer ces objets, travailler pour les payer, faire garder nos enfants pour travailler...

Nous nous croyons pris dans un engrenage immuable et insoluble du métro-boulot-dodo alors que l'essentiel du problème tient dans notre relation à l'Avoir.

Quels sont les conséquences de notre vie matérielle sur le comportement de nos enfants ?

Une étude révélée par Kim Payne[28] montre que 68% des enfants ayant un diagnostic de troubles de l'attention et de l'hyperactivité (TDAH), ne présentent plus de symptômes après que leur environnement matériel a été simplifié et drastiquement réduit.

Un espace surchargé est toxique pour les cerveaux immatures de nos enfants et les rend incapables de penser, de se concentrer. L'encombrement de nos foyers encombre tout simplement nos pensées.

---

[28] Kim J. Payne, *Parents... tout simplement ! : Comment rendre nos enfants plus calmes, plus heureux et plus confiants*, Aethera, 2001

Voici ce que je te propose :

1. Passe dans chaque pièce et compte le nombre d'objets visibles (meubles exclus).
2. Fixe un nombre maximum d'objets par pièce. Par exemple : 10 objets visibles dans ta chambre et 10 dans ton salon.
3. Range de manière que tous les objets en surnombre quittent ton espace visuel et libèrent un espace pour le calme mental.
4. Passe ensuite dans les placards et autres meubles de rangement. Fixe-toi l'objectif que tout soit accessible sans effort.

#146 – Le Happy Hour

Il est 18 heures. L'heure où fatigue et lassitude me tombent dessus. L'heure où mes réserves de patience sont épuisées. L'heure où ma bonne volonté crie à l'injustice du manque de réciprocité. L'heure où il y a tout à faire mais plus de temps pour rien. L'heure où mes enfants se disputent, s'énervent, s'étripent, s'agressent, s'agacent, se plaignent, s'ennuient, réclament, ont faim... L'heure où ma journée marathon menée dans l'oubli de moi me rappelle qu'il y a urgence à souffler. L'heure où je ne me sens ni disponible ni aimable. Bref, il est 18 heures ! C'est le Happy Hour !

Ce rendez-vous des 18 heures était tellement prévisible (et insupportable pour toute la famille) que nous devions prendre les mesures adéquates ! C'est ainsi que j'ai décidé de préparer mon 18 heures avant 18 heures.

Finalement, les tâches qui m'incombent à 18 heures peuvent être faites n'importe quand avec un minimum d'organisation et de bonne volonté (tant que ce n'est pas à 18 heures !). Cela vaut mieux ainsi, car je suis disponible pour mes enfants au moment où ils ont le plus besoin de moi.

C'est donc mon conseil du jour.

Peut-être que ton « 18 heures » s'appelle 7 heures, 20 heures ou 22 heures. Peu importe ! Tous les enfants nous offrent un « Happy Hour » ! **Examine comment tu pourrais t'organiser pour être préparée à toutes les éventualités de ce moment. Rends-toi disponible[29].**

---

[29] Voir encore le billet #220 - On va tous mourir

#147 - Arrête de pourrir cet enfant !

Est-ce que l'on t'a reproché de pourrir ton enfant parce que tu le prenais dans tes bras quand il pleurait, que tu ne l'abandonnais pas à la solitude en cas de colère, ou que tu lui donnais un morceau de carotte quand il réclamait à manger ?

Ce sont des choses que les gens font parfois. Ils osent nous juger. Mais sur quelles bases le font-ils ? Je t'invite à le leur demander.

Tu verras qu'il n'y a pas beaucoup de substance derrière leurs remarques. Ce ne sont que des jugements, des on-dit, que les gens se refilent sans fin. Je pense que nombreux sont ceux qui ont peur de l'amour, tant il les bouleverse et tant il le désire.

Ne te sens jamais coupable de prendre ton enfant dans les bras quand il vit une tempête émotionnelle ! C'est bon pour lui, pour toi et pour vous. **Il deviendra plus solide et stable face aux émotions négatives. Tu lui fourniras le seul engrais capable de développer les connexions neuronales dans les aires cérébrales dédiées au raisonnement, à l'anticipation, la régulation émotionnelle, l'inhibition des comportements : l'ocytocine[30].**

Comme la plupart des mamans qui lisent ce livre, tu ne cherches pas à rendre ton fils obéissant et docile, et tu ne désires pas non plus le briser en chemin. Je me plais à imaginer que tu t'es lancée dans l'aventure de ce livre parce que tu souhaites en faire un être conscient de lui et des autres, qui se comporte avec responsabilité et à qui la vie tend les bras. Un être qui aura de bonnes chances de trouver le bonheur et le bien-être sur sa route. Entretenir un lien affectueux avec lui répond à tout cela !

---

[30] Catherine Gueguen, *Pour une enfance heureuse*, Robert Lafont, 2014

#148 - Se sacrifier

J'ai récemment été interpellée par une maman qui se sacrifie beaucoup, beaucoup, beaucoup. Elle se sacrifie parce qu'elle le veut, parce qu'elle le doit, parce que ses parents se sont sacrifiés pour elle et le lui ont dit, et parce que dans sa famille, on pratique les sacrifices à un haut niveau.

Toute son éducation a été tournée vers le don de soi. Et ce don de soi est vu comme l'unique façon de mener sa vie. Le poids du sacrifice, mélange de valeurs, de sens moral, de loyauté envers la famille et d'une méconnaissance de ses propres aspirations, lui est un fardeau énorme et met à mal son vœu d'être une « vraiment bonne » maman.

Car les mamans qui se sacrifient beaucoup beaucoup beaucoup se mettent hors d'état d'aimer. D'aimer et de s'aimer.

- **En phase 1 du sacrifice**, la maman fait tout pour ses enfants. Elle dit oui, là où elle voudrait dire non. Elle produit de nombreux efforts pour être présente pour ses enfants et leur faire plaisir. Elle va au-delà d'elle-même. Elle veut être une « vraiment bonne » maman.
- **En phase 2, c'est la crise**. La maman qui a dépassé ses limites en phase 1, montre mauvaise humeur, agacement, impatience, incapacité à gérer les petites frustrations. Elle crie, s'énerve, menace, punit, isole, tape parfois. L'escalade est rapide. Cette phase est dominée par la colère.
- **En phase 3, c'est le repli.** Épuisée tant physiquement que psychologiquement par les cris, les oppositions et le stress ambiant, la maman se retire. Elle se renferme, s'éloigne, s'absente et prend congé de son rôle parental. Elle se sent vidée et anéantie par la charge et les attentes qui pèsent sur elle. Elle est abattue. Cette phase est dominée par la tristesse et la détresse.
- **En phase 4, la culpabilité** la ronge : Elle devrait être avec ses enfants. Elle devrait aimer ses enfants. Elle devrait y arriver… C'est la phase de la culpabilité, dominée par le « dégoût de soi ». L'image de soi en prend

pour son grade et ceci va conditionner le retour à une phase de sacrifice excessif : une nouvelle phase 1.

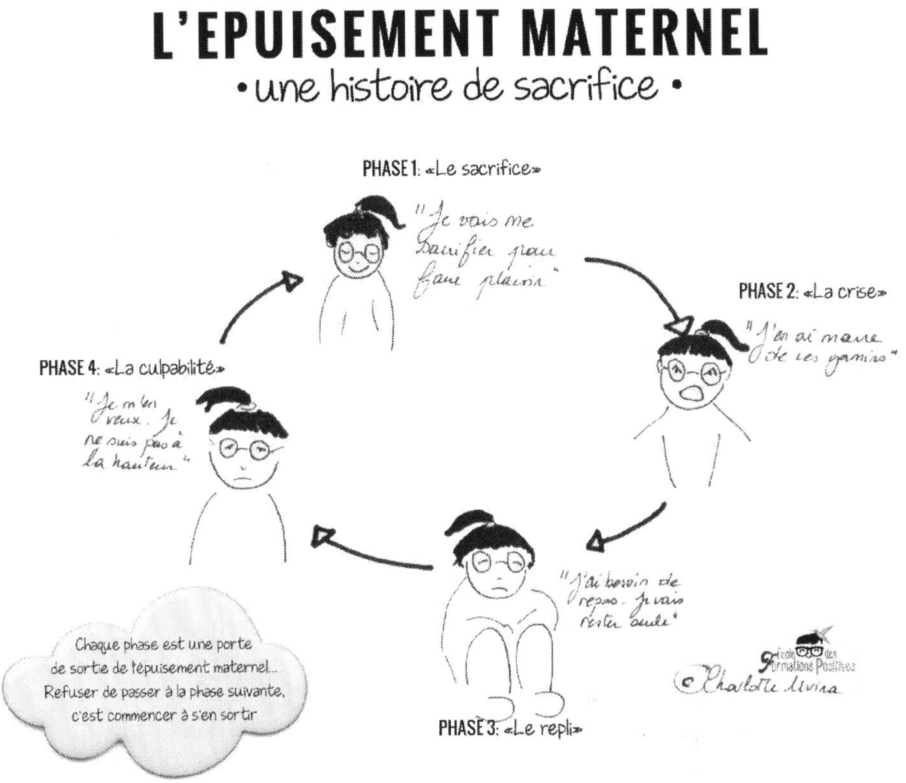

Ce qu'il faut comprendre dans un cercle vicieux c'est que chaque étape est une porte de sortie potentielle. Si on franchit une porte, si on refuse de passer à l'étape suivante, alors le cercle est rompu, et une autre histoire s'écrit.

Si tu es dans cette situation, commence par te demander quelle porte est la plus accessible pour toi. C'est difficile, mais possible. Nous poursuivons sur le billet suivant. Choisis le prochain billet pour connaître la suite.

#149 – Sortir du sacrifice

Dans le billet précédent, nous avons examiné les raisons pour lesquelles on peut se retrouver en état d'épuisement ou « burn-out » maternel. Certaines d'entre nous, du fait de leur éducation, sont notamment programmées à se sacrifier au-delà des limites.

Cependant, chaque phase est une porte que nous pouvons décider de franchir ou ne pas franchir.

- **En phase 1 : Le don de soi, c'est bien, mais le sacrifice ça ne va pas.** Si tu as tendance à te sacrifier, tu dois apprendre à dire « non » à certaines demandes afin de dire « oui » à certains de tes besoins. Tes enfants ont besoin de bouger ? Si tu les emmènes dans un grand hall de structures gonflables, tu finiras épuisée par le bruit. Si tu les emmènes dans un parc, tu pourras t'asseoir un peu et profiter de l'air frais. Mon conseil : choisis ce qui ne te « coûte » pas trop en énergie.
- **En phase 2 :** Tu es déjà entrée dans la phase 2 quand tu t'entends dire « j'en peux plus ! Quoi encore ? Je te l'ai déjà dit! », inutile d'attendre de péter un câble et de décharger tout ton stress sur tes enfants. **Ces pensées ou ces paroles indiquent que tu dois passer le relais.** Contacte une maman ou une amie pour passer le reste de la journée avec elle, ou laisse une personne s'occuper de tes enfants dès que possible.
- **En phase 3 :** Dans notre représentation, la phase 3 n'est pas assez nourrissante car elle est répétitivement menée dans l'isolement et l'inertie. Organise tes phases 3 en avance. **Tu as besoin de contact sociaux et de projets, pour t'épanouir. Oblige-toi à avoir une activité** quelle qu'elle soit à l'extérieur de la maison, si possible de manière régulière, afin de te ressourcer.
- **En phase 4 : Transforme ta culpabilité en un sentiment sain et ne pratique pas l'autoflagellation. Sois humble** accepte que tu n'es pas parfaite et que tu fais des efforts pour t'améliorer.

Il est fort possible que tu ne sois pas concernée directement par ce message. Mais nous connaissons toutes des mamans qui ont un sens trop aigu du sacrifice. En développant tes connaissances, tu seras plus à même de les aider.

#150 - Monter sur les meubles ?

On aura tout lu sur la question « faut-il ou non laisser son enfant se mettre debout sur la table basse ou le canapé ?». Sur les réseaux sociaux, la question est débattue et on peut sentir comme une crainte de limiter la nature de l'enfant en l'empêchant d'aller à la rencontre de lui-même et de son environnement.

Mais en toute situation, notre rôle est de permettre à l'enfant de comprendre la société, de s'y intégrer, afin qu'il puisse s'y réaliser pleinement et bénéficier des meilleures opportunités que cette société peut lui offrir. Ceci est valable, même au moment de satisfaire ses besoins les plus naturels.

Si l'enfant est grimpeur, nous allons donc lui donner des opportunités de grimper. En tant que parent, nous allons répondre à ce besoin d'exploration et de conscience de soi. Et nous allons le faire **de manière appropriée.** Le mot « **approprié** » a ici beaucoup d'importance.

Quand notre enfant à soif, nous ne lui donnons pas de café ou d'alcool. Nous lui offrons de l'eau, par exemple. Quand il doit faire pipi, nous ne lui proposons pas de s'exécuter sur un fauteuil, mais l'invitons à se rendre aux toilettes.

Si nous portons notre attention sur le besoin d'explorer, les considérations sont les mêmes. Nous comprenons que ceci peut se faire en courant, en sautant, en grimpant. Nous comprenons qu'il y a des manières et des lieux appropriés pour le faire, et d'autres qui ne le sont pas. **Nous allons donc choisir ce qui est approprié pour notre enfant afin de lui ouvrir des perspectives sociales plutôt que de lui en fermer.**

J'étais récemment chez une amie dont le fils grimpait autour de nous alors que nous étions sur le canapé. Il grimpait, sautait, rebondissait. Je trouvais cela insupportable. Mon amie me dit que ça la fatiguait, mais que son père était OK. Elle précisa que son garçon savait que sauter était autorisé uniquement à la maison. Soit.

Quelques jours plus tard, je reçois cette amie et son fils chez moi. Son enfant se met à grimper partout se mettant en danger, et manquant de casser plusieurs fois des meubles et objets. Au fond, je ne le lui reproche pas. Non seulement, il est bien difficile de se défaire de ses habitudes mais en plus, son éducation ne lui permet pas d'envisager que cela soit interdit et puisse gêner les autres. **Sa lecture de la société est biaisée**. Mais, comme son comportement m'est désagréable, je ne me vois pas l'inviter chez moi. Ce sont donc des « **perspectives sociales » qui se ferment** pour lui.

Tout ce que nous enseignons et autorisons à nos enfants doit développer leur conscience des autres, celle-là même qui suscite la joie d'être en lien, d'être aimé et permet ainsi de recevoir des opportunités sociales à foison.

En permettant à nos enfants de répondre à leur besoin de manière appropriée, nous leur rendons un immense service. Il n'y a donc pas lieu de monter debout sur les tables et les canapés.

#151 – Bizarre, Bizarre...

Prenons une maman qui arrive le visage fatigué, mal coiffée, l'air un peu négligé, avec son enfant dans les bras, pour le déposer à l'école. Supposons que l'enfant lui fasse une crise énorme pour ne pas y aller.

Prenons une maman qui arrive apprêtée, bien coiffée, maquillée, manucurée, avec son enfant tenu par la main, pour le déposer à l'école. Supposons que l'enfant lui fasse une crise énorme pour ne pas y aller.

Laquelle des deux mamans sera la plus jugée ? Bizarre, bizarre. J'ai posé cette question, et généralement, la première maman est la plus critiquée. Elle est perçue comme ayant perdu le contrôle. Son éducation est soupçonnée d'être laxiste, permissive et chaotique. Pourtant dans les deux scénarios, les enfants font exactement les mêmes crises et seule l'apparence de la maman change.

Comme tu le sais, il est très important que nous prenions soin de nous. Si la deuxième maman y arrive, c'est vraiment bien. Mais, ne nous laissons pas emporter par les jugements. Soyons solidaires entre nous. **À l'une comme à l'autre glissons une petite parole qui fait du bien :**
« Ce n'est pas facile de quitter un enfant qui nous aime. »

#152 - Moi, mon enfant...

Fierté et inquiétudes sont le lot des mamans. Quand nous nous retrouvons, certaines différences deviennent plus flagrantes. Alors que faire quand tous les enfants de 2 ans se mettent à babiller, sauf le nôtre (qui pourtant a marché plus tôt) ?

Simplement, rester vigilante, et surtout, ne pas s'inquiéter inutilement.

Certes, nous avons de grands repères sur le développement des enfants. Mais, il s'agit de moyennes qui ne représentent aucun enfant en particulier. Certains enfants passeront plus de temps sur certaines compétences tandis que d'autres les dépasseront comme des flèches.

Je me rappelle que mon fils ne s'est (durablement) pas intéressé aux crayons, car il était trop occupé à manipuler des ciseaux. Quand « tous les enfants » dessinaient déjà, lui, savait découper, mais ne produisait pas l'ombre d'un dessin. C'est plus tard (bien plus tard), qu'il s'est saisi de ses crayons et s'est mis à dessiner comme s'il l'avait toujours fait !

Pour la suite de ta vie avec ton enfant :

- **Évite de le comparer aux autres.**
- **Rappelle-toi que chaque enfant est unique.**
- **Traite ton enfant de manière unique.**

Puis, quand tu rencontres d'autres mamans, profite à fond de ces bons moments de sociabilité qui te rendent heureuse !

#153 – Tu ne devrais pas l'éduquer comme ça !

Aujourd'hui, je te propose de nous arrêter sur le regard et le jugement des autres. Quand j'accueille des mamans dans mon cabinet, elles expliquent que ce qui leur gâchent réellement la vie, ce ne sont pas leurs enfants, mais les jugements des autres. Ces autres qui manifestent leur désapprobation quand la maman répond aux pleurs de son enfant, le prend dans les bras, le câline, l'écoute, et cherche des compromis.

Je considère que ceci n'est que la preuve observable que l'on ne développe pas un cœur généreux quand on n'a pas été aimé. Les personnes qui n'ont pas été aimées généreusement, peuvent trouver impossible d'aimer de manière inconditionnelle sans finir abusé. Or, la réalité montre le contraire, et je soupçonne que tu l'as bien compris.

Aime inconditionnellement ton enfant, accueille-le dans ses peines et dans ses difficultés, parle-lui et écoute-le.
Que fera-t-il ?
Il t'offrira le même traitement !

Sois attentive à l'effet que les dires des autres ont sur tes approches éducatives. Choisis tes relations pour qu'elles te nourrissent plus qu'elles ne t'appauvrissent. Ne laisse personne exercer une influence toxique sur ta relation avec ton enfant.

#154 - Comme une œuvre inachevée

Il ne viendrait à l'esprit de personne de critiquer la chaussure du cordonnier tandis qu'il façonne la semelle. Ou le vélo du mécanicien qui n'a assemblé que le cadre à une roue. Encore moins, la toile d'un peintre quand le pinceau n'en a caressé que la moitié. Il est donc prématuré de critiquer l'éducation positive d'une mère quand elle n'en est qu'à ses débuts.

Viendrons les temps où la critique sera possible. Ton enfant grandira. Il deviendra un homme ou une femme, alors on en reparlera.

En attendant, reste appliquée à ta tâche. Comme le peintre le ferait à sa toile, sans remettre en cause son sujet ou sa technique du fait de ses détracteurs.

Si ce que tu fais est bon, si tu ne négliges ni n'agresse ton enfant, si tu lui donnes écoute et amour, je crois que tu es sur le bon chemin. Garde confiance ! Maintiens le cap !

#155 – Ce qu'ils pensent

« Mes beaux-parents passent leur temps à critiquer ma manière d'éduquer mes enfants. Ils trouvent que je laisse trop de liberté à mon fils, parce que je lui laisse prendre certaines décisions. Ils critiquent que notre fille dorme encore avec nous et que je la prenne dans mes bras quand elle pleure. Ils me disent que notre ado devrait être obligé de bosser plus dur et qu'il n'arrivera à rien en ne consacrant du temps qu'à ce qui lui plaît ».

Combien de mères se reconnaissent dans un tel témoignage ?

Pourtant la vraie question est la suivante :
Devons-nous élever nos enfants à notre manière ou pour plaire aux autres ?

Et si nous remplacions le verbe « élever » par « aimer » (parce qu'on élève bien que ceux qu'on aime), devons-nous aimer nos enfants à notre manière ou pour plaire aux autres ?

La réponse résonne comme une évidence.
Ne fais rien pour plaire aux autres, ils ne te le rendront pas. La plupart du temps, les gens critiquent, car ils ont l'esprit critique. Ils préfèrent réclamer le changement des autres car se changer eux-mêmes leur coûte trop, et il y a trop à faire. De fait, quoique tu fasses, ces gens-là le commenteront et le critiqueront.

Alors, éduque tes enfants comme tu les aimes. Ce sera parfait.

#156 – C'est toujours et tout le temps !

Quand un parent épuisé consulte une coach parentale, il lui arrive d'expliquer que son enfant est insupportable, qu'il n'écoute rien, qu'il s'oppose à tout, qu'il le provoque, le manipule et fait des caprices.

Quand j'écoute ce parent, je réalise combien il est désespéré. Voix, mimiques, postures, choix des mots, tout est là pour m'exprimer l'étendue de son désarroi.

Cependant, si ceci est un bon point de départ pour mesurer le stress du parent, je n'y trouve aucune matière pour commencer à travailler.

Le travail commence quand le parent passe au récit objectif d'une expérience vécue, représentative de son problème, sans interprétation ni émotionnalité. J'obtiens alors les éléments pour l'accompagner.

Si ce n'était pas ainsi, je pourrais aussi bien confronter l'enfant et lui demander ce qu'il en pense. Certainement, il m'expliquerait que son parent est insupportable, qu'il s'obstine à vouloir prendre toutes les décisions, qu'il crie quand on ne fait pas ce qu'il demande et qu'il ne le supporte plus.

Mais comment ferions-nous pour avancer ? Ce serait impossible. Tout au plus pourrions-nous dire qu'il y a de l'insatisfaction, des attentes non formulées et insatisfaites, ainsi qu'une forme d'exaspération de part et d'autre.

Sortir des interprétations, généralisations, et émotions pour passer à l'observation et la description est donc le point de départ pour s'aider soi-même, et les autres.

Si je me surprends à généraliser, si je dis les mots « jamais, toujours, tout le temps », c'est que je veux vraiment que mon interlocuteur sache que ce que je dis est vrai et que mon stress est intense. Et quand je commence à dire : « Je suis allée voir mon enfant à 08h00. Je lui ai dit de venir *avec ces mots, avec cette voix, ce regard et ce geste* », je dispose enfin d'informations exploitables pour changer et progresser.

Je te propose de prendre le temps de décrire tes problèmes chaque fois que tu veux avancer. Tu verras que dans ton récit se trouve souvent la réponse[31] !

[31] Note: C'est la raison pour laquelle il n'est pas possible d'accompagner les parents sur les réseaux sociaux comme certains groupes le proposent. Un travail professionnel d'accompagnement se doit d'explorer la réalité du parent, sur la base de la chronologie d'un évènement ciblé.

#157 – La vie des mamans sur les réseaux sociaux

Nous n'avons que peu parlé des réseaux sociaux depuis le début de ce livre, pourtant ils font partie de nos vies. Comblons ce manque et voyons ce que nous pouvons en attendre.

1. Les réseaux sociaux nous dévoilent la vie **de mamans radieuses** dont les photos nous font rêver. Dans la vie réelle, aucune maman n'est *Happy* tout le temps. En fait, ce que montrent les réseaux sociaux, c'est le moment d'exception, le moment où tout va bien.
2. Les mamans sur les réseaux sociaux sont **belles, sportives, minces dès la fin de l'accouchement, elles allaitent avec le sourire,** et portent leur bébé en écharpe. Dans la vie réelle, après l'accouchement, on marche comme un cowboy, on perd ses cheveux, on a le teint blafard. On est déformée, crevée et les premières semaines avec bébé sont souvent difficiles.
3. La maison des mamans sur les réseaux sociaux est **bien rangée. Ce sont des mamans qui s'occupent bien de leur intérieur, concoctent de** bons petits plats équilibrés à leur famille. Dans la réalité, les mamans font de leur mieux et jonglent entre le travail et la maison. Il y a régulièrement du désordre et des repas moins sains, que l'on ne prend pas en photo.
4. Sur les réseaux sociaux, **tous les problèmes des parents ont des solutions très simples**. D'ailleurs, tout le monde donne son avis sur tout, et toutes les mamans se présentent comme expertes du domaine « parentalité ». Dans la vie réelle, il n'y a pas beaucoup d'experts en éducation. Les accompagnants parentaux suivent des formations et savent que pour aider un parent il faut connaître son histoire, obtenir les détails de son problème, et susciter l'implication régulière du parent. Si l'un de ces principes n'est pas satisfait, l'accompagnement ne peut pas avoir lieu. Aucune solution ne peut se targuer d'être universelle. Ainsi demander conseil pour élever son enfant sur les réseaux sociaux, c'est comme se mettre dans l'allée

centrale d'un supermarché pour recevoir des avis éducatifs de la part de stricts inconnus. On risque de recevoir de tout : du bon et du beaucoup moins bon.

5. La vie des mamans positives, sur les réseaux sociaux, est un joyeux mélange de **Montessori, maternage proximal, allaitement et éducation positive**. Dans la vie réelle, on peut pratiquer l'éducation positive sans Montessori, sans maternage proximal, sans allaitement.

Du coup, sache utiliser les réseaux sociaux à bon escient. Ils peuvent aussi bien t'informer que te désinformer. Ils peuvent te déprimer, et te donner l'impression que tu es la seule à ne pas y arriver. Crois en toi et ne pense pas que l'herbe est plus verte ailleurs !

Nous avons tous nos moments de grosses galères.

#158 - Est-ce que c'est normal ?

On se demande toutes parfois si le comportement de notre enfant est normal ! Ceci d'autant plus que les atypies sont courantes dans nos sociétés.

L'enfant a besoin de se sentir unique et spécial. Il désire que nous le reconnaissions dans son individualité, son originalité, ses forces et ses faiblesses, ses goûts et petites manies. Ceci dépasse largement le fait de poser une étiquette ou un diagnostic !

Un enfant doit être apprécié tel qu'il est plutôt qu'à condition de devenir ce qu'il n'est pas.

Alors même si nous soupçonnons que notre enfant est HP, a un TDHA[32], tant qu'il n'est pas en souffrance et que son entourage ne souffre pas non plus, rappelle-toi qu'un diagnostic n'est pas indispensable.

Tu es capable d'élever ton enfant en prenant en compte la personne unique qu'il est, même sans diagnostic. Ne t'en prive pas et ne laisse personne t'en priver.

[32] HP ou HPI pour Haut Potentiel Intellectuel, TDHA pour Trouble de l'Attention et de l'Hyperactivité.

#159 – Quand Noël arrive...

Sais-tu qu'en 2014 on comptabilisait plus de 70 cadeaux par an, par enfant américain ?

J'ai été plusieurs fois épouvantée en me rendant compte qu'après Noel, nous ne pouvions plus ranger les jouets. Il aurait fallu acheter de nouveaux meubles ! Puis, une nouvelle maison !

Faisons le calcul : si mon mari et moi offrons 4 objets (jeux, jouets, livres, etc.), les papis et mamies 6, les amis 4, le tonton 2, nous voilà avec 16 objets par enfant soit 32 (car nous avons 2 enfants) qui rejoignent notre maison en seulement 2 semaines !

Les jouets sont devenus tellement bon marché, que plus personne n'ose ne pas en offrir du tout, ou n'en offrir qu'un seul. Résultat, nous sommes submergés, nos maisons craquent autant que nos nerfs, la planète est asphyxiée et nos enfants ne savent plus quoi faire de tous ces objets supposés leur faire plaisir.

Voici quelques petites recommandations :

- **Sors, donne, trie, échange les jeux et jouets au fur et à mesure** et ainsi libère de la place.
- **N'achète pas de neuf et incite les autres à se fournir en objets d'occasion.** Va sur les vide-greniers ou les marketplaces en ligne pour trouver tes cadeaux. C'est à faire plusieurs semaines avant Noël car cela demande un peu de temps.
- **Pense à offrir du temps, des expériences**. Sois une créatrice de souvenirs, plutôt que de faire de tes enfants, des consommateurs. Un souvenir se garde, embellit avec le temps et n'a même pas besoin d'être recyclé !
- Surtout, **ne pense pas que tes enfants aient besoin de jeux et jouets pour bien grandir et développer leur imagination.** Ils le feraient de

toute manière et ils le font même mieux si on ne leur donne pas des réponses toutes faites compilant un excès de stimulations sensorielles : lumière, son, toucher, effets, ... Plus un jouet en inclut et plus il est éphémère dans la vie de l'enfant.

- **Ne crois jamais ceux qui te disent que la tablette a une portée éducative. Ce n'est pas son ambition.** Ton enfant, par sa nature d'enfant, aspire à apprendre et à se développer et nous savons que l'environnement idéal pour cela est le contact avec la vie réelle. Il n'existe pas de tablette ni de jeu virtuel « éducatifs » pour les petits enfants mais seulement, des industriels qui veulent rendre parents et enfants dépendants de ces objets.

#160 – Fais comme tu peux !

D'un seul coup, tous les regards se braquent sur toi et sur ton enfant : c'est la crise du supermarché. La fameuse crise, mythique, tant redoutée par les parents. Bougeant dans tous les sens, ton petit est devenu impossible à saisir. Il se tord, se contorsionne, envoie des coups. « Ah ! Si seulement il pouvait s'arrêter »

Souvent, dans ces moments-là, **on s'imagine que les gens autour, nous jugent. Alors qu'en réalité, ils sont plutôt bienveillants et compatissants, rassure-toi.**

Du coup, que peux-tu faire ? Il n'y a évidemment pas de recette miracle. Rien, qui te permette de faire cesser ce terrible moment, à part la patience et la bienveillance et surtout une bonne dose de lâcher-prise.

On ne juge pas une mère, ni une relation, sur 10 minutes apocalyptiques. Au fond, rien de grave n'est en train de se produire.
Il faut faire, « comme on peut ».

Alors, laisse tomber tes inquiétudes sur le timing de ta journée. Ne cherche plus à être à l'heure, ni à enchaîner les courses comme tu l'avais prévu. Ne te presse plus. **Laisse tomber. La lutte est inutile.**

C'est comme si un courant trop fort t'emportait. Lutter ne sert à rien. Plus vite tu accepteras de te laisser porter par le courant, et plus vite tu rejoindras le rivage rassurant.

#161 – Le problème du supermarché

Il arrive que certains parents **renoncent** à aller au supermarché avec leur enfant tant ils le vivent comme un calvaire. L'enfant réclame de nouveaux jouets, crise, s'énerve, court partout. Le parent gronde, menace, souffre du regard des autres, qu'il imagine contre lui.

Quand on a un problème, la meilleure manière de ne pas le solutionner est de ne pas s'y confronter. Exactement comme si partant du principe que je ne sais pas utiliser une perceuse, je décidais de ne pas en utiliser. Je ne pourrais jamais progresser. Le problème du supermarché persistera donc tant que le parent n'ira pas au supermarché avec son enfant.

Du coup, comment faire ?

1. **Anticipe :** Pour commencer, il te revient de prévoir un moment approprié. Le samedi n'est pas le meilleur moment pour aller faire ses courses : trop de monde, de bruit et d'agitation. Choisis un moment où le magasin est moins fréquenté, si possible après une sortie au parc et un bon goûter.
2. **Prépare ton enfant :** Avant d'entrer dans le magasin, explique à ton enfant ce que tu veux faire, ce qui est possible, ce qui n'est pas possible, où il doit se trouver, et surtout, quel est son rôle dans ce « projet ».
3. **Implique-le et implique-toi :** Ton enfant a de l'énergie et le contraindre à ne rien faire n'est pas une option. L'impliquer peut consister à papoter avec lui de ce que vous voyez, de ce que vous aimez ou non, lui demander de chercher des produits, de peser les légumes. Ta propre implication consiste à rester connectée en permanence à ton enfant.
4. **Éduque-le :** Ton enfant est un futur consommateur. Il ne le sait pas encore mais tout est fait pour obtenir son attention et son/ton argent. Le supermarché est un lieu d'éducation absolument génial qui te permet de le sensibiliser aux manipulations du marketing. Tu

pourras lui dire « tu vois, ils ont mis des bonbons et des petits jouets multicolores exactement à ta hauteur, juste devant les caisses. D'après toi, pourquoi ont-ils fait une chose pareille ? Pourquoi n'ont-ils pas mis des brocolis et des asperges devant les caisses ? ».

5. **Valorise-le :** Une fois les courses finies, félicite ton enfant sur tout ce qui s'est bien passé. Ne mentionne pas plus d'une chose insatisfaisante. C'est une manière positive et relationnelle de confirmer comment les courses doivent se dérouler. Il réalisera alors, heureux et fier, qu'il est capable de faire ce que tu lui demandes et que cela lui fait plaisir. Il pourra mieux recommencer et s'améliorer.

Cette approche est applicable à toutes les situations susceptibles de générer des stress et des conflits : visite chez des amis, cinéma, église, parc de jeux. **Je l'utilise depuis toujours et cela me donne la liberté d'aller partout avec mes enfants.**

#162 – Quel sens cela a-t-il ?

« La pire atrocité serait d'endoctriner nos enfants à respecter un système qui ne valorise pas leur expression créatrice ni leurs habiletés particulières. » - Benjamin Greene

Prenons donc toute précaution utile et interrogeons-nous - toujours - sur la finalité de ce que nous faisons.

Qu'est-ce que je veux le plus pour mon enfant ?

Est-ce que je veux qu'il apprenne à obéir ? Obéir à ses parents, à un enseignant, à un patron, et à toute forme d'autorité.

Est-ce que je veux qu'il apprenne à penser ? Penser les demandes de ses parents, de son enseignant, de son patron et de toute personne. Voire, contribuer par sa propre pensée au monde dans lequel il vit.

Voici deux questions qui en elles-mêmes abritent des destinations diamétralement opposées. Impossible donc de les atteindre en arpentant un chemin identique. Or c'est aujourd'hui que le choix du chemin se joue, à l'aube de l'adolescence.

Quel chemin vas-tu prendre ?

#163 – « *C'est tout son père !* »

Quelle est la part de génétique dans la personnalité de nos enfants ? Pour répondre, il faudrait pouvoir démêler l'inné de l'acquis et c'est une question sur laquelle la science se penche en ce moment. Mais on doit le reconnaître, on aime trouver à nos enfants des ressemblances avec leur père, leur grand-mère, leur oncle et bien entendu, avec nous-mêmes.

Pour parvenir à plus d'objectivité, on pourrait se demander quelle part de génétique s'exprime dans le tempérament, les choix et les attitudes d'une jeune thaïlandaise de 14 ans, adoptée en France à l'âge de 4 mois.

Je soupçonne que cela soit assez peu.

Il serait donc question que nous manipulions avec précaution les étiquettes posées à la va-vite sur nos enfants. **Toute étiquette, même celle de la filiation a quelque chose d'aliénant. Comment devenir soi quand on nous dit depuis toujours que l'on ressemble tellement à Tata Macha ou à l'oncle Tony ?**

Voir les ressemblances est naturel, mais nous devrions presque les garder secrètement en nous afin de préserver la liberté de notre enfant de changer et grandir sur son propre chemin.

#164 – Chacun ses goûts !

Certains enfants défient allègrement les règles du bon goût et donnent dans l'originalité kitsch voire l'excentricité. Ton enfant en fait-il partie ? A-t-il des allures d'épouvantail ou d'arc-en-ciel dépareillé quand il s'habille seul ?

Je connais cela et sois rassurée : si tu laisses ton enfant explorer ses goûts vestimentaires, c'est une très bonne chose. Certes, il sera peut-être très mal fagoté (pendant quelques temps) mais ton enfant n'est pas toi. C'est de lui dont il s'agit !

Laisse-le s'habiller à sa manière (tant que sa santé n'est pas en jeu). Refuse d'en faire un conflit. Ne t'attarde pas à nourrir des désaccords superficiels. Il y a assez de raisons de se disputer !

Accompagne ton enfant avec tact et gentillesse dans cette étape. Contente-toi de faire une seule proposition de changement sur sa tenue et lâche prise sur le reste. C'est bon pour sa confiance en lui.

Chacun y trouve aussi de la liberté et les relations restent au beau fixe.

#164 – Chacun son style

Le jeu est un excellent moyen de nourrir la relation et relâcher les tensions. Pas question de ne pas jouer avec nos enfants ! Mais attention, se mettre au sol pour jouer aux petites voitures n'est pas une obligation et ne plaît pas à tous les parents.

Chacun a le droit de rester lui-même et d'adopter son propre style. Certains parents adorent participer aux jeux d'imitation de leur enfant, d'autres préfèrent une bonne partie de cartes. Certains sont pleins d'énergie et courent comme des fous dans le jardin, d'autres, sont rigolos tout au long de la journée.

Le top pour un enfant, c'est un parent heureux de jouer au jeu auquel il joue ! Un parent qui – quand il joue - est lui-même.

#165 – Youpi, on progresse !

Depuis que nous avançons ensemble, je sais que nous progressons. Et je t'imagine chaque jour, lisant ces propositions, bien déterminée à les essayer.

J'ai progressé en devenant maman. Tu as progressé aussi et tu progresses encore chaque jour.

Tes progrès sont le résultat de tes efforts, de ton travail, et de ta volonté. **Il est indispensable que tu t'en rendes compte et il est bon que tu puisses aussi entendre les autres te le dire.**

Pour ton enfant, c'est exactement pareil. **Quel que soit le résultat qu'il a obtenu, ton enfant a besoin que l'on remarque ses progrès. Et cela d'autant plus qu'il a produit des efforts pour les accomplir.**

Alors aujourd'hui, n'oublie pas de lui dire :
« Bravo, pour tes efforts ! Bravo pour tes progrès ! ».

#166 – Qu'est-ce que l'éducation positive ?

Portons notre attention sur la genèse de ce livre.

Peut-être as-tu observé que l'éducation positive n'était pas un ensemble de recettes et d'antidotes que l'on utiliserait en cas de problème ? C'est davantage une manière d'envisager sa relation à soi et son rôle auprès de ses enfants.

Bien entendu, nous sommes contents de détenir des solutions instantanées pour sortir des difficultés. Mais plus encore, nous préférons que ces difficultés n'apparaissent pas.

L'éducation positive est une véritable culture de la relation. Il s'agit avant tout de choisir les bonnes graines, de les planter, de les arroser avec conscience et régularité pour qu'elles germent dans la relation. Même si nous avons hâte de faire nos récoltes, nous patientons devant nos graines qui grandissent. Puis, un jour, nous réalisons que la vie n'est plus si difficile. Elle est même devenue simple, heureuse, et réjouissante.

Depuis que tu as commencé ce livre :

- Qu'est-ce qui a changé dans ta vie ?
- Qu'est-ce qui va mieux ?
- Qu'as-tu changé dans ta manière de faire ?
- Quels sont les succès dont tu es fière ?

Tous les marcheurs s'arrêtent parfois et se retournent pour contempler le chemin parcouru. C'est alors qu'ils se rendent compte qu'aucun petit pas n'a été anodin mais au contraire, que chacun à contribuer à les mener à destination. Nous aussi, marquons l'étape aujourd'hui !

CULTIVER ET RENDRE POSSIBLE

Conscience de soi

Empathie

Générosité

Entraide

Tolérance

Patience

Confiance

Respect

Gentillesse

Aimer

Aimer quelqu'un, c'est le dépouiller de son âme, et c'est lui apprendre ainsi - dans ce rapt - combien son âme est grande, inépuisable et claire.

Nous souffrons tous de cela : de ne pas être assez volés.

Nous souffrons des forces qui sont en nous et que personne ne sait piller, pour nous les faire découvrir.

- Christian Bobin

#167 – Maman, regarde !!!

Petits, les enfants réclament beaucoup d'attention. Parfois, les parents s'en plaignent et pensent que leur enfant en demande trop. En réalité, nous ne vivons que par et pour le regard des autres. Si les autres deviennent indifférents à ce que nous faisons, si nous devenons invisibles, alors nous n'existons plus.

Mais toi, à la différence de ton enfant, quand une personne que tu aimes ne te regarde pas, tu peux faire avec. Tu peux te dire qu'elle est occupée, qu'elle te regardera plus tard et qu'elle t'aime quand même. Tu as acquis cette confiance.

C'est un lointain souvenir, mais cette certitude d'exister pour l'autre, en l'absence de son regard, ne t'est pas venue tout de suite. Il a fallu qu'elle se construise. **Il a fallu que l'autre (ta mère, ton père) te regarde avec attention pour que tu intériorises ta valeur, que tu en aies conscience et qu'ainsi ton estime de soi se développe.**

Il est des cadeaux qui ne coûtent rien mais sont précieux. Ainsi en est-il de ton attention. Tu peux l'offrir chaque jour à ton enfant en le regardant et en **mettant en mots ce que tu as vu :**

- **Je t'ai vu sur cet arbre. Tu as hésité pour bien choisir la branche et tu as grimpé.**

Sans compliment, ni surenchère. Juste dire que tu as vu, que tu sais, que tu as remarqué et que ce qu'il fait peut être décrit et raconté.

#168- Activité sympa : Nettoyons tout ça !

Voici une petite activité à faire avec ton enfant pour vous débarrasser des résidus de colères, de frustrations, d'agacement, de disputes qui vous collent peut-être à la peau. C'est assez simple.

Bougez, secouez-vous, frottez-vous la tête, les épaules, les bras, le ventre, les jambes. Époussetez. Faites tomber tout ce qui vous gêne, et vous pollue même si c'est invisible.

Rien de tel qu'un bon nettoyage pour retrouver la bonne humeur et libérer une énergie toxique qui a englué notre motivation et notre joie de vivre.

Le nettoyage est terminé ?
Observez ce que cela change en vous. Fermez les yeux et appréciez !

La journée peut maintenant continuer.

Si tu veux de petites activités sympas à faire avec tes enfants pour les aider à dépasser des émotions difficiles, découvre « Mes cartes de retour au Calme »[33]

[33] Charlotte Uvira, *Mes cartes de retour au calme*, 2017, imprimables sur www.formations-positives.com

#169 - Faut-il parler d'abus sexuels à nos enfants ?

La réponse est OUI.

Nous devons absolument aborder ce danger – REGULIEREMENT- avec nos enfants. Ne pas en parler, c'est laisser nos enfants être chaque jour dans le risque de se retrouver face à une personne malintentionnée, dans une situation dangereuse qui les dépasse.

Voici 2 vidéos pour que tu en saches plus. La première[34] est celle que j'ai enregistrée avec ma collègue Isabelle Gattlen pour l'association Ratatam[35]. Tu verras comment en parler et de quoi parler.

La deuxième vidéo est le regard toujours utile de Christophe André[36] sur cette importante question.

---

34 Isabelle Gattlen et Charlotte Uvira - *Protégeons nos enfants des abus sexuels* – publié sur Youtube en juillet 2018. https://youtu.be/E6oplxvVKEw

35 www.ratatam.ch – L'éducation positive en Suisse

36 *Pédophilie : pourquoi il faut informer les enfants* - La chronique de Christophe André » - publiée sur Youtube en novembre 2018. https://youtu.be/QnR9-gtrccE

#170 – Activité sympa : La fête de la famille

Un jour, j'ai réalisé que mes enfants grandiraient, qu'ils trouveraient l'amitié, l'amour, une autre famille et que je resterai sur le carreau à devoir faire de petits choix comme : « Tu préfères qu'on passe Noël ou Nouvel An ensemble ? ».

On limitera mon choix, alors que moi, j'aurai certainement envie qu'on me donne les deux. Je me satisferai d'une famille incomplète car mes petits voleront de leurs propres ailes.

Aux anniversaires, ils seront peut-être à l'autre bout de la planète, et je m'imagine n'arrivant plus à tous les réunir sous le même toit, au même moment.

Bref, j'ai décidé de prendre les devants, avec la Fête de famille. Car oui, je veux vraiment qu'une fois par an, au moins, nous soyons tous réunis et que ce soit un moment de liesse. J'ai choisi la date de naissance de notre chien car il était le ciment de notre famille (et que cela tombait à la mi-octobre, une date que l'on ne doit pas trop partager).

Que penses-tu de cette idée ? Aimerais-tu créer un tel événement afin que ta famille puisse encore et toujours se retrouver malgré le temps qui passe ?

#171 Les objets sont-ils plus importants que les gens ?

Il veut le livre.
Elle le veut aussi.
Ça y est, c'est l'empoignade.
Ils crient et se tirent les cheveux, et tout ce qui dépasse !
Tu vas intervenir et régler ça comme tu peux.

Il n'y a aucune autre manière d'avancer dans un conflit, que celle d'être à l'écoute. Je sais, c'est frustrant et difficile. Cela veut dire écouter des cris et assister surprise et impuissante à une soudaine violence. **Mais, pour avoir moins de violence, nous devons rester présent et maintenir la paix.**

Les punir ne servirait à rien. D'ailleurs, doit-on être puni parce qu'on veut tous les deux la même chose ? Quand on n'a pas encore appris à s'affirmer positivement et pacifiquement ? Quand notre stade de développement nous en rend tout simplement incapables ?

Une fois que tout le monde aura retrouvé son calme, tu pourras en tout cas leur demander s'ils pensent que les objets sont plus importants que les gens, car s'ils ne le sont pas, quel sens cela a-t-il de s'étriper ?

#172 – Les enfants sont-ils impatients ?

« Mon enfant est impatient, Charlotte. Il est incapable d'attendre ! ».

Oh oui ! Comme il est difficile d'attendre pour un enfant. Attendre, c'est rien, c'est le vide, le néant. Tout le contraire de ce qu'est un enfant. Un enfant, ça bouge tout le temps. C'est de l'énergie à l'état pur.

Parfois, je demande à des parents ce qu'ils font quand leur enfant prend du temps à mettre ses chaussures ou à s'habiller. Ils répondent presque toujours : **« Je fais autre chose »**.

- Ah ? C'est-à-dire ?
- Eh bien, j'en profite pour faire le linge, débarrasser deux-trois bricoles…
- Mais, du coup, vous n'attendez pas ?
- Non. C'est trop long et ça m'énerve ! Mon fils prend une plombe à mettre sa veste.
- D'accord. Alors, comment votre enfant va-t-il apprendre à patienter s'il ne vous voit jamais patienter ?

Toujours la même rengaine, me diras-tu ! On n'apprend pas ce que l'on ne voit pas. Les enfants qui ne voient pas la patience, auront plus de mal que les autres à patienter.

Alors, plutôt que de nous précipiter sur des choses à faire « en attendant », si nous restions là, à patienter calmement ?

#173 – Activité sympa : A la bougie !

Aujourd'hui, je te propose une expérience à faire en famille que j'adore.

Il s'agit de vivre une journée sans éclairage électrique. Pour tout éclairage, tu as le droit à la bougie (sauf en ce qui concerne la veilleuse de tes enfants s'ils en ont une).

Pour introduire ce challenge, explique à tes enfants qu'il n'y a pas si longtemps, les gens vivaient au rythme du soleil. Il n'y avait pas d'électricité et les bougies coûtaient cher. Pour les économiser, on en allumait peu et on se couchait tôt, une fois le soleil disparu.

L'idée de ce défi est donc de vivre une journée un peu comme nos ancêtres. Un genre de détox de la lumière électrique pour un retour aux sources.

Attention cependant de ne pas laisser tes enfants seuls dans leur chambre avec une bougie allumée, ni d'oublier d'éteindre les bougies si tu dois t'absenter.

#174 - Tout est possible

Oui, avec du travail, des efforts et de la détermination, tout est possible.

Si ton enfant a moins de 10 ans, la vie lui ouvre les bras. Il peut devenir un grand musicien, un astrophysicien, une star du skateboard, un globe-trotter, un défenseur des droits de l'homme et des animaux, un médecin. **S'il le veut, il le peut. Le sait-il ?**

Je te propose de le lui faire remarquer : « Mon chéri, si ce que tu veux c'est construire des maisons, c'est tout à fait possible. Tout est possible pour toi, il faut seulement y travailler. »

Les rêves peuvent devenir réalité.

Il arrive malheureusement que les adultes brisent les rêves des enfants, alors que les rêves sont faits pour qu'on les réalise. Ils disent à l'enfant sur un ton dénigrant :

- « Eh bien, ce n'est pas avec tes résultats scolaires que tu vas y arriver ! » ou bien,
- « Commence par finir ton assiette, va… » ou encore il commente en public,
- « Il serait temps qu'il remette les pieds sur terre ».

Je te suggère de ne jamais laisser qui que ce soit briser les rêves de ton enfant, mais de t'en faire la défenseure.

Certes, ton enfant ne réalisera pas tous ses rêves, mais il sera plus en mesure de le faire si vous êtes deux (ou encore plus) à y croire !

#175 - Activité sympa : Shinrin-yoku

La nature contribue à notre bien-être. Les arbres tout particulièrement. Ils nous apaisent et purifient l'air que nous respirons.

Je vis une connexion très forte avec les arbres. Quand j'étais petite, j'avais mon arbre préféré. Je pense encore souvent à lui, comme on se rappelle un membre de notre famille.

Au Japon, une pratique ancestrale appelée Shinrin-Yoku[37] consiste à prendre des bains de forêt. Il s'agit simplement de se mettre en contact intime, vrai et profond avec les arbres, la forêt ou la nature. Avec tes enfants, vous pouvez vous promener et embrasser les arbres, coller vos joues contre leur écorce, ramasser de la mousse et la sentir, la caresser, vous asseoir tranquillement, écouter et observer.

Les effets de cette pratique sont multiples : elle agit sur les niveaux de stress et d'anxiété, améliore l'humeur, la concentration et la mémoire et même le niveau de santé générale. Le cocktail idéal pour détendre toute la famille !

[37] Docteur Qing Li, Shinrin-Yoku, *L'art et la science du bain de forêt*, Editions First, 2018

#176 – Il y a des limites !

- Maman, Louis veut toujours m'embêter. Il dit qu'il va casser mon château !
- Hum… tu ne dois pas être contente !
- Va lui dire maman…
- Lui dire quoi ?
- Qu'il n'a pas le droit de détruire mon château. J'ai fait un château, je veux garder mon château !
- Je crois que c'est à toi de le lui dire. Tu en es très capable. Explique-lui quelles sont **tes limites**. Dis-lui **ce que tu es prête à accepter et ce que tu refuses**.

Elle s'en va et ne revient plus. Plus tard, je lui demande ce qui s'est passé. Elle m'explique qu'elle a communiqué ses limites à son frère, et qu'ainsi la situation s'est arrangée.

Les enfants nous entendent souvent parler de limites, mais ils ne savent pas qu'ils en ont aussi. Or, il leur est très utile de savoir les verbaliser. L'enfant qui parle de ses limites utilise le dialogue, et non la violence.

Je te propose d'utiliser cette stratégie afin que ton enfant apprenne à s'affirmer de manière saine et positive.

#177 – C'est simple, fais comme moi !

Tiens-toi bien, sois sage, dis merci, sois gentil, arrête de crier, respecte ton frère, partage tes jouets, sois attentif, parle poliment…

Et si à la place de tout ça on disait :« **Tu vois ce que je fais ? Eh bien, fais pareil ! »**. Crois-tu que cela marcherait ?

Je veux dire, penses-tu que notre enfant pourrait nous observer incarner toutes nos demandes : nous tenir bien, être sage, dire merci, être gentil, arrêter de crier, respecter les autres, partager nos affaires, être attentif, parler poliment ?

Je te propose d'essayer !

Gandhi a dit « **Sois le changement que tu veux voir en ce monde** ». Finalement, nos enfants ne sont jamais qu'une version caricaturée de ce que nous sommes. Ils font ce que nous faisons (à l'excès) que cela nous plaise ou non !

#178 - Il y a des règles !

Les règles c'est bien. Aucune communauté dans le monde ne vit sans règles. La famille étant une communauté, elle ne devrait pas faire exception.

Y a-t-il des règles dans ta maison ?

Ces règles sont-elles bien valables pour toute la famille : adultes et enfants ?

Si tu as envie de revoir les règles de ta maison, c'est le bon moment ! Mais je vais te demander de respecter 2 principes :

- **Principe 1 : Fais en sorte que tes règles soient courtes et peu nombreuses (surtout si tes enfants sont jeunes).**
- **Principe 2 : Veille à ce que tes règles s'appliquent à tout le monde : petits, moyens et grands.**

Dans mon livre, « Parentalité Affirmée[38] », je t'explique tout sur ce sujet. **Car quand le cadre de fonctionnement de la famille est bien posé, nous vivons tous ensemble, avec plus de simplicité et d'harmonie.**

---

[38] Charlotte UVIRA, *Parentalité Affirmée, et si le Capitaine du Navire Familial c'était Vous ?*, Ecole des Formations Positives, 2018

#179 – Le bénéfice des conversations connectantes…

Si tu as lu mon livre[39], tu sais probablement de quoi je parle. Les conversations connectantes sont des partages ouverts et chaleureux que nous entretenons avec nos enfants. Elles ont de multiples bénéfices :

- Elles établissent l'opportunité d'une relation sans dominant ni dominé.
- Elles resserrent les liens de la relation parent-enfant et créent un sentiment de proximité propice à la coopération.
- Elles permettent au cerveau de l'enfant de se développer en sollicitant sa pensée plus loin et plus efficacement qu'il ne le ferait sinon.
- Elles lui donnent le sentiment d'être un individu digne d'intérêt et favorise donc la confiance en soi.
- Elles lui permettent d'affûter son sens des valeurs et de prendre des décisions habitées de bon sens et d'humanité.
- Souvent, elles initient le développement de nouvelles attitudes positives qui viendront de sa propre initiative.

Tant de bénéfices ! Mais alors de quoi s'agit-il ?
Il s'agit d'une conversation simple sur un sujet qui vaut la peine d'être approfondi :

- C'est quoi la gentillesse ?
- Comment faire plaisir à quelqu'un ?
- Peut-on aider une personne qui ne le désire pas ?
- Les mots peuvent-ils faire mal ?
- Toute vérité est-elle bonne à dire ?
- Voler et mentir, est-ce toujours mal ?

---

[39] Charlotte Uvira, *Parentalité Affirmée : Et si le Capitaine du navire familial, c'était Vous !*, Ecole des Formations Positives, 2018

- Qu'est-ce qui est bien avec les adultes ? Qu'est-ce qui l'est moins ?
- ...

Tu vois c'est sans fin ! L'âge pour commencer est celui de l'accès au langage de ton enfant. Dès qu'il commence à mettre son monde en mots, tu peux te lancer.

#180 – Comment gagner en autodiscipline ?

Les parents parlent souvent de discipline. Moi je n'en parle jamais. Car au fond, je ne souhaite pas que mes enfants soient disciplinés par moi ou un adulte. Je préfère qu'ils **s'autodisciplinent,** c'est-à-dire qu'ils apprennent à **évaluer une opportunité qui se présente à eux pour prendre une décision adéquate.**

Les enfants qui sont disciplinés obéissent en présence de l'adulte. Les enfants qui s'autodisciplinent font le choix de ce qui convient en fonction de la situation, avec ou sans adulte.

S'autodiscipliner c'est donc réfléchir et se projeter. C'est une compétence impossible à acquérir si l'enfant n'a jamais l'opportunité de penser, s'il n'est jamais sollicité, impliqué, interrogé, stimulé, si l'adulte lui dit ce qu'il doit savoir sans extraire de son esprit ce qu'il sait déjà.

Je te propose d'utiliser les questions ouvertes. **Il n'y a que les questions ouvertes qui garantissent que la connexion bienveillante soit maintenue, que ton enfant se sente impliqué et valorisé, qu'il développe les connexions neuronales menant à la pensée, à l'anticipation et l'inhibition.**

Tu l'as vu monter debout sur la table ? Interroge-le avec douceur :

- Comment se fait-Il que tu sois monté sur la table ?
- A quoi sert une table ?
- Qu'est-ce qu'on ne peut pas faire avec une table ?
- D'après toi, pourquoi on ne peut pas le faire ?
- Que peut-il arriver ?
- Comment nous sentons-nous quand ça arrive ?
- Tu voulais attraper le livre, quelles autres solutions connais-tu pour le faire ?
- Quelle solution est la meilleure pour obtenir le livre sans te faire mal?
- etc…

Ne te prive pas et continue d'interroger ton enfant (toujours avec douceur pour éviter que le stress l'envahisse et l'empêche justement d'accéder à sa réflexion). Tu verras la graine de l'autodiscipline se mettre à germer.

#181– Un esprit équilibré

Les enfants sont de petits êtres excessifs, et c'est autant ce qui fait leur charme que leur côté irascible. Un enfant rit avec autant de vérité qu'il crie. Un enfant est entier dans sa sensibilité autant que dans son intransigeance. **L'enfant est extrême, et rarement modéré.**

Nous les adultes, sommes plus modérés. Plus équilibrés. **Nous pouvons apprécier une situation avec notre rationalité et notre sensibilité. C'est ce qui fait de nous des êtres matures.**

L'entièreté de l'enfant aboutit souvent à des situations ubuesques. Il insiste pour mettre ses moonboots® en été, refuse obstinément de prêter un jouet à son petit frère. Tel est le lot quotidien de notre vie de parent. Mais la bonne nouvelle, c'est que nous pouvons **cultiver la modération chez l'enfant**.

La technique est assez simple. **Il s'agit (1) de savoir se connecter (intensément) aux idées de l'enfant et (2) de guider son regard sur une autre manière de voir les choses.** Prenons un exemple. Voici un dialogue qui pourrait avoir lieu chez moi :

- Maman, pas vrai que c'est méchant de voler ? On ne doit pas voler !
- Toi, tu as compris qu'il y avait des règles à respecter.
- Oui.
- Tu te dis que cela peut faire de la peine à quelqu'un si on lui vole ses affaires. Tu n'aimerais pas qu'on te vole quelque chose !
- Non !
- En plus, voler est interdit par la loi, et on peut aller en prison si on vole (*ceci est la connexion à l'aspect rationnel que l'enfant vient d'énoncer*).
- Mais imaginons que le voleur soit une maman qui vole pour nourrir ses enfants, car sinon, ils n'auront rien à manger. Est-ce qu'elle est vraiment méchante ? (*Ceci est le regard porté sur l'aspect sensible de cette situation*).
- Ah non, alors ce n'est pas méchant !

Cette pratique éducative est adaptée du travail de Dan J. Siegel[40] et s'appelle **« se connecter – rediriger »**, mais il ne la suggère qu'en cas de désaccord majeur.

Dans les faits, **la méthode est encore plus efficace si elle est utilisée dans des conversations quotidiennes. De cette manière, nous pouvons cultiver la graine de la modération et de l'équilibre d'opinion chez notre enfant.** Rapidement cette graine germera et notre enfant fera moins de « crises d'intransigeance ».

---

[40] Dan J. Siegel, *Le cerveau de mon enfant*, Les Arènes, 2015

#182 – Tu ne dois pas tout solutionner

Chère maman merveilleuse,

Le fait que tu t'engages dans une éducation positive ne signifie que tu doives solutionner tous les tracas de ton enfant, ou les empêcher d'apparaître ! **Un monde de plaisir et de facilité ne lui serait d'aucune utilité.** Souvent, quand les enfants sont faces à de petites difficultés, c'est absolument parfait !

Ils peuvent essayer, s'énerver (*et remarquer que cela ne sert à rien*), vivre et apprendre à mieux réguler leur exaspération, décider de persévérer ou d'abandonner, réfléchir à une autre stratégie, se débrouiller, s'en sortir seul ou en demandant du soutien et finalement découvrir qu'ils sont capables et peuvent avoir confiance en eux !

Que de beaux cadeaux !

Accompagne-les mais ne fais pas à leur place. Tu peux même t'en tenir à une bonne dose de présence chaleureuse et empathique, silencieuse ou guidante en demandant « **Que comptes-tu faire ?** ». Tu verras que c'est souvent largement suffisant !

#183 - Que vas-tu faire ?

Il arrive vers moi en courant. Son visage grimaçant m'indique sa détresse. La fatigue m'accable déjà mais je sais que c'est dans ces moments que se joue mon rôle de mère.

Il me raconte comment une personne (souvent sa sœur) lui a fait du mal. Il explique combien il est innocent et que cela ajoute à l'injustice de la situation. Il est très en colère et se sent vulnérable. Je l'écoute. Je fais bien attention de ne regarder que lui. Mes yeux dans ses yeux. Ses yeux dans les miens. Il peut sentir que je suis là.

J'acquiesce. Je montre avec mon visage que je comprends ce qu'il me dit. Je lui touche l'épaule pour produire sur lui une caresse. Et quand son monologue ralentit et s'essouffle, je lui demande :
« Que vas-tu faire ?»

Parfois, il me répond. Il développe des idées plus claires pour redevenir acteur de sa vie. Mais parfois, il s'éloigne avant même que j'ai fini ma phrase. Car, c'est suffisant d'être écouté et de sentir que ce que l'on vit a de l'intérêt.

Toi aussi, suis ces étapes précisément afin d'accompagner ton enfant :

1. **Mettre tes yeux dans les siens.**
2. **Toucher son épaule (au minimum) ou le prendre dans tes bras.**
3. **Écouter avec attention. Parler peu ou pas.**
4. **Acquiescer avec ton visage.**
5. **Lui demander : « Que vas-tu faire ? ».**

#184 - Qu'attends-tu de moi ?

Dans le précédent billet il était question d'une écoute attentive et de l'utilisation d'une phrase-clé « Que vas-tu faire ? ».

Dans certaines situations, tu sens que ton enfant est trop petit, faible et vulnérable pour s'en sortir seul. Tu as raison. Et, **il nous revient de savoir apprécier quand le pousser et quand le protéger**.

Dans une situation de harcèlement par exemple, de vol, de racket, de violence, de déséquilibre du rapport de force à son détriment, impossible de ne pas réagir. Pour autant, cela ne signifie pas exclure ton enfant du processus d'intervention. **Dans ces conditions, demande à ton enfant : « Qu'attends-tu de moi ? »**

De cette manière tu lui montres que tu es prête à intervenir, en le laissant aux commandes. **Tu ne le dépossèdes pas de sa vie, au contraire, il en reste l'acteur principal.**

Je te laisse garder cette phrase en tête et l'utiliser dès que tu le penseras nécessaire.

#185 – Est-ce vrai, bon et nécessaire ?

Connais-tu l'histoire des 3 tamis de Socrate[41] ?

Je te conseille de la raconter à tes enfants ! S'ils la comprennent bien, elle vous sera utile pour observer que :

- Toute vérité n'est pas bonne à dire et qu'il est parfois préférable de se taire
- Ce qui est faux n'a aucune raison d'être répété.
- Les autres nous disent parfois des choses ni gentilles ni nécessaires, mais destinées à obtenir un ascendant sur nous. Ce sont des pièges dans lesquels il nous faut éviter de tomber !
- Nous devrions préférer accorder notre attention à ce qui nous est utile et/ou agréable.

Les enfants sont généralement ravis de découvrir cette histoire car ils cherchent à comprendre ce qui est en jeu dans les relations sociales, et cette histoire les y aide.

Tu pourras y revenir très souvent quand tes enfants se feront souffrir… inutilement.

[41] Voir http://www.ac-grenoble.fr/ecoles/hg/IMG/pdf/les_trois_tamis.pdf

#186 – Est-ce qu'on peut quand même être amis ?

- Moi, j'aime pas le rose. Le rose, c'est pour les filles !
- Et ben moi, j'aime le rose quand même ! Et j'aime pas ton doudou. Il est moche!

Voici l'exemple d'une conversation que nous avons tous entendue, à peu de détails près.

Nos enfants (et certains adultes) se sentent nerveux, agacés, voire même contrariés si l'autre n'aime pas ce qu'ils aiment. **Comme si se reconnaître à travers nos goûts, témoignait de nos qualités individuelles.**

Voici comment avancer sur ce terrain miné. Prends une couleur que tes enfants n'aiment pas (*le vert caca d'oie sera parfait !*). Et commence :

- Moi, j'aime la couleur « vert caca d'oie », et vous ?
- Moi j'aime PAS !
- Beurk, moi j'aime pas non plus.
- Oh… et est-ce qu'on peut être amis quand même ?
- OUI (unanime) !

Enseigner à nos enfants que nous pouvons être amis malgré nos différences est fondamental ! Cela créé des liens entre tous les humains !

Désormais, quand tes enfants se disputent sur de petites différences, demande-leur simplement : « **Et est-ce qu'on peut quand même être amis ?** ». Tu verras que cela dénoue les tensions et cultive la tolérance !

#187 - Pourquoi tu l'as tapée ?

Oh ! La question piège !

- **Option 1 :** L'enfant répond ironiquement « Parce que j'avais envie », ou plus simplement « je ne sais pas » et ça nous fâche.
- **Option 2** : Il nous dit la vérité « parce que j'étais en colère », et immanquablement nous lui rétorquerons « Eh bien, ce n'est pas une raison ! ».

Je te propose de sortir de ces conversations qui tournent en rond. Nous pourrions lui demander, par exemple :

« Comment pourrais-tu faire autrement ? »

Et là, nous commencerions à progresser.
Le « pourquoi » nous limite. Il confine notre enfant dans la culpabilité de sa violence et son incapacité à se maîtriser. Le pourquoi insiste sur ce qu'il ne faut pas faire sans ouvrir de vraies perspectives.

Le « comment » nous ouvre des portes. Il nous dit et nous oblige à exprimer qu'il est possible de faire mieux et d'expliquer de quelle manière.

Je me suis résolument rangée dans le camp des « comment » depuis plusieurs années. C'est tellement plus plaisant :

- Comment pourrais-tu réussir à faire moins de bruit ?
- Comment pourrais-tu te rappeler de ranger tes affaires ?
- Comment as-tu réussi à si bien écrire ton prénom ?
- Comment faire quand nous désirons le même jouet en même temps ?

#188 – Attrape tes mains !

Tu l'as peut-être remarqué, l'immaturité cérébrale de nos enfants implique un phénomène très embarrassant. **Ils agissent et pensent après.**

Il faudra du temps pour que la balance se mette à pencher en faveur de la réflexion, comme tout préalable à l'action. Tant qu'ils baigneront dans l'enfance, cela ne sera pas un automatisme.

Ainsi, ton enfant peut se retrouver dans des situations bien gênantes ! Comme à l'âge de 4 ans, quand il te regarde, visiblement surpris que sa main soit en train de tenir fermement les cheveux de sa sœur et qu'il constate (en même temps que toi) sa lourde faute. Pris au piège de l'immaturité de son cerveau, il agit, et réfléchit après, puis se défend ou s'effondre sous l'effet de la honte.

Si tu assistes à une telle situation, commence par verbaliser : « Oui, tu es en train de t'apercevoir que ta main a réagit violemment. Tu peux lâcher maintenant ».

Quand il grandit, demande-lui d'attraper ses mains, et de les tenir dans son dos chaque fois qu'il sent l'énergie de la violence monter en lui. « Attrape tes mains !! » est un ordre utile pour lui éviter de commettre un acte impulsif et violent. Et tu verras, cela marche plutôt bien !

#189 - Ecouter et maintenir le cadre

Écouter ton enfant est fondamental pour votre relation. Le manque d'écoute est une immense cause de souffrance.

Mais, ton écoute n'est pas la porte ouverte à tous les comportements. Ainsi, certaines règles doivent-elles être respectées quoi qu'il arrive.

Quand ton enfant est tapé par son frère, cela ne lui donne pas le droit de le taper en retour. En revanche, la souffrance que cette situation a générée lui donne droit à ton écoute et à ton accompagnement. C'est cela écouter et maintenir un « cadre ».

#190 – Les compromis

Je n'étais pas de nature à faire des compromis mais je le suis devenue, grâce à mes enfants ! Et ma vie est devenue plus simple dès lors que je me suis dotée d'un esprit aussi souple que le corps d'un yogi !

Entre nous, mes premiers pas dans le pays du compromis m'ont été très désagréables. J'étais agacée par les délibérations perpétuelles. Je n'abritais finalement pas le désir d'écouter l'autre, ni de le comprendre, mais simplement d'imposer mon point de vue et de gagner du temps. Ma logique avait d'énormes limites, qui m'ont été révélées par de petits êtres désireux de s'exprimer, d'exister et de faire eux-mêmes des choix. **Car en effet, en l'absence de compromis, je n'ai jamais gagné de temps, je n'ai fait qu'en perdre.**

Refuser de négocier avec un enfant, c'est s'éterniser sur des choses qui n'en valent pas la peine, perdre son temps et son énergie. Pire encore, refuser de faire des compromis c'est se retrouver avec un enfant qui n'en fait jamais. **Un enfant rigide et inflexible, avec lequel on se dispute** à tout bout de champs !

Je suis donc finalement devenue une convaincue et fervente défenseure du compromis. Je me sens littéralement ravie d'accorder quelques minutes à la discussion car ce n'est jamais du temps gâché :

- J'apprends à mieux connaître mon enfant.
- Comme je prends le temps de l'écouter, il prend aussi le temps de m'écouter
- Comme je renonce à certains aspects de mes décisions, il en fait de même.
- J'utilise mon énergie de manière plus efficace. Je me sens moins fatiguée.

Bref, contrairement à ce que certains disent, le compromis est une victoire pour tous et non une défaite pour l'autorité parentale !

#191 - Dans 2 minutes

Si ton enfant a plus de deux ans et demi, tu n'es pas obligée de répondre instantanément à ses demandes.

Beaucoup de parents se sentent dépassés parce qu'ils pensent devoir répondre tout de suite aux demandes de leur enfant.

On est d'accord ! Il faut répondre rapidement aux demandes de ton bébé. Mais, si bébé est devenu un enfant, il est très sage qu'il commence à patienter.

Je te propose de pratiquer le « **oui, dans deux minutes** ». Il ne s'agit pas d'une expression, mais bien d'une réalité : **Tu demandes à ton enfant d'attendre deux minutes s'il a deux ans, trois minutes s'il a 3 ans, et plus s'il est plus âgé.**

L'idée n'est pas de le faire attendre systématiquement par principe, et sans raison. Il n'en comprendrait pas le sens. Il s'agit de lui proposer de patienter quand tu le juges utile. Et, **tu auras du succès, si tu respectes ton engagement de répondre à sa demande et ne le fais pas attendre plus que de raison.** Tu penseras donc à aller vers lui une fois le temps écoulé et il aura pleinement confiance en toi. Il attendra !

#192 – Maman !!! J'ai renversé le verre...

Quand mon fils commet une maladresse, j'ai l'impression qu'il se sent plus mal que moi. Il me regarde les yeux ronds comme s'il attendait une réaction forte de ma part. Et, je soupçonne que ceci est davantage dû au comportement des adultes de l'école qu'à ma propre attitude.

Du coup, il a l'air tétanisé et – lui, qui est fort intelligent – semble soudainement incapable de bon sens (*signe de stress intense*).

- Maman !!! J'ai renversé le verre…
- Oui, je vois. Que dois-tu faire ?
- Je ne sais pas !!!! (*effet du stress… encore*)
- Mais, si, tu sais. Qu'est-ce que je fais, moi, quand je renverse un verre (*être concret. En plus, lui parler de mes bêtises crée un soulagement*)
- Tu essuies… ?
- Exact !
- Il reste figé… (*fichu stress* !)
- Eh bien… qu'attends-tu ?
- Mais, j'essuie avec quoi ?!!!

et on continue…

Alors pour avancer, nous avons mis en place, dans notre famille, une attitude à toujours adopter. Cela consiste à se demander :
« **Que ferais-je si j'étais seul ?** ».

C'est-à-dire « si j'étais le papa ? La maman ? L'ado tout seul à la maison, comment me sortirais-je de ce pétrin ? ». Mes enfants adorent ça et ils se mettent à trouver plein de solutions. Ils deviennent débrouillards !

Désormais, face à une galère (un yaourt impossible à ouvrir, du beurre sur les doigts, un verre renversé…) voici ce que j'observe :

1. **Ils s'arrêtent un instant et prennent du recul.**
2. **Ils disent (souvent en chuchotant) « bon je vais faire comme si j'étais tout seul… »**
3. **Et ils trouvent une solution ou finalement constatent qu'il est vraiment nécessaire de recevoir mon aide.**

Bref, ça marche très bien ! A toi de jouer maintenant si tes enfants ont plus de 5 ans.

#193 – Un peu de contribution !

Quel est l'âge de tes enfants, et comment contribuent-ils à la maison ?
J'ai bien dit « contribuer ».
Je n'ai pas dit « aider ».

Car tu n'as pas besoin d'aide. Tu es tout à fait capable de faire tout ce que tu as à faire. Dans cette maison, ce n'est pas d'aide dont tu as besoin, mais **que chacun apporte sa contribution et prenne en charge les responsabilités qui lui incombent en fonction de son âge et de son niveau de développement.**

Contribuer c'est bon pour tout le monde. C'est bon pour toi, pour ton mari, pour tes enfants. C'est bon pour toute la famille.

Si tes enfants ont trois ans ou plus, il est absolument nécessaire qu'ils se mettent à contribuer à la vie dans leurs foyers.

Ceci peut se réaliser par l'accomplissement de petites tâches au quotidien et avec ton soutien. Tu verras que la confiance que tu leur accordes dans ces moments-là, leur est extrêmement précieuse. Allez ! Tous au boulot !

#194 - Mets en place tes 20 minutes canard

Je te suggèrerai toujours de mettre tout le monde à contribution chez toi ! Je précise qu'il ne s'agit pas de t'aider, mais plutôt que chacun réalise les tâches qui lui incombent en fonction de son âge.

Pour cela je t'invite à mettre en place la routine des 20 minutes canard.

Cette routine permettra que tout le monde participe effectivement à maintenir le foyer agréablement habitable, sans entrer dans des discussions et des oppositions à n'en plus finir.

Elle réinvitera le respect à la maison (si celui-ci était en péril) et bien entendu, elle sera une source de détente pour toi.

Depuis que je l'ai lancée, cette astuce a changé ma vie et celle de centaine de mamans ! Tu en sauras plus dans cet article[42] de mon blog.

Plus de respect, plus de contribution, plus de bien-être sont au rendez-vous.

[42] Charlotte UVIRA, *Une maison rangée tous les soirs*, www.formations-positives.com/blog-1, 2018

#195 – Activité Sympa : Mode d'emploi d'une maman

Voici une petite surprise que tu peux faire à tes enfants s'ils ont plus de 7 ans. Sinon, je te propose de la garder pour plus tard.

Copie et complète ton **"Mode d'emploi de Maman"** (*disponible sur la page suivante et sur www.formations-positives.com/blog-1*) puis donne-le à ton enfant. Pense notamment à mettre ta photo pour que ton document soit bien personnalisé !

Cet exercice est amusant et permet de transmettre de précieux messages sur un mode ludique !

FÉLICITATIONS

Vous venez de faire l'acquisition d'une Maman!
Cette maman de dernière génération est d'une qualité inégalée et nous espérons que vous saurez en tirer tous les avantages.

La maman est une personne très pratique dans la vie de tous les jours.
Cependant, afin de bénéficier de ses avantages le plus longtemps possible, nous vous invitons à respecter son mode d'emploi.

En plus, vous verrez qu'en cas de panne, il est possible de réparer sa maman soi-même sans presque jamais avoir recours à un réparateur

1 - METTRE EN MARCHE VOTRE MAMAN

2 - ENTRETENIR VOTRE MAMAN

3 - SI VOTRE MAMAN TOMBE EN PANNE

4 - PROLONGER VOTRE GARANTIE

5 - RÉPARATEUR AGRÉÉ

École des Formations Positives

#196 – 3 pas pour développer l'empathie

Dans mon projet éducatif, l'empathie tient une place de choix. Oui, je désire que mes enfants se soucient des autres, qu'ils les prennent en compte, qu'ils sachent prendre soin d'eux. Je souhaite qu'ils agissent de manière à trouver la juste place. Celle qui leur permet d'exister pleinement tout en s'assurant que l'autre ne se sente pas oublié.

Si ce projet t'intéresse aussi, voici comment développer l'empathie de tes enfants en 3 petits pas.

1. **Dire ce que tu vois « Cet enfant pleure ».**
2. **Interroger ton enfant : « Comment penses-tu qu'il se sent ? D'après toi, que s'est-il passé ? »**
3. **S'impliquer : « Qu'est-ce qui l'aiderait selon toi ? »**

Tu vois c'est assez simple. Ce qui est important, c'est de le faire souvent. De ne pas passer avec indifférence à côté d'une personne dans le besoin, de ne pas ignorer les pleurs d'un enfant au loin, et d'en parler.

#197 – Activité Sympa : Qui prend les commandes ?

Jouer en famille rend la relation adulte-enfant plus intense et motivante. Les jeux permettent aussi de grandir et font de bons messagers. Voici un jeu qui plaira à tes enfants. Je l'appelle « qui prend les commandes ? ».

Un enfant prend les commandes de la famille pendant un temps déterminé. On utilise un minuteur pour veiller sur le temps (15 à 20 minutes). Dès lors, il doit décider, le plus raisonnablement possible, de ce qui est nécessaire pour le bien de tous (il ne s'agit pas de décider d'un jeu, mais d'être aux commandes de la maison pour que le foyer fonctionne).

Les autres joueurs deviennent des enfants et se comportent normalement. Ils coopèrent (ou pas) selon leur bon sens, leurs envies, leur motivation, en veillant à ne pas être trop durs ni impossibles à « commander ».

Fais ce jeu quand tu le veux. Si tes enfants sont assez grands, tu peux ensuite leur demander :

- **Qu'est-ce que tu as aimé ? et moins aimé ?**
- **Qu'est-ce qui a été le plus difficile ?**
- **Qu'as-tu appris avec ce jeu ?**

#198 – Activité Sympa : On lit ensemble tous les soirs

C'est mon moment préféré : La lecture du soir avec mes enfants. Nous y consacrons au moins 40 minutes, et que d'aventures nous avons vécues !

Dans les BD, il y a Yakari, Astérix et Obélix…

Dans les livres d'images : J'adore les histoires d'ours !

Et pour ce qui est des romans, je me permets de te conseiller ci-dessous quelques titres que tu peux lire à tes enfants dès 5 ans.

- Hotel Heartwood, de Kallie Gorge
- Le loup des sables de Asa Lind
- La rivière à l'envers de Jean-Claude Mourlevat
- Emilie et le crayon magique de Henriette Bichonnier
- Les clubs des cinq d'Enid Blyton
- Le club de l'ours polaire d'Alex Bell
- Le monde de Narnia de C.S. Lewis

Beaucoup de familles abandonnent la lecture ensemble une fois que l'enfant sait lire. Quel dommage de passer à côté de ces bons moments ! Rien n'empêche de savoir lire et de lire ensemble aussi.

Cela mobilise le cerveau de manière différente. **Il faut être attentif au mot, sans activer le visuel. C'est donc un magnifique entrainement pour l'école** et une belle manière de se retrouver, de se connecter et de s'apaiser pour mieux trouver le sommeil ?

COMPRENDRE L'ENFANT

Développement

Cerveau

Stress

Sommeil

Ecran

Repas

Bienheureux l'enfant

Le tout-petit, ce joyeux boute-en-train, cette brindille dorée constituée d'ondes électromagnétiques, participe au mouvement de fuite des galaxies les unes par rapport aux autres, avec une vitesse proportionnelle à leurs distances.

L'enfant fabrique inconsciemment une amplitude d'amour pur, une nuée de réciprocités rieuses dans lesquelles s'agglutinent cycliquement des particules génératrices de mémoires indélébiles.

Bille en tête, il joue la vie et prête attention aux petites cascades intérieures qui le traversent en toute candeur.

Bienheureux les apatrides.

Bienheureux ceux qui ont su sauvegarder un état d'esprit d'enfance, une belle âme d'enfant.

- Sophia Sherine Hutt

#199 – Le coût de la tentation

Notre société, nous hyper-stimule. Chacun s'arrache notre attention. Tout le monde veut nous vendre quelque chose. Les approches commerciales sont toujours plus puissantes (et plus au fait du fonctionnement de notre cerveau). Il devient dur de résister. Pourtant, consommer ne nous apporte pas plus de bonheur. C'est même tout le contraire.[43]

La course effrénée aux biens, aux dernières nouveautés implique que nous passions plus de temps à amasser de l'argent qu'à vivre de simples bonheurs gratuits avec nos enfants. La tarte déjà prête, le fromage déjà râpé, les plats cuisinés, les vêtements « dernier cri », la voiture rutilante bourrée d'options, sont acquis au prix de la mise à distance de ce que nous désirons vraiment : des moments simples avec ceux que nous aimons.

Pour les acquérir, pour accéder à cette vie « plus facile » où tout est prêt, tout est beau, tout est conventionnel ou bien sort de l'ordinaire, nous devons partir travailler et faire garder nos enfants. Puis, quand nous nous reposons, nous nous apercevons que notre rêve serait de préparer une simple tarte dans une petit maison modeste et d'avoir plus de temps avec nos enfants.

Les difficultés éducatives des parents qui voient peu leurs enfants sont considérables. Moins ils les voient, moins ils les connaissent, et plus ils se sentent agacés par leurs comportements « d'enfants ». Au contraire, les parents qui consacrent du temps à leurs enfants, trouvent la vie avec eux plutôt réjouissante.

Alors, évaluons la situation : Combien devrions-nous gagner si nous faisions par nous-mêmes et résistions à quelques tentations ? Si nous achetions

---

[43] Galen V. Bodenhausen, *Consumerism and its antisocial effects can be turned on—or off*, Association for Psychological Science, 2012

différemment, quels seraient nos vrais besoins matériels et combien de temps aurions-nous en plus pour vivre avec ceux que nous aimons ?

#200 – Ce qui est difficile, c'est le changement

L'éducation positive a une vocation **relationnelle**, tissée de principes finalement assez simples et pleins de bon sens. Pourtant, beaucoup de parents trouvent l'éducation positive très difficile.

Ce n'est pourtant pas l'éducation positive qui est difficile, mais le changement qu'elle implique.

Ce qui est difficile est de passer de cette éducation *tu-m'obéis-un-point-c'est-tout* à un équilibre raisonnable du rapport de force. C'est de comprendre que l'on nous avait fait croire qu'une fois adultes nous pourrions décider de tout, et de s'apercevoir que c'était faux.

Personne ne doit l'obéissance à personne. L'autorité n'existe que sur soi-même. On ne peut décider pour autrui que de façon très limitée. On ne peut manipuler, contraindre, obliger, menacer, effrayer, abuser de sa position dominante, de la dépendance et de la vulnérabilité d'autrui pour parvenir à ses fins, sans risquer d'en payer le prix.

Ce qui est difficile, c'est donc d'entrer dans la parentalité positive et de tomber des nues. En y entrant, le cœur et l'esprit ouverts, pleins de bonne volonté, on se rend compte que tout ce dont il est question est à mettre sous **la grande étiquette du mot « respect ».** Un respect universel qui transcende les questions d'âge et de genre. Et pour certains, ce virage à 180° rime avec l'effondrement des repères qu'ils croyaient immuables, inaliénables, intouchables. **C'est toute une manière d'envisager le monde, l'autre, et nous-mêmes qui peut être ébranlée.**

L'éducation positive est une porte vers le développement personnel. Pour celui qui le veut, elle a de multiples effets positifs sur toutes les sphères de la vie. C'est peut-être l'intuition que tu es en train de développer en lisant ce livre. Ce message te le confirmera et je suis heureuse de t'accompagner sur ce chemin.

#201 - Quand il craque

On pourrait placer nos comportements sur un axes qui irait du plus raisonné au plus réactif. Sur cet axe, on trouverait les adultes le plus souvent du côté raisonné et les enfants, la plupart du temps du côté réactif. C'est ainsi que le cerveau se développe.

Les enfants ont un cerveau neuf et très inexpérimenté. Depuis la nuit des temps, **c'est leur cerveau très réactif, incapable d'évaluer le degré d'un danger mais fonctionnant sur une peur facilement déclenchable et engendrant des gestes rapides et violents qui leur a permis de survivre.**

L'adulte quant à lui, s'il a eu la chance de grandir dans un environnement où ses compétences de survie n'étaient pas trop sollicitées (si la peur, la tristesse, la colère n'étaient pas omniprésentes), a appris à être raisonné. C'est-à-dire à se maintenir en état de réflexion, pour évaluer les situations et prendre des décisions qui le maintiennent en lien avec sa « tribu » et permettent d'améliorer les choses.

Les enfants sont donc physiologiquement conçus pour être réactifs. Ceci se traduit biologiquement par des compétences cérébrales peu ou pas développées, laissant la place aux tempêtes émotionnelles et aux déchainements de cris de pleurs et parfois de coups.

J'ai toujours à cœur d'expliquer cela car **les procès qui sont faits aux enfants sont largement injustifiés**. On les taxe de capricieux, de tempétueux, mais ils ne peuvent être rien d'autre que cela. **Leur demander de faire différemment est du même acabit que de leur demander de sauter et de toucher le plafond. Ils comprennent la consigne mais limités par leur constitution, en sont incapables.**

Pour que ton enfant chemine vers la raison :

- Accueille-le dans ses émotions.
- Offre-lui un cadre sécurisant et cohérent.
- Donne-lui toujours le sentiment qu'il est digne d'être aimé et respecté.
- Accompagne-le quand il est en stress.

Retrouve cette image sur l'article du blog *Parlons de ma très grosse crise* sur www.formations-positives.com

#202 – A quoi s'attendre ?

- Tu sais Mattéo est vraiment terrible. Il ne supporte rien. Dès qu'on lui dit non, il se met à brailler. C'est quand même dingue !
- Pareil pour moi. Mais, en plus Sofia ne fait rien de ce qu'on lui demande. Si je lui dis de ranger sa chambre, tu peux être sûre que 10 minutes plus tard, elle n'a toujours pas commencé.
- Oh ! Vous savez les filles, moi avec Arthur, je suis au bord de l'épuisement. Il est toujours accroché à moi. Un vrai pot de colle !
- Pourtant, on ne leur demande pas grand-chose, quand même ! Ça serait tellement bien s'ils y mettaient un peu du leur.

Voici une conversation comme tu en as probablement entendu plusieurs. Tu as même peut-être participé à de telles conversations. Cela soulage les mamans fatiguées de se confier auprès d'autres mamans qui les comprennent.

Parfois, quand des parents se plaignent de leur enfant, je leur demande à quoi ils s'attendraient à la place du comportement d'un Mattéo, d'une Sofia, d'un Arthur ?

Ils me répondent qu'ils les voudraient plus réfléchis, moins sensibles et plus raisonnables. Bref, la plupart des parents se plaignent que leurs enfants se comportent comme des enfants et leur réclament à corps et à cris de se comporter comme des adultes. Cherchez l'erreur.

C'est dur et épuisant d'accompagner des êtres sensibles, immatures et dépendants sur le chemin de la vie. C'est sûr ! Mais, **nous devons aussi les accepter tels qu'ils sont, et ne pas attendre d'eux d'être ce qu'ils ne peuvent pas être.**

Nos enfants sont des enfants. Et nous sommes là pour les éduquer, c'est à dire les mener de l'enfance à l'âge adulte. Une fois cette mission accomplie, nos enfants deviendront des personnes réfléchies, raisonnables, avec qui il sera bien agréable de papoter ! **Ils ne seront**

plus des enfants. Mais, nous n'en profiterons que peu car bien vite ils quitteront nos foyers pour profiter ailleurs de leurs ailes déployées.

#203 – C'est un enfant

Il oublie de faire ce qu'on lui avait demandé (*10 secondes plus tôt!*), il fait du bruit le matin (*alors qu'il est clair qu'on dort!*), il coupe les poils du chat et se maquille en cachette *(il n'y résiste pas!*), il met ses chaussures les yeux rivés sur le plafond (*et ça ne marche pas!*), il ouvre le placard interdit (*alors qu'il a dit qu'il avait compris!*), il se roule par terre en plein supermarché (*alors qu'on s'était juré de ne jamais vivre ça*), il nous interrompt quand on parle (*il ne pourrait pas attendre?*), etcetera, etcetera...

Bref, c'est un ENFANT.

On serait tenté de se dire « il pourrait faire un effort, il devrait avoir compris, Non, mais... c'est évident ! » ! Et pourtant, non. Il n'a pas compris. Ou, s'il a compris, il n'y arrive pas et ce n'est donc pas si évident. Son cerveau n'est pas connecté comme le nôtre, et tout est fait pour qu'il ait besoin de nous et que nous restions à ses côtés.[44]

44 Retrouve cette image explicative sur www.formations-positives.com/blog-1

#204- C'est normal ou pas ?

Ton enfant est une personne absolument unique. Mais, peut-être que son originalité et ses bizarreries te mènent à l'inquiétude.

Afin d'apprécier si un comportement est normal, on s'intéresse à savoir si on l'observe fréquemment chez les enfants du même âge.

Par exemple, les problèmes de sommeil des moins de 4 ans, les crises d'opposition des 2 ans, le refus des bébés de rester seuls constituent des comportements largement observés dans la plupart des familles et partout dans le monde. Ce sont des comportements normaux.

Au contraire, un enfant qui ne s'intéresse absolument pas aux autres, à l'âge de 6 ans, est assez rare. La rareté du comportement est le signal pour s'interroger et aller vers un pédiatre ou une psychologue scolaire.

Toutefois, tu peux désirer être accompagnée alors que ta situation est normale. Dans ce cas une consultante parentale est la bonne personne pour toi[45].

Je connais individuellement toutes les personnes formées à l'École des Formations Positives[46], et je peux donc te recommander leur soutien. Elles ont les connaissances et les compétences pour permettre aux parents de mieux relever les défis éducatifs du quotidien.

[45] Retrouve les coachs parentaux francophones du monde entier sur www.parentalite-positive.com (courant 2020)
[46] www.formations-positives.com

#205 – La demande parfaite

Je me rappelle une maman qui rencontrait de grandes difficultés avec son fils. Les conflits s'enchaînaient tout au long de la journée, pour un rien ou pour peu de choses. La relation était sensible et écorchée. C'était une relation dont il aurait fallu prendre le même soin que l'on donne à une plaie ouverte.

Mais cela, les parents ne le savent généralement pas. Ils souffrent et sont convaincus que la souffrance disparaîtrait si l'enfant donnait un peu plus d'écoute et de coopération… Bref, s'il y mettait du sien.

Pourtant, l'enfant fait le nécessaire, mais l'adulte ne le comprend pas.

Ainsi, après une dispute, il y a une courte période de flottement, de saturation et d'épuisement dans laquelle aucun des adversaires ne s'affrontent plus. **Dans ce moment, l'enfant se tourne souvent vers son parent pour lui exprimer une demande : un câlin, la lecture d'un livre, un dodo sur le canapé. Le parent pense que donner cela à l'enfant serait comme le gratifier**. Il estime que son enfant ne mérite aucune gratification puisqu'il vient de mal se comporter. Le parent refuse donc à l'enfant de lui donner ce qu'il demande.

Pourtant, c'est là que tout se joue.

Instinctivement, **l'enfant fait une demande qui lui permet d'amorcer un rapprochement et qui déclenchera en lui la production d'ocytocine, hormone de la tendresse et du lien, qui diminue le stress.** Si les hormones du stress empêchent l'enfant de réfléchir et de faire maturer son cerveau, l'ocytocine fait exactement le contraire. **Elle calme l'enfant. Elle calme ses circuits cérébraux et permet un foisonnement des connexions cérébrales dans la région préfrontale pour lui permettre d'évoluer peu à peu vers des comportements plus responsables et réfléchis. Dans l'immédiat, elle va aussi être le précurseur de la**

production de sérotonine et de dopamine, rendant le caractère de l'enfant plus agréable.

La demande de connexion de l'enfant est donc LA DEMANDE PARFAITE. Celle qui lui permet de rétablir la relation et de lui apprendre à mieux faire. Il ne s'agit pas d'une récompense mais d'un moyen pour améliorer la situation.

Ma cliente s'inquiétait donc de « gâter » son fils. Je lui ai proposé de l'écouter en se félicitant d'avoir un enfant si compétent.

#206 - Elle argumente

As-tu à la maison un enfant qui argumente et contre argumente tout ce que tu dis ? Oui, c'est fatigant, on est d'accord. Cependant, voici la bonne nouvelle : **À l'adolescence, les enfants qui argumentaient le plus petits, sont ceux qui se sortent le mieux des pressions sociales.**

Ils sont moins influençables et plus affirmés grâce à la relation sécure qu'ils ont tissée avec leurs parents, et à l'espace d'expression et d'échange dont ils ont bénéficié[47].

Afin d'être plus participative dans les moments où ton enfant se lance dans de longs plaidoyers, interroge-le par des questions ouvertes qui poussent sa réflexion.

« Tiens, tu penses cela ! Et que se passerait-il si...? Comment ferais-tu ensuite...? Quand tu seras toi-même parent, que feras-tu quand...? »

---

[47] Article connexe : Annie Da-Costa Lasne, *La singulière réussite scolaire des enfants d'enseignants : des pratiques éducatives parentales spécifiques ?*. Education. Université de Bourgogne, 2012. Français. fftel-00781692f

#207 C'est une éponge

Le cerveau de ton enfant **fonctionne exactement comme une éponge.**

Si tu le plonges dans un environnement, il l'éponge, il se l'approprie. Et c'est ainsi que peu à peu, il s'adapte parfaitement à cet environnement. Du coup, attention à ce que tu lui donnes à éponger ! Éponge-t-il assez de moments plaisants avec toi, de sorties en forêt, de rires partagés ?

Si tu veux le meilleur pour ton enfant, il te faut simplement l'injecter dans sa vie. **Au contraire, surveille les environnements anxiogènes et violents.** Le cerveau de ton enfant les éponge aussi avec toute sa bonne volonté : la volonté d'un cerveau tout neuf qui veut vraiment bien faire, en évitant de sélectionner afin de s'adapter le mieux possible à son environnement.

Du coup, **plus une chose est fréquente dans la vie de ton enfant, et plus ça compte !**

#208 - Dès que j'ai le dos tourné...

« Dès que je m'en vais, il ne fait plus rien ! ».
Oui. J'acquiesce à 100 %. C'est exactement comme ça.

On demande quelque chose à notre enfant, il se montre d'accord, puis on s'en va, et 15 minutes plus tard, il n'a rien fait. Alors, cela nous fâche, parce que nous aimerions lui faire confiance et pouvoir compter sur lui. Ce serait tellement simple !

L'une des raisons pour lesquelles cela arrive, c'est parce que nous associons involontairement AUTONOMIE à SOLITUDE.

Quand notre enfant est petit et commence à progresser, nous sommes là pour l'applaudir dans tous ses efforts et ses succès. Puis, un jour, nous commençons à disparaître. Du coup, **plus personne n'est là pour le féliciter. Il comprend qu'être autonome veut dire être seul et sa motivation s'effondre.**

De plus, ses capacités attentionnelles sont très limitées[48]. Il ne retient pas bien les consignes et se laisse vite distraire. Ainsi, si nous ne sommes pas présentes pour lui rappeler ce qu'il doit faire. Il l'oublie !

Alors, si par exemple tu veux qu'il s'habille, propose-lui de le faire en ta présence. Peut-être, cela veut dire s'habiller dans la cuisine ou dans la salle à manger ? Peu importe. **Tu verras que tu auras plus de succès si tu es présente quand il doit faire preuve d'autonomie.**

---

48 Voir billet #203 : C'est un enfant !

#209 - Elle ne dit pas bonjour aux inconnus

Elle a trois ans et ne dit pas bonjour aux inconnus. Parfois même, elle ne dit pas bonjour aux gens qu'elle connaît. Toi, tu vois bien qu'elle n'est pas tout à fait indifférente à la personne qui la salue. Et, tu as raison. Car en réalité, elle ne dit simplement pas bonjour comme notre société voudrait qu'elle le fasse.

Ton rôle, dans cette histoire, est de toujours inviter ton enfant à saluer : faire un petit coucou de la main, donner un regard, un petit sourire. Bref, je t'encourage à être incitative, mais ni autoritaire ni irréaliste.

Les jeunes enfants ont des besoins - autrement plus importants - à satisfaire que de dire bonjour avec nos codes culturels : besoin de sécurité, de confiance, de compréhension, de patience, de temps... Ces besoins-là doivent être suffisamment satisfaits pour que les enfants osent finalement se jeter dans le grand bain des us et coutumes. Et cela vient avec l'âge. Car, comme par magie, à huit ans révolus, dire « bonjour » n'est plus vraiment un problème.

#210 - Elle n'arrête pas de bouger !

La tienne aussi ? La mienne danse d'un pied sur l'autre chaque fois qu'elle me parle. C'est fascinant.

De nos jours, les parents font une course aux diagnostics. Dès qu'un enfant ne peut rester tranquille, on s'inquiète qu'il soit hyperactif. **Pourtant, on sait que rester assis est une épreuve pour un enfant, il s'agit d'une demande qui va à l'encontre de sa nature. Il apprend mieux en bougeant[49]. Alors pourquoi l'en empêcher ?** Si ton enfant bouge beaucoup, n'hésite pas à lui proposer de rester debout pour faire ses devoirs. C'est vraiment OK !

Une part importante des problèmes que nous rencontrons sont liés à notre désir de contrôler des phénomènes naturels. Et beaucoup de phénomènes naturels participent en réalité au bon développement de nos enfants.

Nous pouvons donc les accepter et nous adapter. Ainsi nous rencontrerons moins de difficultés relationnelles.

---

[49] Noémie Dupuis, *Le mouvement en classe : un outil pour améliorer l'attention et les apprentissages*, Education. 2017. ffdumas-01690804f

#211 - Mon enfant est hypersensible !

Oh oui ! Les enfants sont hyper-émotionnels. Le tien, et les autres aussi ! L'enfant est hyper-émotionnel par nature et ceci est à mettre sur le compte de l'immaturité de son cerveau.

Le cortex préfrontal est une partie très précieuse du cerveau dont les responsabilités sont étendues et incluent notamment la régulation des émotions. Or, il achève son développement vers 25 ans !

Par conséquent, si au fil du temps tu vas vivre des améliorations dans la manière dont ton enfant peut dominer ses émotions, ne rêvons pas... Ça va prendre encore du temps.

Heureusement, puisque tu as peut-être toi-même dépassé cet âge fatidique, tu es équipée pour réguler tes émotions... En théorie, bien sûr ! Car, l'efficacité de ton propre cortex préfrontal dépend de l'environnement dans lequel tu as grandi. Était-il soutenant ou écrasant ?

Beaucoup d'adultes trouvent difficile de réguler leurs émotions, car ils n'ont pas pu développer leur cortex-préfrontal de façon optimale. De nos jours, les « très bons modèles » adultes de régulation des émotions sont assez rares.

Pour toutes ces raisons (peu de modèles et immaturité cérébrale), **nous devrions traiter avec indulgence l'incompétence émotionnelle de nos enfants. Comprendre l'importance des émotions peut nous aider[50].**

---

[50] Retrouve la partie de ce livre consacrée aux émotions à partir du billet #289

#212 - L'âge de raison, mythe ou réalité ?

Je me suis posé cette question jusqu'à ce que ma fille arrive à l'âge fatidique : l'âge de raison. Oui, c'est vrai que du haut de ses sept ans, elle ne ressemblait plus à cette petite fille que j'avais connue. Et les neurosciences m'ont éclairée.[51]

À sept ans, l'enfant régule mieux ses émotions et commence à manipuler la pensée abstraite. Son cerveau a pris un petit coup de maturité, bien utile pour nos relations.

Certaines pratiques te permettent de mieux profiter de cet âge, que l'on présente comme **le début d'une véritable lune de miel relationnelle, et qui prendra fin 5 ans plus tard**, avec l'entrée dans l'adolescence.

Profites-en pour lire avec lui, papoter, échanger, écouter de la musique, partager des activités. Tout ceci est bon pour cultiver votre relation et développer encore la maturité fraichement acquise de ton enfant.

[51] Catherine Gueguen, *Pour une enfance heureuse*, Robert Laffont, 2014

#213 - Mais pourquoi me désobéit-il encore ?

Tu as dit à ton fils de ne pas toucher au placard, il a montré qu'il avait compris, et pourtant... pourtant... il y touche à peine tu as le dos tourné. Est-ce qu'il te désobéit ? C'est ce que l'on pourrait croire. D'ailleurs, c'est ce que croient la plupart des adultes.

En réalité, si ton enfant a moins de huit ans (*et encore*), son cerveau n'est pas capable de se contraindre à NE PAS faire quelque chose.

Dès lors, il te comprend (grâce à la zone de son cerveau dédié à la compréhension du langage), mais s'il n'a pas l'impulsion de s'intéresser à autre chose, c'est le bug ! Il va refaire ce que - pourtant - tu lui avais interdit et qu'il avait compris, **enfermé dans une impuissance totale à se maîtriser.**

Que peux-tu faire ?

- Une fois que tu as posé un interdit, **éloigne ton enfant de la source de désaccord.** Propose-lui gentiment de venir avec toi, ou donne-lui le choix entre deux activités.
- Même s'il est petit, pense toujours à **vérifier qu'il sait pourquoi** tu ne veux pas qu'il fasse quelque chose, car le dialogue et la compréhension sont bons pour lui.
- Rappelle-toi bien qu'il ne sera pas en mesure de mettre en œuvre un interdit, à moins **d'être motivé par des préférences.** Trouve donc quelque chose de vraiment plaisant pour lui.

Interdire, expliquer, éloigner, inciter à faire autre chose, voici un ensemble de pratiques très productives en matière d'éducation. De vrais progrès sont au rendez-vous !

#214 – Ne touche pas le chien quand il mange

Une maman m'expose un jour sa difficulté avec son enfant de 3 ans : « Il veut toujours toucher le chien, quand il mange. »

Bien entendu, cette maman a eu plusieurs bonnes idées. Elle a expliqué à son enfant qu'un chien qui mange peut être dangereux. Elle a montré à son enfant comment caresser un chien. Elle lui a dit de « laisser » le chien plutôt que d'utiliser une formule négative comme « ne le touche pas ».

Mais, elle n'a pas eu de succès. Pourquoi ?

Rappelle-toi. **Le cerveau de son enfant est encore trop immature pour inhiber des comportements. Si l'idée de caresser le chien lui fait envie, l'enfant ne pourra pas résister. Du coup, cette maman doit offrir des choix (si possible des préférences) à son enfant, et surtout ne rien lui demander qui le maintiendrait dans l'inaction.**

On voit donc que « laisse le chien » consiste à dire à l'enfant « ne fais rien », et c'est très compliqué, voire impossible pour lui !

J'ai proposé à cette maman d'inviter son fils à donner à manger à ses peluches (chiens, chat, ours, lapins) en même temps qu'au chien, mais à distance suffisante. Ainsi, le chien se sentirait moins seul et apprécierait son repas en bonne compagnie. L'enfant pourrait expliquer à ses peluches de ne pas déranger le chien en train de manger ! Pourquoi ?

- Parce que sinon il pourrait les mordre !
- Oui, mon chéri !

Nos enfants ont besoin d'un accompagnement à leur niveau et non, à notre niveau. C'est la clé d'une bonne guidance parentale.

#215 - L'épisode des mains sales

Ça s'est passé il y a quelques années. Un couple que je suivais rencontrait une difficulté qu'il aurait pu résumer ainsi :

« Quand nous dînons, nous n'exigeons pas de notre fils qu'il reste à table une fois le repas terminé. Nous comprenons que cela ne l'intéresse pas. Alors, comme nous aimons traîner pour parler, nous préférons le laisser aller jouer. Mais, tous les jours c'est la même chose. Je lui dis d'aller se laver les mains et il se jette sur le canapé puis se frotte les mains dessus. Ça se passe super vite ! Ça m'énerve et il est en train de ruiner mon canapé !! Que puis-je faire ? »

Honnêtement, j'aurais été bien embêtée de vivre une chose pareille. J'ai donc interrogé la maman pour en savoir plus. Et, l'origine du problème était finalement assez simple.

Dans cette situation, l'adulte demandait à l'enfant de se laver les mains après manger, sans se laver les mains lui-même. L'enfant n'avait donc pas de modèle et la demande manquait de cohérence.

Si certains enfants font naturellement ce qu'on leur dit **d'autres sont sensibles à tout ce qui peut ressembler à un rapport de domination.** Ces enfants-là, nous poussent à nous améliorer.

J'ai donc simplement demandé aux parents d'aller se laver les mains après manger avec leur fils, afin qu'il puisse constater que tout le monde se lavait les mains, puis de retourner à table pour mener leurs conversations. Et cet enfant ne s'est plus jeté sur le canapé pour s'y essuyer les mains.

#216 - Fais ce que je te dis !

Je crois que les parents qui imaginent que leur enfant fera un jour tout ce qu'ils lui demandent, se condamnent à être éternellement déçus.

Car, les enfants ne font pas ce que nous leur disons de faire. Ceci doit être une règle inscrite dans leurs gênes !

Les enfants font ce que nous faisons.
POINT.

- Si nous faisons du sport, ils deviennent sportifs.
- Si nous lisons, ils deviennent lecteurs.
- Si nous râlons et nous plaignons. Ils râlent et se plaignent.
- Si nous critiquons, ils se mettent à critiquer.
- Et, si nous leur parlons mal, que nous les menaçons, les brutalisons… Tôt ou tard, ils parleront mal, menacerons et brutaliserons les autres… Ces autres dont bien sûr, nous ferons partie.

Il n'y a donc aucun mystère.
Les enfants tendent à devenir ce que nous sommes.

Ainsi, nos enfants nous indiquent ce que nous devons changer pour qu'ils deviennent tels que nous désirons qu'ils soient et par là même, que nous devenions, la meilleure version de nous-mêmes[52].

[52] Voir à ce sujet la vidéo *Children See, Children Do.* de Napcan Preventive Child Abuse. https://youtu.be/5JrtpCM4yMM

#217 – Il se moque de moi !

Certains malentendus ont la peau dure. C'est le cas du sourire de l'enfant qui se fait gronder. Beaucoup de parents déclarent que leur enfant se moque d'eux, car il sourit. Ils deviennent alors plus sévères et le punissent.

Malheureusement, le sourire des enfants grondés est tout-à-fait involontaire. C'est oublier que le sourire amusé, est récent dans notre histoire. **Pendant des millénaires, nous avons partagé avec nos ancêtres et cousins primates, un rictus exprimant la gêne** ou visant à dépasser ce sentiment de gêne.[53]

Ainsi, il peut nous arriver de sourire quand nous nous sentons stressés, gênés ou embarrassés. C'est une défaillance sociale involontaire et incontrôlable.

Il m'arrive encore de sourire (maladroitement, et honteusement) quand on m'annonce une nouvelle grave. C'est plus fort que moi, je ne peux m'en empêcher, et du coup, je m'en explique autant que possible (*en souriant gênée*).

Je te propose de t'en rappeler si tu as un petit singe qui sourit quand on le gronde. Il témoigne alors de son stress. Inutile d'en rajouter…

---

[53] Voir Wikipédia *Le Sourire* - https://fr.wikipedia.org/wiki/Sourire

#218 – Il me ment !

Avec les travaux de Jean Piaget, l'enfant est devenu un être à part qu'il s'agissait d'explorer et de comprendre. C'est notamment grâce à ses travaux qu'il a été question de **« théorie de l'esprit ». Pour faire simple, il s'agit de la capacité d'un individu à comprendre ses propres schémas mentaux et ceux des autres.**

Toute une série d'expériences visent ainsi à évaluer cette compétence chez le petit enfant. Parmi elles, celle de la dissimulation des émotions où on raconte qu'un enfant a reçu un cadeau d'anniversaire qui ne lui plaît pas. On demande à l'enfant interrogé quelle peut être la mimique de cet enfant face à la personne qui lui a offert le cadeau. Il s'agit donc de déterminer si l'enfant imagine que l'on puisse mentir sur ses émotions ou non. Or, ce n'est pas avant 4 ou 5 ans que l'enfant interrogé propose une émotion de façade.

Cette expérience et les autres portant sur la théorie de l'esprit, montrent de manière universelle qu'un enfant de moins de 4 ans (voire 5 ou 6 ans selon les enfants) est incapable de mentir. Car pour mentir, il faut se faire une idée de ce que l'autre pense et entrer dans une forme de manipulation.

Cependant, les enfants ne disent pas pour autant la vérité. Par exemple si ton petit a dessiné sur le mur et que tu lui demandes « Est-ce toi qui a dessiné sur le mur ? », il y a de fortes chances pour qu'il te réponde « non ». Simplement, parce que ce qui est réel pour lui à ce moment-là, c'est qu'il sait qu'il ne faut pas dessiner sur les murs et qu'il ne désire pas être cette personne qui dessine sur les murs.

Son intention n'est pas manipulatoire comme le serait un mensonge. En fait, c'est juste que ton enfant est ancré dans le présent et verbalise ce qu'il voudrait que les choses soient plutôt que ce qui a été fait ou non.

#219 – L'ancien modèle éducatif et le victim blaming

- Maman ! C'est quoi le *victim blaming* ?
- C'est quand on blâme une victime. En psychologie, on appelle cela la double victimisation.
- ... Mais c'est quoi ?
- Eh bien, c'est quand une personne souffre à cause des agissements d'une autre personne, et qu'on lui dit qu'elle « l'a bien cherché »...
- Ah... !
- Oui. Par exemple, une femme porte une jupe et se fait embêtée par un homme. Et on va dire que l'homme avait des raisons de l'embêter puisqu'elle portait une jupe.
- Ahhhh... !
- Ou qu'un enfant est embêté à l'école par un groupe d'autres enfants, et que l'on dit que c'est parce qu'il ne fait aucun effort et n'est pas assez cool ou sociable.
- Ahhhhh... ! ...Mais c'est pas juste ça maman ?
- Non, ce n'est pas juste. Et ça s'appelle le Victim Blaming... Nous ne devons pas tomber dans ce genre de pièges.
- Mais, quand un parent arrache un objet des mains d'un enfant...
- Oui...
- Et qu'il lui tape sur la main....
- Oui...
- Et qu'il lui dit, « voilà, je te prends ton jouet puisque tu ne fais pas ce que je te dis... Tu l'as bien cherché ! ». C'est aussi du *victim blaming*, alors !?
- ...

Un enfant n'est pas coupable de ses défaillances comportementales. Il en est victime. Si nous agressons l'enfant parce que nous avons des demandes irréalistes (concernant ses capacités, ses compétences, sa maturité), nous sommes dans le *victim blaming*.

#220 - On va tous mourir

Jusqu'à l'âge de six ans au moins, mon fils finissait invariablement ses journées par une Enorme Déprime, c'était notre *Happy Hour*. Son épuisement était tel, qu'il se mettait à pleurer, pleurer, pleurer. Et tout était sujet à tristesse.

Je me rappellerai toujours ce jour où je l'avais accompagné dans ses pleurs. Je croyais que nous avions évacué toutes les causes de tourments qu'il m'avait présentées les unes après les autres. Mais, alors que nous venions de sécher le dernier torrent de larmes, il eut un dernier sursaut de lucidité, et en éclatant en sanglots me dit « Et en plus, on va tous mourir ! ». Quelques minutes plus tard, il était profondément endormi dans mes bras. Cette histoire est l'une de ses légendes. Et je souhaite m'en servir pour t'aider à mieux comprendre.

Beaucoup d'enfants finissent leur journée en pleurs, quelques autres la finissent dans la fureur. Ce n'est jamais contre toi, et cela ne veut pas dire qu'ils ne t'aiment pas ou ne te respectent pas. C'est seulement de l'épuisement et il n'y a rien à faire si ce n'est laisser passer ce mauvais moment sans jugement, mais avec patience et bienveillance[54].

Quand tu vivras à nouveau une telle tempête - car cela viendra tôt ou tard - rappelle-toi bien ceci : **C'est normal et ce n'est pas contre toi !**

[54] Voir billet #146 – Le Happy Hour

#221 - Reviens quand tu seras calmée !

Parfois, les parents ne savent plus comment gérer les désobéissances et bêtises de leurs enfants. Ils ne veulent pas lever la main sur eux, ni devenir menaçants, mais ils se sentent à bout. Ils décident alors d'isoler leur enfant. Cela t'est peut-être arrivé, et je peux te dire que je l'ai fait autrefois, quand je ne savais pas tout ce que je sais aujourd'hui.

Depuis, j'ai appris que l'isolement est mauvais pour l'enfant, parce qu'il le rend anxieux et génère des sentiments d'humiliation et d'impuissance devant cet adulte tout puissant que nous incarnons.

Ainsi, plutôt que de réfléchir et d'apprendre (*comme on le voudrait*), l'enfant souffre. Ses fonctions exécutives supérieures sont momentanément stoppées par le stress. **Et, si cette approche éducative devient une habitude, cela compromettra le développement des connexions neuronales du cortex préfrontal, centre de raisonnement et de régulation des émotions.**

Finalement, c'est un peu comme se prendre les pieds dans le tapis relationnel. **En isolant notre enfant (ou en le punissant), nous le rendons concrètement incapable de produire de bons comportements** (et si bons comportements il y a, ils ne dureront que tant que nous lui ferons peur et le maintiendrons sous notre contrôle).

Il ne te reste donc qu'une seule chose à faire : maintenir - autant que possible - ta présence auprès de lui, même quand tu es contrariée. C'est bon pour toi, pour lui et pour la coopération !

#222 – Mon intention…

Il nous arrive parfois de vouloir bien faire et que tout se passe mal. Cela m'est arrivé récemment.

Mon fils était prêt à partir avec ses sandales. En pensant à l'endroit où nous allions, je lui ai suggéré de mettre ses baskets pour qu'il puisse courir. Il n'était pas vraiment de mon avis, mais a mis ses baskets malgré tout.

Puis lors de notre promenade, nous voici à traverser de petites rivières. Il était embêté avec ses baskets, et dut les retirer. De l'avis de tous, ses sandales auraient été bien plus adaptées. Ça l'a énervé. Alors, il s'en est pris à moi, s'est assis par terre et a tempêté :

- C'est ta faute ! Je t'avais dit que je voulais mettre me sandales. Maintenant c'est moi le plus lent parce que je dois marcher sur les pierres dans l'eau et que ça me fait mal aux pieds. J'en ai marre !
- C'est vrai. Tu as raison et je m'en rends compte. Je pensais que nous allions seulement nous poser quelque part. **Mon intention c'était vraiment de penser à toi et de faire le nécessaire pour que tu te sentes bien, que tu puisses courir, jouer au ballon, grimper aux arbres**…. Mais j'ai mal évalué la situation, et j'en suis désolée.

Nous faisons tous des erreurs. Et parfois nos erreurs, viennent de très bonnes intentions ! Quand cela arrive, **il est utile à ton enfant d'entendre quelles étaient tes intentions au moment de faire ce mauvais choix. Même si cela ne change rien à la situation, le fait que ton intention ait été bonne à son égard saura lui faire du bien.**

#223 – Bébé par nature

La nature a fort bien fait les choses mais il nous est difficile de l'apprécier. C'est notamment le cas du sommeil du bébé. **Depuis des millénaires, les meilleurs comportements humains ont été naturellement sélectionnés parce qu'ils donnaient les meilleures chances de survie. C'est ainsi que les comportements qui se sont transmis, ont survécu et sont optimaux, sont ceux que l'on observe dans le style de l'attachement sécure de l'enfant : Cris, pleurs et appels, agrippement, poursuite, succion non nutritionnelle.**

Par tous ces comportements, l'enfant témoigne qu'il refuse de rester seul et qu'il a besoin de nous afin de sentir en sécurité et en lien, et bien entendu d'être nourri. Plus le parent va répondre aux demandes de l'enfant, mieux l'enfant se développe. C'est pourquoi les plus grands experts nous disent que l'attachement sécure est le meilleur prédicteur d'un développement sain et heureux de l'enfant dans le futur.

Malheureusement, cela passe par des réveils nocturnes, par le refus de l'enfant de rester seul, par de nombreux pleurs qui se calmeront vers l'âge de 4 ans.

Pour nous tous parents, cette période de la petite enfance est difficile à vivre. Elle nous demande de révolutionner notre manière de vivre et de puiser dans des ressources que nous n'avons pas. Mais, il y a au moins cette information rassurante à garder en tete : rester présente, répondre à cet enfant, est la bonne attitude et le plus cadeau que nous puissions lui faire.

#224 – A qui la faute ?

Les bébés occidentaux pleurent beaucoup. Les bébés africains ne pleurent pas. Quand un bébé occidental pleure, on se dit que c'est normal, puisque que c'est un bébé. Quand un bébé africain pleure, on s'inquiète, car un bébé qui se porte bien ne pleure pas.

Les bébés occidentaux posent des soucis à leurs parents. Ils les réveillent pendant la nuit, alors les parents occidentaux ne dorment pas bien et cela affecte leur performance au travail, leur régulation du stress, et leur joie de vivre. Ainsi, en occident, l'arrivée du bébé est largement associée à une diminution de la qualité de vie.[55]

Les bébés africains ne posent pas beaucoup de soucis à leurs parents. Ils réveillent leurs parents la nuit. Les parents africains savent que les bébés sont comme ça. Ils y ont été longuement préparés. Ils savent que les premiers mois sont le prolongement de la grossesse et que leur bébé a besoin d'eux 24h/24.

Les parents occidentaux sont d'aussi bons parents que les parents africains. Mais les parents occidentaux ne sont pas autorisés à prendre soin de leur enfant. On leur demande d'être productifs, on leur donne des obligations et peu de liberté, on les juge quand ils prennent le temps de s'occuper de leur enfant. Les parents occidentaux en viennent à se fâcher contre leur enfant car il ne dort pas. Mais à qui la faute si ces parents-là sont fatigués ?

La faute d'un système qui n'a que faire de la nature de l'homme. Mais pas la faute de l'enfant ou celle de ses parents. Notre société empêche les parents de s'occuper de leurs enfants, pour des raisons économiques. Ne l'oublions pas et protégeons nos enfants de nos colères.

---

55 Christine Castelain Meunier, *Le ménage, la fée, la sorcière et l'homme nouveau*, Stock, coll. « Essais - Documents », 2013

#225 – Coucher l'enfant qui refuse

De nombreuses mamans vivent colère et frustration à l'heure du coucher (ou de la sieste). Déterminées à coucher leur enfant à 20 ou 21 heures. Elles s'allongent inconfortablement avec lui dans le noir, jusqu'à ce qu'il s'endorme. Et parfois cela dure des heures. Je reconnais que c'est exactement ce que j'ai fait avec ma fille. Cela pouvait prendre plus d'une heure et demie et je ressortais de sa chambre dépitée. J'avais loupé toute la soirée, j'étais crevée et énervée. Mais quand dormirait-elle enfin ?

Pour ma part, je commettais cette erreur parce que j'essayais de trouver un chemin entre différentes informations, attentes et pressions telles que :

- Il est normal qu'un enfant se couche à 20h00. Et 21h00 ça fait tard ! (*Idée que je me suis faite en observant les autres*).
- Je veux qu'elle sache dormir (*on m'a prévenu que je ne devais pas tomber dans certains pièges*).
- Je veux avoir ma soirée (*attente irréaliste, c'est la nuit que les enfants ont le plus besoin de nous*).
- Chéri veut que notre vie de couple reprenne et s'agace si je ne me rends pas disponible (*je me sens tiraillée entre les demandes divergentes*).
- Je veux être une mère qui a un enfant qui dort (*dans la société, c'est très reconnu*)
- On m'a tellement nourrie de scénarios catastrophes sur le sommeil que je fais tout pour ne pas faire partie de celles à qui ça arrive (*ce qui a produit l'effet inverse. J'étais en plein dedans*).

Bref, je me suis rendu la vie très compliquée !

Aujourd'hui mes recommandations aux mamans en difficultés sont les suivantes :

1. **Laissez votre enfant montrer des signes de sommeil**. N'allez pas le coucher avant qu'il n'ait l'air vraiment fatigué.
2. **Ne restez jamais plus de 15 à 20 minutes dans la chambre avec enfant pour l'endormir**. De toute façon votre stress se ressent et l'empêche de trouver le sommeil. Ressortez de la chambre avec lui si cela dure et retournez-y plus tard.
3. **Observez à quelle heure votre enfant s'endort inévitablement**. Puis regardez à quelle heure votre enfant s'est réveillé de sa dernière sieste. Il est possible que sa dernière fenêtre d'éveil ne soit pas assez longue, et qu'il faille décaler la sieste.
4. **Profitez de moments calmes avec votre enfant, avec une lumière plutôt tamisée**. C'est de cette manière que vous pourrez mieux profiter de cette soirée et que votre enfant pourra s'assoupir.
5. **Félicitez-vous d'avoir un bébé en bonne santé** avec lequel un attachement sécure se met en place.
6. **Envisagez d'avoir votre vie de couple en journée.** Faites garder votre enfant un samedi après-midi par exemple. Ce sera plus simple et vous-même aurez plus d'énergie.

#226 – Entrer dans le sommeil

« Je pourrais être une mère patiente, pleine d'énergie et d'idées. Emmenant ses enfants en balade, et jouant avec eux. Je pourrais vraiment être la meilleure des mamans si seulement je pouvais dormir ! »

Nous abritons en nous les meilleures ressources pour éduquer nos enfants. Mais, nos enfants dorment selon des rythmes différents du nôtre. Et nous sommes rarement autorisées à accommoder notre vie à leurs besoins si différents. Nous devenons alors des maman-dragons, qui crient, s'énervent et menacent. Exactement le contraire de ce que nous voudrions être.

Il n'y a pas de recette pour faire dormir un enfant selon le rythme d'un adulte, parce qu'un enfant n'est pas un adulte, et qu'il ne doit pas mener la vie d'un adulte. Seul le temps solutionnera ce problème.

Cependant, il est souvent possible de maximiser nos chances que cela se passe bien ou mieux. Voici quelques règles à avoir en tête :

- **Pas de dispute dans les trois heures avant le coucher de l'enfant.** Cela veut dire, ne pas se disputer avec lui, ne pas lui crier dessus, et ne pas se disputer avec d'autres personnes de la famille. Si l'enfant a vécu une dispute, il y a plus de chances qu'il se réveille pendant la nuit et qu'il se sente en état d'insécurité. Le rendormissement sera plus difficile.
- **Pas d'écran.** L'enfant a besoin d'être en relation avec ses parents avant d'aller se coucher. L'écran « fait écran » à la relation. Il se met entre le parent et l'enfant. Du coup, l'enfant a plus de chances de se réveiller la nuit pour créer la relation manquée avec ses parents. De plus, la lumière bleue des écrans empêche la production de mélatonine, hormone du sommeil.
- **Lumière tamisée.** Le sommeil venant en partie de la production de mélatonine, une lumière forte est un poison pour le sommeil. Ferme les volets, crée une forme de silence visuel tout en invitant ton enfant

à plus de proximité physique, pour qu'il puisse se détendre. Note que les lumières rouges ne perturbent pas le sommeil.

- **Le rituel affectif commence au moins 60 minutes avant le coucher.** Il arrive que des parents y consacrent à peine 15 minutes. C'est trop peu pour un enfant de moins de 7 ans. Le moment avant de se coucher doit être consacré à des activités douces et calmes. La lecture est une activité idéale (même avec de très petits enfants)[56]. Il est aussi possible de commencer par un puzzle ou un coloriage ensemble mais les jeux compétitifs (un gagnant et un perdant) sont à éviter.
- **Se laver et se brosser les dents ne fait pas partie du rituel**. Ces actions peuvent être menées avant de commencer le rituel, ce qui simplifie souvent les choses.
- **Trouver un compromis satisfaisant.** Il n'y a rien de mal à faire du cododo et il n'y a rien de mal à ne pas en faire. L'écoute des besoins de chacun est importante. Dans beaucoup de famille, l'enfant s'endort dans son lit et termine la nuit dans la chambre de ses parents (dans leur lit ou sur un matelas par terre). Dans d'autres familles, c'est l'inverse. Ces deux approches (***et bien d'autres***) sont bonnes et évolueront avec le temps selon les besoins de chacun.
- **Ne rien prendre pour acquis**. Le sommeil de l'enfant évolue beaucoup pendant les premières années. Quand on écoute les parents, tout sert à justifier que l'enfant ait changé sa manière de dormir : « on est parti en vacances, il a fait une dent, il a été malade, il a eu un RGO[57] très fort, il a commencé à marcher, ... Et avant, il faisait ses nuits ». En réalité, tout cela n'a aucune importance. Le sommeil n'est ni stable ni figé pendant l'enfance. Il se modifie tout au long de la vie d'un individu et encore plus chez l'enfant en bas âge.

J'espère que ces quelques règles t'aideront à survivre à cette phase difficile de la petite enfance et des réveils nocturnes, si tu es concernée.

---

[56] Voir billet #198 – Activité Sympa : On lit ensemble tous les soirs

[57] RGO: Reflux Gastro-Oesophagien

#227 - L'heure c'est l'heure !

Les adultes sous-estiment l'importance de respecter le rythme de sommeil des enfants.

En effet, même si cela part d'une bonne intention - celle d'offrir un peu de liberté dans une vie habituellement minutée - **les changements de rythme épuisent les enfants et les rendent invivables**.

Tu l'as peut-être déjà remarqué ? Si tes enfants ont moins de 8 ans, les lendemains de veillées tardives te les laissent nerveux, peu enclins à s'occuper d'eux-mêmes ou à coopérer. Les crises émotionnelles se succèdent alors, gâchent le weekend et vous finissez tous totalement vidés.

Pourtant, ceci est évitable. **Résiste simplement à l'envie de les coucher plus tard. Ne modifie pas les horaires de coucher de plus de 15 ou 20 minutes pendant les week-ends**. Si vous êtes invités chez des amis, prévois pyjama, brosse à dents, couverture et doudou pour que ton enfant puisse se coucher quelque part.

L'heure c'est l'heure, et je t'assure, c'est vraiment mieux pour tout le monde !

#228 - Il ne fait pas ses nuits

Quelle expression incroyable !

Le seul fait qu'elle existe nous donne le sentiment que « faire ses nuits » est le comportement normal. Il est donc important de briser la légende.

D'abord ce que l'on appelle **« faire ses nuits » signifie dormir environ 6 heures d'affilée 4 jours par semaine à l'âge de 6 mois. Et autre information, cela ne concerne que la moitié environ des enfants.**

Donc un enfant qui dort de 21h à 3h00 du matin, fait ses nuits.

Même si, cela ne fait toujours pas les nôtres !

#229 - Il ne dort toujours pas

Le sommeil des enfants pose problème à la majorité des jeunes parents. Les nuits interrompues sont épuisantes et mettent notre bonne volonté et notre patience à plat.

Malheureusement la vérité sur le sommeil des enfants est largement méconnue alors que les faits scientifiques sont disponibles. Partant de cette méconnaissance, chacun y va de sa croyance, qu'il transforme en certitude puis masque en vérité avant de la refiler à son voisin. Dans mon métier, on constate combien ceci est dommageable à la relation parent-enfant.

Je te propose la lecture de l'article que j'ai consacré à ce sujet: « Mais quand va-t-il enfin dormir[58] » que tu peux compléter par le livre « Dormir sans larmes[59] ».

Je dois te prévenir qu'il n'y a pas de solutions bienveillantes pour faire dormir les enfants à la manière des adultes. Le sommeil des enfants **est naturellement calibré pour répondre à leurs besoins physiologiques et psychiques, et permettre leur développement optimal.** Aller à l'encontre de ces besoins est forcément préjudiciable.

Pour passer cette période difficile où tu risques d'être carencée en sommeil, ne sois pas avare de repos. Ne négocie pas avec ton désir de dormir mais tente d'y répondre dans les moments opportuns par exemple, grâce à des siestes en journée.

---

[58] Charlotte UVIRA, *Mais quand va-t-il enfin dormir ?* https://www.formations-positives.com/post/2018-07-23-mais-quand-va-t-il-enfin-dormir, 2018

[59] Dr Rosa JOVE, *Dormir sans Larmes*, Les Arènes, 2006

#230 – Les associations au sommeil

Pas facile de faire dormir un enfant. De nombreux parents aimants se retrouvent piégés dans une association au sommeil qui ne les satisfait pas. De quoi s'agit-il ?

Les « associations au sommeil » sont les éléments que ton enfant associe au fait de se coucher et envers lesquels il crée même une dépendance. Par exemple, certains enfants ont besoin d'être sur le ventre de leur mère, ou de téter, ou d'être porté, ou d'avoir un biberon.

Parfois ces associations se sont mises en place parce qu'elles répondaient à un vrai besoin de l'enfant. Un besoin affectif par exemple, ou un besoin de soin : en effet, les enfants présentant un problème de reflux prennent l'habitude de s'endormir porté droit, car ceci les soulage. Puis l'habitude est prise et il devient impossible de s'en débarrasser.

Les associations au sommeil sont positives, car elles sont sécurisantes pour l'enfant. Mais dans le temps, elles peuvent devenir trop contraignantes pour le parent. Selon l'âge de ton enfant, observe quelles sont ses associations au sommeil. Si tu veux changer une association au sommeil, c'est évidemment possible, mais tu ne devras en changer qu'une à la fois, et tu devras compenser par quelque chose de positif, comme ta présence, par exemple.

#231 – Trouver du confort

Ce qui est fondamental quand une situation est compliquée pour toi, qu'elle génère du stress et que tu n'as pas de contrôle dessus (ce qui est bien le cas du sommeil de l'enfant), c'est de te donner du confort.

Tu dois donc envisager quelles sont les possibilités pour te sentir mieux même dans un moment pénible, que ce soit un réveil nocturne, les cris de ton enfant, ou tout autre désagrément. Par exemple en ce qui concerne le sommeil :

- As-tu suffisamment de confort quand tu dois le rejoindre pendant la nuit ?
- As-tu assez chaud ? Ou trop chaud ?
- As-tu assez d'espace ?
- As-tu de l'eau ?
- As-tu une petite lumière qui te permette d'y voir suffisamment clair, au cas où ?
- Serais-tu tentée d'écouter une musique calme (il faudrait que tu aies ta playlist et tes écouteurs déjà disponibles) ?
- Est-ce que tu te tords le bras pour passer la main entre les barreaux (et du coup comment faire cesser une telle torture) ?
- As-tu peur que ton enfant tombe quand tu le prends et comment faire en sorte que cela n'arrive pas ?

Tout ce qui peut te permettre de vivre mieux le fait d'être réveillée et auprès de lui la nuit, est une bonne idée.

En ce sens, j'ai proposé un jour à une maman dont la fille peinait à s'endormir, de la prendre avec elle dans son lit, de lui lire une histoire le soir, puis de la laisser s'endormir à ses côtés en lisant son propre livre. Cette solution lui convenait et elle a bien fonctionné.

C'est une idée qui satisfaisait bien cette maman mais qui pourrait ne pas te convenir. Ce qui compte, c'est que tu t'autorises à être créative et à vraiment chercher ce qui peut te rendre cette période de « sommeil interrompu », plus confortable.

#232 – Crises induites par le sucre

Je venais de prendre place dans un TGV pour me rendre à une formation à Paris. En face de moi, une mère et son fils s'installaient à une table. Le petit avait 3 ou 4 ans et semblait excité à l'idée de voyager dans un TGV.

Le train avait démarré, l'enfant était assis et il aurait été bienvenu de parler avec lui ou de lui proposer une activité. Mais, la maman devant son excitation, décida de lui offrir des friandises. Elle sortit chips, bonbons et chocolats (à la fois !), les étala sur la table et insista pour qu'il en mange. J'ai prédit intérieurement que nous allions assister à une crise phénoménale dans l'heure suivante, et c'est exactement ce qui se produisit. L'enfant, chargé à blanc, devint totalement incontrôlable. Nous vivions ce que j'appelle « une crise induite par le sucre ».

Nous n'en sommes qu'au début de nos découvertes sur le sujet. Il y a 50 ans, on ne pensait pas que le sucre était mauvais, mais surtout, on n'aurait jamais imaginé qu'un jour, on en mangerait autant. Depuis 1850, nous sommes passés de 5 à 35 kg par personne. Et tandis que certains ont les capacités de bien réguler la glycémie et ses effets, d'autres se retrouvent en difficulté physiologique et psychologique.

Mon avis sur la question est assez simple. Je recommande aux parents qui vivent beaucoup de crises et/ou qui ont un enfant très agité, ayant des difficultés à se concentrer, à se tranquilliser ou à se coucher, de couper le carburant, en réduisant drastiquement les quantités de sucre fournies.

En questionnant les parents, je me suis aperçue que le goûter de 4 heures était une razzia de sucre (fruits, pain blanc, confiture, pâte à tartiner, biscuits, gâteaux, compotes, jus de fruits), et que le repas du soir incluait encore d'autres sucres comme le pain, les pâtes, les pommes de terre, les légumineuses, les yaourts sucrés : encore du sucre.

Or, de nombreuses crises ont lieu le soir, dans des familles où les enfants sont trop excités et turbulents et les parents épuisés de leur journée. Il y a donc des raisons de se questionner et de devenir plus vigilants.

Nous ne sommes qu'une subtile mécanique dont les comportements sont régis par des substances, produisant des effets, et dont les comportements sont la partie visible. Aux commandes notre cerveau fait ce qu'il peut avec ce que nous lui donnons.

Veillons à ne pas le mettre en difficulté !

#233 – Les repas t'épuisent ?

Les repas en famille génèrent souvent du stress.

Quand on pense qu'on nous recommande de manger dans le calme ! Cela me semble très compliqué avec de jeunes enfants.

Alors, comment pourrions-nous rendre les choses plus simples ? Peut-être en lâchant du lest sur notre désir d'être un parent parfait !

Nous faisons tous des efforts pour que nos enfants mangent équilibré, mais si parfois nous leur donnions juste un bol de muesli et un peu de lait pour le dîner, cela ferait mieux l'affaire qu'un plat de pâtes !

Nous pouvons aussi décider de les faire manger avant nous pour nous offrir un repas dans le calme.

Lâcher du lest et nous adapter est un vrai exercice pour nous, adultes, mais cela nous fait du bien. Sans tomber dans le chaos, autorisons-nous à laisser un vent de flexibilité souffler dans nos vies et voyons tout ce que cela a de profitable.

#234 – Nous sommes fermés !

C'est classique, ton enfant n'a pas voulu dîner mais juste avant de se coucher, il meurt de faim !

Que faire ? Refuser de le nourrir est impossible et cela risque de compromettre ta nuit. De plus, cela consisterait à négliger ses besoins.

Mais, disons-le, tu n'es pas un restaurant ! Impossible de proposer des horaires et des repas à la carte pour chacun. Tu ne vas donc pas te remettre aux fourneaux, pour le nourrir. **La cuisine est fermée !**

Je te suggère ceci :

- Donne-lui un verre de lait ou d'eau avec un morceau de pain (ou quelque chose de similaire), histoire de le caler.
- Ne te mets pas à table avec lui, pour éviter d'en faire un moment social.
- Pas de dispute, ni de ruminations non plus, cela ne servira à rien.

Tu verras qu'en procédant ainsi (en le laissant manger rapidement et seul son petit morceau de pain avec un verre de lait), ce sera suffisant pour le motiver à l'avenir à prendre son repas au bon moment, avec toute la famille.

#235 – No Stress pour les repas !

L'alimentation est la source d'inquiétude numéro 2 des parents (*après le sommeil*). Beaucoup de parents pensent que leur enfant ne mange pas assez.

Pourtant, si ton enfant bouge, rit, saute, qu'il a de la présence et de la vitalité, c'est qu'il mange assez !

La taille de son estomac varie en fonction de son âge, et généralement il est plus petit que ce qu'on imagine. **L'estomac d'un enfant de 2 ans par exemple, n'est pas plus gros que ton poing.** Il se remplit donc plus vite, ne peut engloutir les même quantités (ni même la moitié de ces quantités) et a besoin de multiples collations (saines).

Jusqu'à 3 ans, j'ai appliqué « la portion balle de tennis ». Le diamètre d'une balle de tennis correspondait à la portion alimentaire que je mettais dans l'assiette de mes enfants. Ils avaient ainsi le plaisir de terminer leur assiette ! Et rappelle-toi qu'il **est mieux de resservir un enfant que de le forcer à manger.**

Certains parents disent que leur enfant n'a plus faim pour son plat principal mais qu'il veut dessert. Eh bien, oui, c'est ainsi. Il a été démontré que le cerveau se lasse d'un aliment au bout de quelques minutes et réclame du changement. Ton enfant et toi en avez donc marre de ce que vous avez dans votre assiette mais avez faim pour un dessert. Inutile de lui sortir le sempiternel « Je croyais que tu n'avais plus faim ? ».

Voilà de quoi te détendre peut-être pour mieux vivre les repas !

#236 – Plaidoyer pour des repas heureux

Si les repas sont des moments de tension dans ta famille, tu seras sûrement preneuse de petites idées pour mieux les vivre. Je te livre ici quelques trucs faciles, à piocher, prendre, rejeter ou adapter !

1. Fais en sorte que les plats de tes enfants soient assez colorés. C'est plus plaisant !
2. Mets la quantité adaptée pour qu'ils aient le plaisir de finir leur assiette et se resservir éventuellement.
3. Si ton enfant triture toujours un truc, autorise un « petit jouet de table ». Par exemple « le Playmobil® de table », seul jouet autorisé.
4. Prépare sur de petits papiers, des questions pour toute la famille. Tu peux aussi acheter de tels jeux dans le commerce. Ils permettent de réguler la conversation et de la rendre plaisante pour tous.
5. Évite de lancer des conversations d'adultes dont les enfants sont exclus. Ça ne marche jamais.
6. Utilise un petit bol tibétain à faire tinter pour appeler au calme ou au silence, quand l'agitation devient trop grande.
7. Les jours où tu es trop crevée, déjà nerveuse, fais manger tes enfants avant toi. Cela se passera mieux.
8. N'oublie jamais qu'un bol de muesli sans sucre avec du lait, c'est pratique et préférable à un plat de pâtes !

J'espère que ces astuces te seront utiles et pourront s'ajouter aux tiennes !

#237 – Un repas dans le calme

Un repas dans le calme... On en rêve ! Surtout quand on sait combien manger calmement est important pour notre santé. Malheureusement, il faut bien reconnaître que c'est chose rare quand on est parent.

Je vais partager avec toi ce que j'ai mis en œuvre pour que mes repas soient enfin détendus. Tu vas être surprise et tu ne vas pas y croire. Chaque fois que j'en parle, la réaction de mon interlocuteur est la même « Ce serait impossible chez moi ». Sauf que, j'ai vu des centaines de familles y arriver. Alors ? Est-ce impossible, ou est-ce que ce sont les adultes qui refusent d'y croire ?

Pendant deux ans environ, j'ai demandé à ma famille de pratiquer en début des repas de midi et du soir, les **3 minutes de Noble Silence**. Le terme « Noble Silence » vient du Village des Pruniers[60] qui accueille chaque été les familles, dans un contexte laïque, pour pratiquer la pleine conscience.

J'y suis allée avec ma fille alors qu'elle était petite, et j'étais convaincue qu'elle ne pourrait jamais se taire pendant les repas. Je me suis trompée. D'ailleurs, tous les enfants en étaient parfaitement capables et l'ont prouvé pendant mon séjour. Quand je suis rentrée, j'ai décidé d'importer cette pratique dans ma famille à raison de 3 minutes seulement en début de repas. Mon fils avait alors 3 ans et cela n'a pas posé de souci.

Comment faisons-nous ?

1. D'abord, nous expliquons la règle aux enfants. Nous précisons que nous pouvons communiquer par des gestes doux, se faire

---

[60] La communauté du village des pruniers a été créée par Thich Nhat Hanh et dispose de plusieurs sites de retraite en France et dans le monde. Voir : https://plumvillage.org/fr/

des bisous de loin, des coucous, et que c'est seulement le fait de parler qui est interdit

2. Au début du repas, nous prenons un bol tibétain ou de petites cymbales et les faisons sonner 3 fois pour indiquer que ceci est le début du repas et des 3 minutes de silence.
3. Nous maintenons le silence et si une personne se met à parler, nous lui indiquons par les gestes que nous ne pouvons pas répondre car nous sommes dans le silence.
4. Il peut être utile d'indiquer aux enfants, avec les doigts, combien de minutes il reste.
5. Si un enfant parle et refuse de s'arrêter, un adulte l'éloigne de la table et reste avec lui pour qu'il ne dérange pas le silence des autres.
6. Nous faisons sonner trois fois notre bol quand le noble silence est terminé.

Les effets

Les enfants adorent et sont fiers de pratiquer le noble silence. Il est amusant de voir qu'ils désirent le pratiquer quand nous avons des invités.

Le Noble Silence permet de partager un repas dans le calme. Chacun prend mieux conscience de ce qu'il est en train de manger. Et si le repas devient trop agité, on refait sonner le bol pour obtenir à nouveau un peu de silence.

Pourquoi nous ne le faisons plus ?

Notre vie a changé et les enfants ont grandi. Chez nous, les règles du calme pendant les repas ont été bien intégrées. Mais quand ce n'est pas le cas, j'ai encore recours au Noble Silence !

#238 – Pour un repas multisensoriel

Je reprends le thème exploré lors du billet précédent pour ajouter un peu de pleine conscience à ces moments importants de la vie de famille. Les repas sont souvent un moment de haute tension se finissant avec des parents excédés et des enfants désespérés.

Quand nous avons instauré le Noble Silence dans notre famille, nous avons gardé certains principes comme :

- **la fameuse portion « balle de tennis »** dont je t'ai parlé lors du billet #235.
- **des repas cuisinés pour tous**. Les enfants n'ont jamais eu de repas différent du nôtre.

Mais, partager un repas en pratiquant le Noble Silence est une opportunité de l'apprécier pleinement.

- **Le manger du regard** d'abord et en apprécier les couleurs et les textures.
- **Le manger par les odeurs**, yeux fermés, pour découvrir ses saveurs et ses parfums.
- **Le manger par le goût.** Il faudra choisir par quel aliment commencer. Puis, observer que certains goûts durent tandis que d'autres sont éphémères et que nous avons des préférences entre ce qui est sucré, amère, acide, etc.
- **Le manger par le toucher** : Dans la bouche, les aliments craquent, fondent, glissent, accrochent, collent, s'échappent, brûlent ou sont froids.
- Parfois, nous essayons de rallonger notre mastication. L'un de nous mâche 20 fois. Peut-être vais-je réussir à mastiquer 35 fois ?

Ainsi, pendant le repas, notre attention se porte sur le repas lui-même. C'est cela la pleine conscience. Chez nous, nous appelons cela « **manger en mangeant** ». **C'est-à-dire, manger sans rien faire d'autre que manger et en pensant que l'on mange.**

#239 - Stop aux écrans !

En quelques années, les nouveaux médias ont envahi nos vies. Et j'ai connu des mamans coincées elles-mêmes par les écrans. Elles n'avaient plus le temps de se prendre en charge ou de s'occuper des enfants, elles expérimentaient un moral en baisse, un genre de lassitude persistante à cause de leur propre temps d'écran. Ce que je décris-là, ce sont des effets confirmés par des études scientifiques[61].

Te laisses-tu capter par les écrans ? Te mets-tu à scroller en perdant la notion du temps ? Dans ce cas, il est important que tu te reprennes. **De la même manière que certains enfants sont en dépendance face aux écrans, beaucoup d'adultes sont piégés, mais on en parle moins.**

Contrôlons notre relation aux écrans. Vérifions que les écrans ne sont pas trop entrés dans nos vies, et qu'ils ne déstabilisent pas notre équilibre familial. Si tu en as le désir (et le courage), tu peux décider d'une journée par semaine dans laquelle tu ne consommeras aucun écran.

Cela vaut la peine !

---

[61] Hunt Allcott, Luca Braghieri, Sarah Eichmeyer, and Matthew Gentzkow, *The Welfare Effects of Social Media*, Stanford University, 2019

#240 – Éteins tout !

Tes enfants regardent-ils des dessins animés, des comptines ? Quels sont les effets sur leur comportement ?

Beaucoup de mamans disent qu'elles ne peuvent pas s'en passer car si leur enfant n'est pas devant un écran, elles ne peuvent rien faire : ni le ménage, ni la cuisine.

Pourtant la vérité, est exactement contraire. C'est l'accoutumance aux écrans qui rend l'enfant incapable de s'occuper seul.

Sur les 10000 dernières années, tous les enfants y sont arrivés et tous les adultes étaient très occupés ! Les enfants d'aujourd'hui ne sont pas dépourvus de la compétence de s'occuper, mais cette compétence est clairement empêchée de se développer par certaines pratiques parentales.

Les problèmes associés aux écrans sont très nombreux : **Problèmes de concentration, de persévérance à la tâche, d'empathie et de compréhension des autres, régulation des comportements et des émotions plus problématique, résultats scolaires en berne, agressivité.**

Après des années à travailler avec les parents, je peux confirmer que plus les enfants sont en contact avec les écrans et plus les familles sont stressées et en difficulté. **Les petits moments de tranquillité offerts par le temps d'écran se payent au prix fort !**[62]

---

[62] Sur ce sujet : Envoyé spécial. *L'addiction aux écrans : "héroïne numérique"* - 18 janvier 2018, https://youtu.be/DyK4vxbAmwQ

#241 – Mais, sans les écrans, c'est infernal !

Beaucoup de parents se lamentent :
« Je ne peux pas arrêter les écrans. Sans les écrans, c'est infernal ! ».

C'est absolument vrai. Quand l'enfant est habitué aux écrans, arrêter est une torture. Il ne lâche pas. Il réclame encore et encore. Il ne sait plus quoi faire, tourne en rond, se plaint, fait des bêtises. Il est en manque et ne peut occuper son esprit.

Une transition peut être nécessaire. Pour que cette transition se fasse, il n'est pas question de donner même une petite dose d'écran. On ne donne pas à un alcoolique en manque, un verre de rouge.

La solution que j'ai testée à de nombreuses reprises et qui marche très bien, est de passer par les CD d'histoires pour enfants. J'ai bien dit CD (pas une histoire sur smartphone, pas un podcast ou un livre audio sur tablette !). Un CD d'histoires avec le livre ou magazine associé. Comme avant « *quand la cloche retentit, tourne la page !* ».

C'est un moyen formidable de défocaliser l'enfant des écrans en stimulant de nouveau ses qualités d'attention.

Je te recommande particulièrement l'abonnement au magazine Histoires Pour les Petits[63]. Un mois sur deux, ton enfant recevra son magazine accompagné du CD. Et les histoires sont vraiment bien !

---

[63] *Histoires pour les Petits*, Editions Milan Jeunesse est un magazine mensuel pour enfants.

#242 – La crise quand ont éteint la TV

- J'ai conclu un accord avec mon enfant afin de limiter son temps d'écran.
- Ah oui ?
- Oui, parce que je ne veux pas le supprimer complètement, mais je veux que cela reste sous contrôle. Et puis, comme ça, je le responsabilise.
- ...
- Donc, je dis à Nathan qu'il peut regarder son dessin-animé pendant 15 minutes. Je le lui explique bien et il me dit toujours qu'il ne fera pas d'histoires, qu'il a bien compris qu'après son dessin-animé, j'éteindrais la télé. Mais, systématiquement, c'est la crise... Et pourtant chaque fois, il me promet que ça va bien se passer. Alors que dois-je faire ?

De nombreux parents se reconnaissent dans le témoignage de cette maman. Ils ne veulent pas être dans une interdiction totale, ils cherchent à mettre en place de la flexibilité et de la responsabilité, mais ils se trouvent déçus, car les choses ne se passent pas comme elles avaient été dites.

Quand ton enfant regarde un écran, son absorption est totale et son niveau de satisfaction très haut. Il est tenu en haleine par ce qui va apparaître juste après. Une image en appelle une autre, et encore une autre. Chaque séquence le surprend et maintient son cerveau en dépendance.

Sur un plan biologique, la dopamine est aux commandes des opérations rendant ton enfant réjoui et prêt à poursuivre. Mais, au moment où tu éteins l'appareil, la dopamine chute dramatiquement, le manque se fait sentir de façon brutale. L'appel pour une nouvelle dose est immédiat. C'est la crise.

Malheureusement, le cerveau de ton enfant n'est pas prêt à gérer ce type de situations (même le cerveau adulte a du mal !), il est donc impossible d'éviter la crise à moins de ne plus mettre ton enfant devant un écran.

Tant que son cerveau sera très immature (ou très dépendant), l'arrêt de l'écran entraînera une crise qu'il te faudra gérer. Le gronder, le blâmer, le menacer ou le punir n'y changera rien.

J'espère que ceci t'éclaire sur le comportement parfois décevant de ton enfant quant à ses engagements sur l'arrêt des écrans. **Je te propose de l'accompagner, non pas en prolongeant l'écran de quelques minutes, mais en restant à ses côtés et en interagissant avec lui plusieurs minutes avant la fin de son temps d'écran.**

#243 - Quelle attitude adopter vis-à-vis des écrans ?

Les écrans nous ont envahis. Tout en nous rendant de précieux services, ils nous volent beaucoup de temps et nous mènent au surmenage. La question sur laquelle nous devons être en vigilance rouge concerne la consommation d'écran de nos enfants.

Quelle est la bonne attitude ?

Je vais simplement partager avec toi comment nous fonctionnons dans notre famille :

- **Le temps consacré aux écrans est associé à de grands principes de santé** : sédentarité, alimentation, etc. Le problème des écrans dépasse largement l'objet lui-même. Pour utiliser un écran, il faut donc avoir passé 4 heures dehors, au moins.
- **Le dialogue et l'ouverture doivent être maintenus avec les enfants.** C'est pourquoi, ils ont droit à 1 film d'animation par semaine, voire un reportage en plus, si le mauvais temps nous incite à rester enfermés. Mais, c'est le maximum.
- **Les adultes contrôlent et sont impliqués dans les décisions.** Dans le meilleur des cas, l'adulte a regardé le film avant l'enfant ou se joint à lui pour en faire un moment familial. Avant l'âge de 4 ans, aucun enfant ne devrait être seul devant un écran.

Interdire strictement voudrait dire fermer la porte à toute discussion. Ce n'est pas souhaitable. À l'autre extrême, ceux qui prétendent que l'écran est un support d'apprentissage idéal pour l'enfant moderne, sont tombés dans les pièges d'un marketing efficace mené par des industries riches et puissantes.

Ne t'inquiète pas si tes enfants ne touchent pas à un écran pendant toute leur enfance, l'écran viendra à eux de toute façon. Ceux qui comme moi ont grandi sans tablette savent aujourd'hui tous s'en servir.

#244 – Activité sympa : La détox digitale

As-tu déjà entendu parler de détox digitale ? Je t'explique. Il s'agit de déterminer une période de temps pendant laquelle ta famille (dont tu fais partie), renoncera à utiliser tout ce qui passe par le digital : écran, TV, tablette, smartphone, montre connectée.

Pour beaucoup d'entre nous, penser que nous allons passer une journée (ou même une après-midi) sans être connectés relève du défi, car nous sommes devenus très dépendants de nos appareils. Mais, cette dépendance se fait au détriment de la qualité de nos relations avec nos enfants.

Ils voient toujours plus nos têtes s'affaisser sur nos smartphones et toujours moins nos regards dirigés vers eux. Même leurs exploits du quotidien passent par le filtre de nos appareils qui immortalisent leur vie à la chaîne, sans leur laisser le souvenir de nos regards et de nos visages.

Alors, toi et moi, nous sommes courageuses, n'est-ce pas ?
Relevons le défi et éteignons nos appareils !

PARLER AVEC UN ENFANT

Être clair

Impliquer l'enfant

Obtenir son attention

Être entendu

Le motiver

S'adapter à lui

Créer la relation

Obtenir plus de coopération

L'enfant enchanté

Ce qui enchante un enfant, c'est le bonheur dans lequel il baigne, si vous souhaitez son bien-être, travaillez à vous rendre heureux.

Boris Cyrulnik

#245 – Activité Sympa : Vers une communication heureuse

Les questions ouvertes sont une pratique de communication qui nous permet de nous relier aux autres. Malheureusement, dans notre société, on a tendance à poser des questions fermées. C'est dommage, car les questions fermées nous empêchent de rencontrer l'autre pleinement, dans toute sa beauté, et de lui faire savoir que nous nous intéressons sincèrement à lui. Elles nous maintiennent dans le contrôle, dans la certitude que la conversation ira là où nous la menons, sans surprise. Elles créent donc, de part et d'autre, de la lassitude et du désintérêt.

Alors, voici un petit jeu pour toi et ta famille !

Chacun son tour, on pose une question ouverte. C'est-à-dire, **une question qui commence par Quoi, Où, Comment, Quand, Combien, Qui, et nous excluons toutes les questions dont les réponses pourraient être Oui ou Non.**

Dans ce jeu, si l'un d'entre nous pose une question fermée, il n'obtient pas de réponse. Tout le monde doit être vigilant ! On ne doit ni poser, ni répondre à une question fermée.

Tu vas voir que ce n'est pas facile ! Si tes enfants sont trop jeunes, fais ce jeu avec ton partenaire. Tu verras comme c'est révélateur de notre manière d'investir la relation aux autres et d'entrer involontairement dans des relations de pouvoir.

#246 – A toi de me le dire !

« Je répète, mais il ne comprend pas. »

Hum… ce pourrait-il qu'il comprenne, mais qu'il ne soit pas assez impliqué ?

Nous, les parents, savons beaucoup de choses. Alors, nous les rabâchons à nos gamins, **qui s'ennuient mortellement** tandis qu'ils nous écoutent leur dire fièrement (et avec une once d'arrogance) tout ce que nous savons.

C'est pourquoi, les questions ouvertes sont largement recommandées. **Les parents éduquent mieux quand ils cherchent à savoir ce que l'enfant sait déjà, et qu'ils lui donnent l'opportunité de le dire.**

- Que devons-nous faire maintenant ?
- Quelles sont les bonnes chaussures pour sortir par ce temps ?
- Comment vas-tu faire pour faire du vélo en sécurité ?
- Qui est capable de porter trois assiettes en même temps ?
- Qu'est-ce qu'on fait après avoir mis son pyjama ?

Les méthodes participatives améliorent les relations.

Fais-en ton mode de communication privilégié, pour que vos relations deviennent plus heureuses et détendues. Va au billet suivant pour en savoir plus.

#247 – Je ne sais pas

Je t'ai encouragé à faire participer ton enfant aux conversations par des questions ouvertes. As-tu essayé ? Il y a des mamans qui me disent que leur enfant répond systématiquement « je sais pas ». Alors, que faire ?

D'abord, il faut comprendre que quand les enfants **n'ont pas l'habitude d'être impliqués**, ils sont pris au dépourvu ! Ils ne savent tout simplement pas réfléchir et n'osent pas répondre.

D'autre part, surveillons bien le ton de notre voix, notre posture et notre attitude (les signes non verbaux et paraverbaux). Si nous semblons autoritaires ou menaçants, les enfants seront évidemment effrayés. Ils auront peur de se tromper et d'affronter les conséquences d'une mauvaise réponse.

De plus, certains enfants sont sensibles aux signes de supériorité et se ferment comme des huîtres dès que nous essayons de les interroger.

Voilà pourquoi il te faudra être patiente et persévérante. N'abandonne pas les questions ouvertes et les conversations participatives même si tu remarques que ton enfant a du mal à s'y mettre.

Encore une fois, **fais-en ton mode de communication par défaut. Ton enfant en viendra à participer, mais à son rythme.**

#248 - Soyons motivants

Il m'est arrivé de communiquer tout en sachant bien que je faisais pire que mieux. Critique, jugeante et dominante, je donnais plus envie de fuir que de m'écouter. Heureusement, psychothérapies et formations ont produit quelques bons résultats, et j'ai révolutionné ma communication.

Dans mon travail, je rencontre souvent des parents que je pourrais décrire selon les traits de « mon ancien moi ». L'intention est bonne : ils désirent transmettre des connaissances et compétences à leur enfant, ou bien le protéger des dangers. Cependant, les résultats sont nuls, car en employant la manière forte (grosse voix, gros yeux), ils dominent et menacent la relation. Leur enfant préfère se révolter plutôt que de coopérer.

Comment adopter cette fameuse communication qui motive ?

C'est l'objet des pratiques de Parentalité Positive, que l'on devrait appeler Parentalité Relationnelle. Un genre de relation parent-enfant qui - quoiqu'il arrive - **est déterminé par l'ambition de construire, maintenir et développer la relation**. La communication y joue un rôle fondamental. En quelques règles :

1. **Une bonne communication commence par l'écoute (beaucoup d'écoute) et peu de paroles.**
2. **Elle prend l'autre pleinement en compte : ses possibilités, ses compétences, ses goûts, son tempérament, son âge.**
3. **Elle permet à l'autre de sentir qu'il existe et situe les deux individus sur un rapport de force horizontal (c'est-à-dire équilibré) et non vertical.**

Dans cette communication l'adulte a pour rôle d'accompagner son enfant. Il extrait de son esprit, les informations pertinentes. Il s'ajuste au fur et à mesure, pour combler les manques identifiés. Et parce qu'il écoute avec attention, il obtient l'écoute et l'attention de son enfant, motivé à suivre ce parent-guide qui le respecte.

#249 – Un Non vaut deux Oui

« **Non**, tu ne peux pas prendre ce livre, car il est très fragile et que j'ai peur que tu l'abîmes. Mais, (**oui**) tu peux prendre celui-ci, et (**oui**) tu peux jouer avec ces figurines ».

Pendant toute la petite enfance, le « non » bloque littéralement toutes les perspectives de l'enfant, et s'il est très sensible, il surréagit.

En utilisant ce simple outil de communication, tu verras que tes deux « oui » ouvrent le champ des possibles et débloquent des positions qui sinon se figeraient.

Parfois, il ne faut pas grand-chose pour avancer à grands pas !

#250– Tout sauf « Calme-toi ! »

Calme-toi, n'a jamais calmé personne. De toutes les histoires que l'on a pu me raconter, jamais je n'ai entendu celle qui disait : *« et comme il lui dit de se calmer, l'enfant se calma »*.

Cela fonctionnerait comme un interrupteur qu'il n'y aurait qu'à presser pour que – hop - les émotions bruyantes disparaissent.

Malheureusement, « calme-toi » fait bien pire que de ne pas calmer, il peut énerver encore plus. C'est de l'huile sur le feu pour tous ceux (nos enfants, nos ados, nos partenaires), qui y voient une entrave à leur liberté[64].

Alors, on fait quoi ?

Eh bien, tout d'abord, on se retient. On ne le dit plus.

- On peut réciter un mantra chaque fois que la tentation devient forte.
- On peut dire quelque chose de totalement différent à voix haute en gardant « calme-toi » en nous. Par exemple « tu es très en colère », « je suis désolée », « je t'aime », « je suis là pour toi », « faisons quelque chose pour toi ».

Bref, il y a un milliard de possibilités, mais pas « calme-toi » !

---

[64] Note de l'auteure : L'émotion de colère revendique justement la liberté d'être, de faire, de décider.

#251 - Regarde-moi quand je te parle !

Ça c'est le truc « Super Nanny » : regarder l'enfant bien droit dans les yeux et l'obliger à nous regarder pour nous écouter. A moins que ce ne soit **pour l'impressionner, ou l'effrayer.**

On a tendance à penser que c'est ainsi que l'on peut entamer le dialogue avec un enfant et s'assurer d'être entendu. Alors, je vais te dire un truc que trop peu de mamans savent : **Ça ne marche pas ! En tout cas pas avec tous les enfants...**

Le regard direct de l'adulte met l'enfant en stress. Il se sent menacé et ne sait plus du tout ce qu'il doit dire ou répondre. En plus, son état de confusion exaspère l'adulte.

Si tu veux dialoguer avec ton enfant - à la suite d'un problème - **mets plutôt ton regard sous le sien**[65]. Par exemple, tu peux l'asseoir sur le canapé et t'agenouiller au sol, face à lui.

Cette manière d'aborder les conversations est efficace et relationnelle. **Ton enfant sera en mesure de t'écouter attentivement, de te comprendre et même, de participer.**

---

[65] Dan J. Siegel *Le cerveau de votre enfant*, Les Arènes, 2015

#252 - As-tu envie d'en savoir plus sur tes enfants ?

Peut-être que comme certains parents, tu n'obtiens pas ou peu d'informations de la part de tes enfants sur ce qu'ils ont mangé, ce qu'ils ont fait dans la journée, ce qu'ils ont appris durant une journée d'école. Tu as beau poser des questions, pas de réponse à l'horizon !

« Comment ça va ? Ça s'est bien passé à l'école ? »
Voilà des questions que nous posons tous, et qui ne servent à rien !

Pour t'aider aujourd'hui, je vais te donner une petite liste de questions que tu pourras essayer avec les enfants. Mais, attention, **cela ne peut marcher qu'à la condition que tu commences par partager, toi-même, le déroulement de tes journées !**

- Quel a été le moment le plus rigolo/le plus surprenant/le plus agréable/le plus difficile/le plus pénible/ le plus désagréable de ta journée ?
- De quoi es-tu vraiment content ?
- Est-ce que quelqu'un a fait un truc gentil pour toi aujourd'hui ? Et toi, qu'est-ce que tu as fait de sympa ?

Si ces questions, qui sont plus précises, ne mènent pas ton enfant à te parler. Il faudra que tu persévères un petit peu, avant de rencontrer le succès.

#253 - Tu m'obéis, un point c'est tout !

Ça, c'est LA PHRASE à bannir dans l'éducation.

Oui, je sais, pour certains parents cela résonne surtout comme une mauvaise habitude, ou une manière ultime de tenter de communiquer au lieu de s'énerver. Mais cette pratique est à l'origine de tant de difficultés, que l'abandonner te rendra le plus grand des services.

Comme tu le sais, personne n'a envie d'obéir pour obéir. D'ailleurs, tu ne voudrais pas que tes enfants obéissent aux demandes d'un adulte ou d'un patron abusifs. Toi-même, tu n'es pas d'accord pour que l'on te donne des ordres, sans t'en expliquer le sens.

Du coup, la réaction la plus naturelle d'un enfant à qui on demande d'obéir est de se rebeller (*je suis pareille*). A contrario, si on montre que notre demande a du sens, une utilité et des avantages, notre enfant se range plus facilement de notre côté.

Essaie sans plus attendre ! Exprime clairement les raisons et le sens de tes demandes ainsi que les avantages qui en découlent. Mais surtout, ne dis jamais « Tu m'obéis, un point c'est tout ! ».

#254 - Le Quoi, c'est Toi!

Est-ce que parfois, quand tu demandes à tes enfants de prendre leur douche, de faire leur devoir, ou de ranger leur chambre, ils te répondent (simplement) « non » ?

Bienvenue au club ! Nous sommes des millions dans ce cas ! Aujourd'hui, je te propose d'examiner pourquoi cela arrive et ce que tu peux faire.

1 - Vérifie que tu ne donnes pas de signes trompeurs à tes enfants, par exemple, en leur posant une question. Beaucoup de parents posent des questions afin d'ajouter une touche de douceur et de politesse à leurs ordres. Ils disent « Arthur, tu viens prendre ta douche ? » Puis, ils sont très déçus, car Arthur répond « non ».

Leçon n°1 : Si tu poses une question à tes enfants, attends-toi à avoir une réponse en retour ! Si tu ne veux pas de réponse, sois affirmative.

2 - Si tu es sûre d'avoir donné une directive claire et affirmative (« Arthur, tu vas prendre une douche maintenant »), place la négociation au bon endroit et ne cherche pas à tout contrôler.

Leçon n°2 : Ne sois jamais rigide. Montre-toi toujours prête à négocier.

Comme tout n'est pas négociable, il s'agit de mettre entre les mains de ton enfant un pouvoir de décision cadré, qui généralement portera sur des éléments contextuels.

Pour faire court : **Tu décides du « Quoi », et tes enfants ont du pouvoir sur le : « Quand ? Où ? Combien de temps ? Avec qui ? Comment ? », etc.**

Cette approche est positive car elle cultive le respect mutuel, les efforts réciproques, et une relation où l'un ne prend pas l'ascendant sur l'autre. Elle est bonne pour la relation, et c'est pourquoi elle marche !

Dans notre exemple, tu décideras donc « se laver et aujourd'hui », Arthur décidera « douche ou bain, avant ou après le goûter, avec ou sans jouets, 5 ou 20 minutes, etc.. ».

#255 - Parce que ça a du sens

« Je te demande de débarrasser, parce que c'est indispensable pour que je nettoie la vaisselle et que nous puissions manger au prochain repas. »

« Je veux que tu ramasses tes jouets, parce qu'ainsi nous en prenons soin. Nous les retrouvons plus facilement et nous libérons la place pour jouer à un autre jeu ».

Mettre du sens dans nos demandes nous rend audibles et montre que nous avons de bonnes intentions. Mais parfois, il nous faut tenir bon !

Rappelle-toi qu'il est inutile (et contre-productif) de monter dans les tours ou de menacer ton enfant quand il n'obéit pas immédiatement.

Tente plutôt de rester sur ta demande en gardant ton sang-froid. Tu verras que finalement le plus patient et le plus déterminé - s'il est aussi le plus respectueux - est celui qui l'emporte.

#256 – Je dois toujours me répéter

Voici un étrange phénomène que vivent beaucoup de parents ! Les parents répètent encore et encore et les enfants restent indifférents.

Je te propose de vérifier si tu sais obtenir l'attention de tes enfants pour qu'ils t'écoutent :

- Approche-toi de ton enfant, appelle-le par son nom et pose ta main sur son épaule.
- Attends qu'il se tourne au moins une fois vers toi avant de parler. Ton enfant ne doit pas impérativement te regarder dans les yeux pendant que tu lui parles. Tu dois seulement obtenir un regard rapide de connexion qui montre qu'il est attentif.
- Ensuite, tu peux commencer à parler.

Il y a des parents qui trouvent cela « trop long », car il faut se déplacer, se rendre disponible et patienter. Peut-être ! Mais, crier et se faire crier dessus en retour n'est pas très efficace non plus, et stresse toute la famille.

Enfin, envoyer des directives à travers la maison, c'est un peu comme avoir recours à un pigeon voyageur. Si le destinataire n'a pas envie de t'entendre, rien ne l'y oblige. Et rien non plus ne confirmera que le message est arrivé !

#257 – Retiens tes cris

Si je crie, c'est que je ne me sens pas entendue et que je veux à tout prix que l'on m'entende. Alors, j'augmente le volume ! Mais, en général, ça ne sert à rien. **Car quand je crie, personne n'a envie de m'écouter.** Tout ce que l'on retient de moi, c'est ma fureur, mon énervement, mon pétage de plombs. Résultat, je me sens frustrée et honteuse.

Alors, comment faire pour se faire entendre ?

D'autres billets de ce livre en parlent, ne t'inquiète pas. **Pour le moment, sache que chaque fois que tu renonces à crier, c'est une victoire pour être entendue.**

Il y a tellement d'enfants qui s'enferment dans leur bulle, car ils sont assaillis de cris et de réprimandes. Souvent, leurs parents déplorent qu'ils n'écoutent rien. **C'est seulement que si ces enfants-là devaient les écouter, cela leur serait trop douloureux.**

« Retiens tes cris » : Une jolie pratique pleine de calme pour cultiver un renouveau de l'écoute au sein de ta famille.

#258 – Il ne m'écoute pas

J'appelle cela "le syndrome des paupières d'oreilles". Il y a des enfants qui ont des paupières d'oreille invisibles pour… se protéger.

Oui, se protéger.

Ce sont souvent des enfants qui reçoivent beaucoup de directives, d'injonctions, de remarques, de demandes de notre part. Leur cerveau sature et se coupe de l'extérieur afin d'échapper au stress. Ils n'écoutent plus, et cela devient pénible.

Je m'amuse à imaginer comment je vivrais que l'on se comporte avec moi comme on le fait avec les enfants « Réveille-toi Charlotte. Debout. Retire ton pyjama. Descends. Habille-toi. Dépêche-toi. Viens à table. Dépêche-toi. Arrête de bouger. Tiens-toi bien. Mange ton petit-déjeuner. Arrête de parler, on n'a pas le temps, finis ton assiette … ». Cela me rendrait dingue.

Alors, je te recommande l'exercice suivant : **en dire beaucoup moins et surtout te déplacer jusqu'à ton enfant.**

Te déplacer montre que tu le respectes, et que tu juges que ce tu as à dire est assez important pour te déplacer !

Nous poursuivons ce thème lors du prochain billet. Demain, pense à tourner cette page !

#259 – Déjoue les mauvais scénarios de communication

Certains enfants ont une ouïe bien affûtée et connaissent par cœur le scénario de nos interactions :

- Etape 1 : « Maman me dit gentiment qu'on part. Je n'ai pas envie de partir, je gagne du temps en faisant comme si je n'entendais pas. »
- Etape 2 : « Maman me répète que l'on part. Je connais sa voix, elle n'est pas encore énervée. J'ai encore quelques minutes. De toute façon, elle n'a pas encore rangé ses affaires. »
- Etape 3 : « Ah... elle a rangé ses affaires. Elle m'appelle. Je peux encore gagner quelques minutes. Elle ne hurle pas, c'est que ce n'est pas encore le moment de partir. Elle peut encore attendre. »
- Etape 4 : « Ça y est ! Elle crie. Mais, elle ne m'a pas menacé. Si elle ne m'a pas menacé, c'est que j'ai encore 2 minutes. »
- Etape 5 : « Elle vient en criant et me menace. Vite, je cours !! C'est l'heure de partir ! »

Si un scénario désagréable s'est établi,
c'est qu'il faut réécrire le scénario !

Dans notre exemple, on déciderait **d'aller vers l'enfant** en lui disant que nous allons ranger les affaires et partir. Une fois nos propres affaires rangées, **on retournerait voir l'enfant** pour lui dire **qu'on le regarde** terminer ce qu'il fait (le nourrir de notre attention, de notre intérêt et de notre présence), et qu'après « on s'en va ! ». Cela prendrait encore 2 minutes. Puis, **on le prendrait par la main**, (on pourrait aussi en profiter pour le serrer dans nos bras) **et on partirait**.

Si tu observes qu'il existe des scénarios répétitifs dans ta vie, change-les ! Tu verras que l'issue sera elle-même différente !

#258 – Applique ces quelques règles pour être entendue

Nous vivons dans un monde de communication et pourtant, ce qui nous pose le plus de problèmes, c'est communiquer. Aujourd'hui, je te propose d'explorer comment nous pourrions très simplement adopter **une communication efficace et motivante.**

Principe-clé : **pour obtenir de la coopération, il est important que nous soyons précis et que nous disions à notre enfant ce que nous voulons vivre ou observer, tout en le respectant.**

- Si nous lui disons « Continue comme ça ! », c'est ironique. Et comme notre enfant ne comprend pas l'ironie, il continuera.
- Si nous lui disons « Arrête de faire ça », ce n'est pas précis. Car cela ne dit pas ce qu'il doit arrêter ni ce qu'il doit faire à la place.
- Si nous lui disons « Ne fais pas le clown », nous n'avons toujours pas dit ce que nous voulions.
- Si nous lui disons, « Reste à côté de moi pour éviter de te perdre », cela devient mieux. Nous disons ce que nous voulons. Mais l'enfant pourrait se dire « Mais moi, je sais bien que je ne vais pas me perdre... Je ne suis pas un bébé ! »
- Si nous précisons « J'ai peur de te perdre parce que je tiens très fort à toi... Reste à côté de moi », cela devient à la fois clair et motivant, car il y a de la connexion, de la compréhension et que nous assumons la responsabilité de notre émotion de peur.
- Si nous jouons « le grand jeu » et lui disons « **j'ai peur de te perdre, il y a tant de monde. Comment pourrais-tu me montrer que tu restes bien à côté de moi ?** », cela devient connecté, plein de sens, tout en

restant responsable et en suscitant l'occasion de participer, donc encore plus motivant !

Une bonne communication est donc :

- Efficace, quand elle dit clairement ce qui est souhaitable
- Motivante, quand elle nourrit le lien, le sens, le choix, et qu'elle rend à chacun la responsabilité de ses émotions.

#259 - Les cowboys sont arrivés

Trois fois que j'appelle mes enfants pour leur dire que le repas est prêt, et je crois bien qu'ils n'en ont rien à faire. Qu'à cela ne tienne, je sais me faire entendre ! Je grimpe sur Popeye, mon fidèle destrier, et galope à grandes chevauchées jusqu'à leur chambre.

"Hey les cowboys... du calme Popeye, tout doux.... Je voulais vous dire que le repas attend au saloon *(dit façon cowboy...).* Merci de venir avec vos chevaux... Il y en aura pour tout le monde ! Ciao !! Allez ! Hue Popeye !!!"

Et me voilà repartie. L'effet ne tarde pas. Deux cowboys arrivent au galop dans la salle à manger. Je suis obligée de leur rappeler que l'on ne mange pas à cheval même dans le meilleur des saloons, et qu'un poteau est disponible pour attacher leurs chevaux ainsi qu'un baquet pour leur donner à boire. Ils trouvent cela logique. Nous passons donc à table.

Si monter le volume n'a jamais permis à qui que ce soit d'être entendu, être créatif et original a toujours été efficace.

Je t'invite à entrer pleinement dans le jeu, et à te reconnecter à l'enfant que tu étais autrefois. Tu ne dois évidemment pas monter ton cheval imaginaire à tous les repas, mais je te propose de mettre de la joie dans tes directives : invente, écris, ris, surprend, sois joueuse. Tu verras, tes enfants t'écouteront et tu t'amuseras beaucoup plus!

#260 - Chut!

J'avoue, je ne suis pas la reine de la synthèse. Et le stress transforme en mes défauts en caricature. Ainsi, quand je suis fâchée, il m'arrive de partir dans un long, très très long monologue explicatif.

Naturellement, je perds l'attention de mon enfant. Et je me sens encore plus frustrée qu'au départ. Si cela t'arrive aussi, il te reste cette technique :

Toujours dire ce que tu veux en 3 phrases maximum.
Seulement trois.

En 3 phrases tu peux **exprimer ce qui compte pour toi**, et ton enfant peut rapidement te montrer qu'il a compris. Et ensuite « Chut », on se tait ! Dès que ton enfant reprend ses activités en respectant ta demande, reprends la parole pour **le valoriser immédiatement** ! « C'est top, tu as bien compris. Je vois que tu fais ce que je t'ai demandé », puis « Chut ! », on se tait !

Ta communication est alors positivement équilibrée, sachant pointer ce qui va bien et le valider. Les chances que tes demandes soient entendues augmentent énormément !

#261 – Continue comme ça et tu vas voir !

Il y a cette phrase à laquelle on voudrait croire :« **Certains non-dits vont sans dire** » attribuée à Geluck, l'auteur du Chat. Mais, dans la vie réelle, c'est tout le contraire, comme l'illustre l'histoire du petit Jean-Kevin.

Jean-Kevin[66] a étalé la sauce tomate sur sa tête et sur la table tandis que sa mère était dans la cuisine. Quand celle-ci revient, elle lui dit :

« Ah Bravo Jean-Kevin ! C'est vraiment super ! Maman est ravie. C'est vrai que je n'ai que ça à faire. Nettoyer !! Génial. Merci beaucoup. Et, tu continues ? Eh bien, oui, ! Continue comme ça ! Tu vas voir quand je vais en parler à Papa ! Il va être content ! »

Un adulte comprendrait aisément que la maman de Jean-Kevin est excédée et parle ironiquement. Dans mon métier cependant, on dirait qu'elle utilise **« un message paradoxal ».**

Il s'agit de paroles qui expriment à l'enfant le contraire de ce que l'on pense, rendant la communication trop complexe pour espérer un changement d'attitude de sa part. Les enfants de moins de 4 ans sont trop immatures pour gérer la complexité de l'ironie. Elle les prend au piège. Ils « concrétisent » alors la demande du « faux message » au pied de la lettre, faisant basculer les parents de la colère à la rage.

Mon conseil est le suivant : Si tu as cette habitude de communication, abandonne-la. Et abandonne-la même avec à tout le monde, car personne ne se sent respecté quand on lui parle ainsi. Choisis d'être claire.

---

[66] Choix du prénom : clin d'oeil à Marie

Dis tout simplement :

- **ce que tu vois,**
- **ce que tu ressens,**
- **ce que tu voudrais à la place.**

Cela donnera quelque chose, comme : *«* Jean-Kevin, je vois qu'il y a de la sauce tomate partout. Je suis en colère parce que c'est compliqué à nettoyer. Je veux que la sauce tomate soit avec les pâtes dans ta bouche ou dans ton assiette *».*

Une communication effective permet de dépasser bien des problèmes.

#262 – Sois sage et mange correctement

Sois sage,
mange correctement,
tiens-toi bien,
prépare-toi,
ne sois pas bête,
attends,
reste tranquille,

. . .

Que penses-tu de ces directives ?

Dans mon métier on les appelle des **demandes vagues**. On pense qu'elles sont inefficaces et créent des tensions importantes entre les adultes et les enfants.

L'adulte s'exprime de manière peu claire et croit que son enfant comprend ce qu'il veut de lui. L'enfant entend des mots abstraits comme « sage, correctement, bien, bête, tranquille » et n'a pas la représentation que son parent s'en fait. Concrètement, que lui demande-t-on ?

Par exemple, même si pour le parent « se préparer » a une signification absolument évidente, pour l'enfant ce n'est qu'un « se préparer » incomplet, parmi tant d'autres.

Dans la vie de l'enfant, « se préparer » change de sens tous les jours et même plusieurs fois par jour, selon que l'on se lève ou que l'on se couche, que l'on va à l'école, à la piscine ou chez mamie, en promenade ou en vacances, en voiture ou à pied, qu'il fait beau ou pluvieux. « Se préparer » est vague et mériterait d'être détaillé. Sans cela et sans être de mauvaise volonté, l'enfant ne fera pas exactement ce que son parent attend de lui, et le parent perdra patience.

Eh oui ! Tout ce qui n'est pas dit clairement ne peut qu'être interprété. Or, nos enfants partagent rarement nos interprétations !

Je te suggère donc d'être précise, en disant par exemple : « Je voudrais que tu te prépares pour aller à l'école. Il faut mettre ta veste et tes chaussures. Ensuite, on prendra ton cartable ».

Un jeu d'enfant n'est-ce pas ?

#263 – La voix débile, tu abandonneras !

Quand nos enfants sont bébés, nous prenons une petite voix mignonne et absolument ridicule pour leur parler. C'est plus fort que nous ! Et en observant des parents du monde entier, on s'est aperçu qu'ils le faisaient tous. C'est donc une attitude profondément ancrée dans la culture humaine et qui vise à témoigner l'amour que nous ressentons pour notre du bébé.

Quand le temps passe et que l'enfant grandit, il devrait être naturel de faire évoluer notre manière de lui parler. Mais, quelques parents oublient de le faire et c'est là que les problèmes commencent. Voici la déconvenue d'un papa que je connais bien, avec son enfant de 7 ans :

- Tom, viens manger, dit-il avec une voix bien mièvre.

Tom ne répond pas. Tom fait le clown.

- Tom assieds-toi maintenant, répété avec un ton mielleux.

Tom gesticule. Il fait n'importe quoi.

Alors, je m'approche et dis d'une voix normale, ni mielleuse, ni mièvre, ni méchante.

- Tom, ton papa te demande de t'asseoir pour manger. Regarde.

Et, Tom me regarde, regarde son papa et s'assied.

Ne pense pas que ceci a un quelconque rapport avec mes pouvoirs magiques, ni avec le fait que je ne sois pas la mère de Tom. Ceci n'a rien à voir. Nous l'avons essayé à maintes reprises.

Si Tom est considéré comme un enfant débile, Tom se conduit comme un enfant débile. Mais, si on interagit avec Tom comme avec une personne normale, Tom se conduit comme une personne normale.

Il nous revient de faire évoluer notre façon de parler à nos enfants, pour éviter les problèmes. Il n'y a aucune raison de parler aux enfants autrement que normalement.

- Sans ascendant, car ce que nous demandons n'est pas une demande d'obéissance.
- Sans « descendant », car ce que nous demandons ne requiert pas de séduire ou de faire pitié afin de convaincre.

Si ce que nous demandons a du sens, parler normalement suffit.

#264 – À l'assassinat de la langue française, tu renonceras !

Dans le billet précédent, nous avons vu comment nous pouvions involontairement confiner nos enfants dans des rôles qui génèrent des comportements agaçants. Nous allons maintenant parler des fameux : « Regarde Maman quand elle te parle et donne la main à Papa », dits par Maman et Papa eux-mêmes.

Les enfants n'ont pas besoin que nous évitions l'emploi de « je, mon, ma, mes, me, moi", ou que nous transformions la langue française et fassions volontairement des fautes pour nous faire comprendre (certains parents évitent d'utiliser le subjonctif, d'autres appellent les chiens des « wawa »).

Afin de développer leurs habiletés langagières, ils ont même à tout prix besoin que nous leur parlions correctement[67]. Nous allons donc dire - avec notre voix normale, « regarde-moi quand je te parle et donne-moi la main ».

Il n'y aura pas dans notre langage des « Maman a de la peine. Maman est fatiguée. Maman a dit non. Maman ne veut pas. Maman t'a demandé de manger. Maman va changer ta couche », mais des **« je »** incarnés et assumés, **qui ne laissent pas de doute sur l'existence et la présence de cette personne parmi nous, douée de volonté et d'affirmation de soi. Toi.**

---

[67] « Plusieurs travaux attestent l'importance des compétences lexicales pour la réussite scolaire. Lieury (1998) a montré, par exemple, que les corrélations entre réussite scolaire et connaissances lexicales sont plus élevées que celles entre réussite scolaire et niveau intellectuel. » - Agnès Florin, *Le développement du lexique et l'aide aux apprentissages*, Enfance et Psy n°47, 2010.

#265 – Des mots précis, tu emploieras !

Je forme plus d'une centaine de personnes par an et régulièrement éducateurs et parents me disent :
« Mais Charlotte, est-ce que nous pouvons vraiment utiliser des mots si compliqués ? Les enfants vont-ils nous comprendre ? »

Par mots compliqués, ils évoquent l'emploi de mots exacts, précis et spécifiques.

L'infantilisation est évidente quand un parent dit « regarde le wawa » plutôt que de dire « regarde le chien ». Mais, quand il s'agit des mots « perspective », « structure », « anticipation », certains adultes ne peuvent imaginer ne pas simplifier.

Pourtant, les études sur le langage montrent qu'un langage de qualité, soutenu et approprié dès le plus jeune âge, est le plus beau cadeau que l'on puisse faire à un enfant[68]. C'est ainsi que lui-même deviendra précis.

Celui qui sait trouver les bons mots pour exprimer ses pensées peut partager son monde, son regard sur la vie, ses malheurs et ses bonheurs. Il saura mieux se faire comprendre et trouver du soutien. **Il y a un lien fort entre les qualités langagières et la régulation émotionnelle et sociale.**

Finalement, les mots que l'on ne donne pas à un enfant, sont ceux dont on le prive.

---

[68] Lire à ce sujet l'article *Réel écart langagier entre enfants riches et pauvres* de Brigitte Levesque, sur le Réseau d'information pour la réussite éducative (Canada), 2013.

#266 – Des bonnes nouvelles tu te méfieras !

Au fil des dernières pages, nous avons vu combien cela comptait de parler à un enfant avec une voix normale, des phrases correctes et un vocabulaire précis. Pouvons-nous pour autant parler aux enfants comme nous parlons à un adulte ?

Non, car comme nous l'avons vu, les enfants ont besoin que nos demandes soient descriptives et évitent l'ironie, les doubles-sens, sous-entendus et messages paradoxaux[69].

Mais, notre manière d'interagir avec notre enfant doit aussi prendre en compte l'immaturité de son cortex préfrontal (responsable de l'anticipation, de la régulation des émotions, de l'inhibition et de la mémoire de travail).

Une grand-mère est dans le bus et dit à sa petite-fille de 3 ans environ : « Je suis très contente. Tu te tiens très bien. A 4 heures, je t'achèterai un petit pain au chocolat ».

La petite fille répond immédiatement :

- Veux petit pain au chocolat !
- Oui, tu vas en avoir un à 4 heures…
- Non, maintenant ! Petit pain au chocolat !
- Non, à 4 heures. Et si tu continues comme ça, tu n'en auras pas !
- Mais, je veux petit pain chocolat !

La grand-mère a cru bien faire en promettant un pain au chocolat. Mais, **le cerveau de la petite-fille est incapable de se projeter dans les heures qui vont suivre. Il fonctionne au présent. Or, le pain au chocolat lui fait terriblement envie maintenant.**

[69] Voir billet #261, Continue comme ça et tu vas voir !

#267 – À l'infantilisation, tu renonceras !

Pour clore les pages dédiées à la communication, je voudrais attirer ton attention sur ce que nous disons à nos enfants de manière implicite en refusant de leur parler normalement :

- Tu es petit et je suis grand.
- Je suis supérieur à toi. Tu es inférieur.
- Je suis plus intelligent que toi et plus capable.
- Tu ne mérites pas que l'on te parle comme à une personne normale.
- Je ne te considère pas comme une personne à part entière.
- Tu as besoin que l'on te parle de manière spéciale car tu n'es pas capable de comprendre ce que l'on te dit.
- Ce que j'ai à te dire est trop compliqué pour toi.
- Je ne suis pas sûr de moi, de la légitimité de ma demande ou je crains ton refus. Je vais donc tenter de t'amadouer.
- Je ne m'attends pas à ce que tu te comportes avec bon sens et responsabilité.

Ces interprétations peuvent te surprendre mais **quand nous parlons, nous communiquons bien plus que nos mots. Nous racontons nos croyances sur nous-mêmes, sur l'autre et sur le monde.**

Soucions-nous, par conséquent, de transmettre à notre enfant une image digne de lui et de ses incroyables possibilités !

VIVRE AVEC LES ÉMOTIONS

Tempête émotionnelle

Emotions en ébullition

Petite frayeur et grosse colère

Ouragan déchaîné

Crise apocalyptique

Estomac noué et retourné

Epuisement émotionnel

Enorme culpabilité

Gros regrets

Séparation impossible

Petite Fleur

- Petit enfant, quel est ton nom ?
- Fleur bleue !
- Pourquoi ce nom ?
- Parce que je vis mes émotions à fleur de peau, de jour, de nuit, en tout temps.
- Qu'est-ce que cela veut dire ?
- Cela veut dire que j'écoute mon cœur.
- Ton cœur te parle ?
- Bien oui !
- Raconte-moi ce qu'il te dit ...
- Il me parle d'émotions.
- C'est tout ?
- Oui, vivre les émotions dans la folie et la passion, les faiblesses ou la détresse.
- Petite fille, tout le monde vit des émotions, tu sais ?
- Non, je ne crois pas, les grands cachent leurs émotions dans un coin de leur cœur et les oublient.
- Et pourquoi font-ils cela ?
- Parce qu'ils ont peur !
- Pourquoi ont-ils peur ?
- Ils ont peur de l'espoir et du désespoir.
- Et toi, Fleur bleue tu n'as pas peur ?
- Oui, oui ... j'ai très peur ! Mais de ne pas entendre mon cœur.
- Et pourquoi dis-moi ?
- Parce que si je n'entends plus mon cœur, je vais mourir.
- Mourir ! Et pourquoi ?
- Parce que ce sont les émotions dans mon cœur qui me disent que je suis bien vivante.
- Alors, Petite Fleur bleue ceux qui cachent et enfouissent leurs émotions dans un coin de leur cœur sont morts ?

- Oui, ils ont perdu leurs rêves, le merveilleux et la magie de leur cœur.
- Et comment le sais-tu ?
- Quand je regarde les grands autour de moi, je vois qu'ils sourient mais leurs yeux ne brillent pas, ils pleurent mais il n'y a aucune larme sur leurs joues. Ils crient mais aucun son ne sort de leur bouche, ils disent je t'aime mais ne le pensent pas.
- Petite fleur, tu es triste ?
- Oui !
- Pourquoi ?
- J'aimerais leur dire d'entendre leur cœur, il raconte tellement de belles choses mais je ne sais pas comment leur dire.
- Fleur bleue, souris de tout ton cœur !
- Et pourquoi ?
- Parce que tu viens de le leur dire ...

\- Auteur inconnu

#268 – Une souffrance invisible

Quand les émotions nous malmènent, nous ne désirons pas nuire à l'autre et pourtant, nous sommes entraînés dans une cascade de comportements qui nous rend désagréables.

Souvent, au moment même où nous avions terriblement besoin de soutien et de compréhension, notre comportement empêche la rencontre avec l'autre.

Il est si difficile de se libérer seul de ses émotions. Il est tellement plus naturel de le faire auprès de quelqu'un dont on sait que l'amour est inconditionnel.

Les enfants aussi deviennent difficiles quand leurs émotions les emportent et c'est tout à fait dramatique... Car au moment où ils ont tant besoin de nous, ils nous éloignent d'eux et souffrent encore plus.

Rappelons-nous que derrière toute émotion déplaisante, il n'y a qu'un mot **« Souffrance ».** Ne leur infligeons pas de souffrance sur la souffrance. Prenons-les dans nos bras, écoutons-les, consolons-les et quand le feu émotionnel sera éteint, parlons-nous.

Plutôt que nous dire « il ne devrait pas faire ça, elle ne devrait pas me crier dessus, ce comportement est inadmissible », rappelons-nous qu'il ne s'agit que de souffrance.

Quand on a mal, on crie, on hurle sa douleur ! Et quand ça va mieux, quand on est guéri, on réalise...

#269 – Je suis là pour toi, quoiqu'il arrive...

Les émotions font les montagnes russes dans la plupart des familles. Tous les parents ne les accueillent pas de la même façon, et ceci joue un rôle important pour le développement de l'enfant et son bonheur à venir.

1. Le parent évitant : « Tu es triste ? Bon. Tu n'es pas à l'école maintenant. Profites-en !». Ce parent évite les émotions négatives de son enfant.
2. Le parent désapprouvant : « Tu es triste ? Tu n'as aucune raison d'être triste. Si c'est pour faire cette tête, tu ferais mieux de sortir de ma vue. Ça me gonfle ! Pars ou tu seras puni ! ». Ce parent gronde, menace et punit son enfant quand ce dernier n'est pas heureux.
3. Le parent « laissez-faire » : « C'est dur. Je comprends ». Ce parent reconnaît l'émotion, mais ne sait pas comment guider son enfant.
4. Le parent « positif[70] » envers les émotions : « C'est dur….Raconte-moi ce que tu as sur le cœur. Je suis là pour toi et nous allons chercher ce qui pourrait t'aider »

Ces 4 manières d'accueillir l'enfant dans ses difficultés émotionnelles ont été identifiées grâce à l'observation des interactions parents-enfants, menées scientifiquement par John Gottman[71] et son équipe, sur plus de 30 ans.

Gottman a constaté que seul le 4ème parent développe des pratiques positives pour l'enfant. Les adultes ayant bénéficié d'un adulte « positif » envers les émotions présentent un bien-être privé, social et professionnel largement supérieurs aux autres et durable dans le temps.

---

[70] Le terme original est "Parent Emotion Coach"

[71] John Gottman, *Raising an eotionnaly intelligent child*, Simon & Schuster, 1998

#270 - Tu n'es pas Madame Assurance-Bonheur

Non, tu n'es pas responsable que tes enfants soient heureux.

Je veux te le dire, car je sais qu'avoir des enfants cause beaucoup de tracas. Tu veux que tout soit parfait et malgré tout ce que tu fais ou feras, tes enfants vont se mettre en colère, être tristes, se montrer insatisfaits et frustrés. Ils vont vivre de grandes et petites galères, des déceptions, des trahisons même. C'est dur ... mais c'est OK !

Tu n'es pas responsable de les rendre heureux, mais tu es responsable de leur offrir un environnement sain dans lequel ils puissent se développer au mieux.

De cette manière, tes enfants sont armés pour s'en sortir en cas de coups durs. En expérimentant la vie et ses inconforts, dans la sécurité de ton amour, ils développent de la résilience.

Leur bonheur ne t'appartient donc pas, ni leurs tristesses, leurs colères ou leurs peurs et le comprendre peut te permettre de mieux naviguer à travers cette vie émotionnellement intense qu'offre la famille.

Ne te mets pas la pression et fais de ton mieux, comme tu sais si bien le faire !

#271 - Tes émotions te parlent

Diverses formations et retraites silencieuses m'ont appris que je pouvais passer par 3 étapes afin de mieux réguler mes émotions. Je voudrais les partager avec toi.

Étape 1 : Reconnaître et accepter.

Il s'agit de prendre conscience, nommer et accepter où j'en suis à un instant *t* : « OK, je reconnais que je suis super en colère et j'accepte qu'il en soit ainsi, maintenant ».

Étape 2 : Réaliser ce qui est en jeu.

Je réalise ce qui m'est arrivé, quels attentes, valeurs ou besoins n'ont pas été satisfaits : « J'ai besoin d'être entendue. J'espérais être entendue ».

Étape 3 : Toujours lâcher prise avant de me mettre en action :

Une fois que j'ai réceptionné le message, je peux me défaire son emprise, faire quelque chose qui me soigne, et laisser l'émotion s'éteindre, comme elle est venue. Quand je serai prête, j'irai voir mon interlocuteur pour lui parler.

Si ma colère a duré une minute, il me faudra attendre une heure pour être en mesure d'en parler avec respect. Et si elle a duré 10 minutes, je devrais attendre le jour suivant !

Tu veux en savoir plus ? Regarde ça ![72]

---

[72] Voir Et tout le monde s'en fout #3 - *Les émotions* - https://youtu.be/_DakEvdZWLk

#272 - Tes décisions ne sont pas toujours populaires

C'est sûr ! Tes décisions ne sont pas toujours populaires. Tu refuses la télévision à la grande, et le bonbon au plus petit, et cela peut faire monter la pression. Normal et OK.

Être parent n'est pas nécessairement confortable. Il faut avoir le courage de dire « non » et de s'y tenir, même si les reproches et la colère fusent. Car les raisons pour lesquelles tu refuses certaines demandes de tes enfants sont justes, n'est-ce pas ?

Alors, s'il y a des pleurs et des cris, tu peux juste essayer de les accueillir. Avec chaleur et gentillesse, ils passeront plus vite.

Accueillir les émotions de ton enfant (les Américains disent même « embrasser les émotions » !) est très bon pour lui. Tu lui montres que le lien existe entre vous même en cas de désaccord, qu'il n'est pas seul et que tu es sensible à ses difficultés émotionnelles. C'est de cette manière que ses compétences socio-émotionnelles se construiront jour après jour.

Adopter cette approche ne signifie jamais que tu doives revenir sur tes décisions. Tes décisions peuvent rester intactes même dans l'accueil des émotions.

Sois une Maman courageuse, et prends le risque que tes décisions soient impopulaires. Tu es ainsi une très bonne maman : responsable et sécurisante.

#273 – Traversons cette colère ensemble

Les progrès en imagerie médicale des deux dernières décennies ont été fulgurants. On en sait beaucoup plus sur les capacités réelles des enfants. Parmi les connaissances avérées, nous savons de manière sûre que le cerveau de l'enfant **ne peut pas réguler ses émotions et qu'il est résolument sociable, ce qui signifie qu'il est dépendant du groupe social pour bien se développer**.

Ces deux faits scientifiques expliquent pourquoi l'enfant a besoin de présence et de soutien de la part d'un cerveau adulte pour réguler ses émotions. Ce n'est pas à l'enfant de réguler ses émotions mais à l'adulte de le faire. Dans un monde absolument idéal, tu régules donc tes émotions et tu régules celles de ton enfant.

Mais la réalité n'est pas un monde idéal ! Cela demande **beaucoup d'entraînement et la compréhension de quelques principes clés :**

1 – **Ne le prends pas perso**. Dans les colères de tes enfants, il n'est pas question de toi (tes enfants se mettraient en colère même si tu n'étais pas là). Il est question de leur compréhension et apprentissage de la vie.

2 – **Tu n'as rien à faire. Rien à dire. Rien à solutionner** Juste être présente et réceptive. Comme tu le serais en pleine mer, devant les vagues déchaînées par la tempête. Tu ne quitterais pas le navire. Et si un volet se mettait à claquer, tu l'accrocherais plus solidement, mais tu n'essaierais pas d'arrêter la tempête. Ton enfant en colère a juste besoin que tu traverses sa colère à ses côtés, sans quitter le navire.

Et si à chaque tempête émotionnelle, tu agis ainsi, tu construis en lui des chemins neuronaux pour qu'il sache mieux « comment on gère ses émotions quand on est un grand », et « comment les émotions viennent et s'en vont ».

#274 – Ouragan de colère

Entre 2 et 6 ans, les enfants passent par des crises de colère monumentales dues à leur immaturité cérébrale. Souvent, cela nous laisse tout à fait perplexes, et certains y voient une forme de violence ou d'agression à leur égard.

Très honnêtement, vivre une crise et se mettre à croire qu'il s'agit d'une agression volontaire, consiste à s'infliger une double peine ! Cela ne nous aide pas, et au contraire, décuple notre agacement et notre envie de réagir !

Or, nous devrions toujours **distinguer la violence volontaire** (*celle qui a été calculée, préméditée, et qui est impossible pendant la petite enfance*), **de la violence réactive**, observable par des gestes malheureux et incontrôlés, lancés dans un état de fureur ou de grande détresse émotionnelle.

Alors, que faire ?

Quand ton enfant est en colère, essaie d'entrer en contact physique avec lui. Même si cela semble compliqué, donne-toi une chance !

Prends-le dans tes bras, et marche d'un pas soutenu et énergique à travers la maison. Au contraire, **ne le tiens surtout pas en restant immobile** ou en l'obligeant à l'immobilité. **La colère est une force puissante qui s'exprime et se manifeste par le mouvement.** C'est ainsi qu'elle libère son énergie.

Si pendant les 30 premières secondes, ton enfant se débat, insiste et sors à l'extérieur avec lui (*si tu le peux*), ou bien ouvre grand la fenêtre pour vous oxygéner et vous refroidir. Si son refus persiste, relâche ton emprise et tente de maintenir un contact sur son épaule ou simplement ta présence calme.

Si ton enfant a plus de 3 ans, et qu'il ne t'a jamais connue répondant ainsi à ses colères, tu passeras par une étape plus difficile de refus. C'est naturel et tu ne dois pas abandonner la partie.

Cette méthode est la meilleure pour passer ce moment pénible, pour que ton enfant se développe bien sur le plan émotionnel, et pour réduire la fréquence et l'intensité de ses colères.

#275- Au fond, qu'est-ce qui te fait peur ?

Beaucoup des stress que nous vivons, petits et grands, sont liés à des peurs, des inquiétudes, des anticipations négatives de ce qui risque de se produire.

Nous sommes alors rappelés à nos instincts primaires de survie, et nous réagissons fortement. Inquiétudes et peurs alimentent une chaîne de réactions émotionnelles, parmi lesquelles la résignation, la tristesse, la colère ou la rage, qui elles-mêmes engendrent nos comportements.

Pour avancer avec ton enfant et quelle que soit l'expression émotionnelle qui fait surface, je te suggère d'entrer en en contact avec lui par l'émotion-racine : la peur. Demande-lui simplement :

« Qu'est-ce qui te fait peur ? »

Cette simple question est magique pour entrer en contact intense avec lui, le rendre capable de te faire confiance et de te parler.

Si tu reçois une première réponse automatique et défensive comme « rien » ou « je ne sais pas », c'est uniquement le signe que ton enfant n'est pas encore connecté à toi. Ces réponses t'indiquent que tu dois renouveler ta demande. Insiste encore un peu.

#276 - Nommer l'émotion, calme l'émotion

Quand l'agitation émotionnelle fait rage dans notre cerveau, l'hémisphère droit est plus impliqué que l'hémisphère gauche : par nature l'émotion se vit, mais elle a peu de mots. C'est pourquoi, tu as peut-être entendu dire qu'il faut nommer les émotions[73].

Nommer les émotions, consiste, pour le cerveau, à inviter l'hémisphère gauche dans la partie. Et quand l'hémisphère gauche et le droit se mettent à fonctionner ensemble, nous vivons un sentiment d'intégration, un sentiment d'équilibre. Voilà pourquoi, cette approche est utile !

Nommer les émotions de ton enfant lui permettra de se sentir mieux et de se sentir compris.

---

[73] Dan J. Siegel, *Le Cerveau de votre enfant*, voir « Name it and tame it », Les Arènes, 2015

#277 – La colère est votre punition

Un adage nous raconte qu'un moine à qui l'on avait demandé ce qu'était la colère a répondu ceci : « **La colère est la punition que vous vous infligez pour une faute commise par un autre** ».

De nombreux parents se mettent très en colère. Ils se mettent en colère parce que leur enfant est en colère. Et, leur enfant est en colère, car il veut quelque chose que ses parents lui refusent. Mais, les parents se mettent aussi en colère parce que leur enfant leur refuse des choses.

Les enfants veulent développer leur pouvoir sur leur vie.
Les parents veulent développer leur pouvoir sur les autres.

Mais, à qui appartient toute cette colère ?

Si la colère est la punition que l'on s'inflige pour la faute commise par un autre, nos colères envers nos enfants pourraient trouver racine dans les fautes de nos propres parents. Ces besoins qui n'ont pas été satisfaits. Ce pouvoir dont nous avons été exclus et dont nous n'avons pas appris à user. Ces émotions interdites et refoulées pendant des décennies. Voilà ce à quoi nous ramènent les prises de pouvoir et les colères de nos enfants. Notre faute, tout autant que notre punition...

S'asseoir et partir de « **l'acceptation** », **l'une des 7 attitudes de la pleine conscience peut nous aider à faire un premier pas.**

Puis, il faudra s'asseoir encore et encore. Tous les jours. Et méditer. Jusqu'à ce que la graine de la pleine conscience se développe et vienne prendre soin de cette vieille colère qui a traversé tant de générations afin que les petits événements de la vie cessent enfin de l'arroser. On le comprend bien, nous mettre en colère contre nos enfants ne fait que maintenir la souffrance.

#278 - Je Google-earthe mes émotions

Pas contente, frustrée, insatisfaite, énervée, scandalisée, agacée, outrée, vexée, dégoutée... Avant j'en faisais des tonnes ! Quand j'avais une émotion de colère, je la ruminais dans ma tête comme un vieux chewing-gum dont on ne veut se séparer, de telle sorte que mes idées noires ne trouvaient aucun salut. Je m'accrochais passionnément au feu de ma colère et je m'y brûlais. Puis, un jour, j'ai vu la vidéo « Cosmic Eye »[74]

J'ai alors réalisé à quel point mes agitations étaient ridiculement futiles, perdues dans un univers si vaste. J'ai constaté combien nous étions insignifiants et combien le jeu de nos vies n'avait que peu d'importance.

J'en ai tiré une croyance :
La vie est faite pour que nous la vivions
et en fassions une expérience agréable.

Alors maintenant, je « google-earthe » mes émotions (*je prends de la distance, beaucoup de distance jusqu'à disparaître dans l'immensité*) et j'abandonne mes futiles contrariétés, ou du moins je fais de mon mieux pour lâcher-prise. Et, ça marche !

Mais, si je décide de ne pas le faire et continue de ruminer, je me dois d'affronter cette question : « Pour quelle raison suis-je en train de refuser de me laisser moi-même tranquille ? Pourquoi suis-je en train de me maintenir en souffrance ? »

---

[74] Cosmic Eye, designed by astrophysicist Danail Obreschko, https://youtu.be/8Are9dDbW24

#279 – Se laisser contaminer

Il y a beaucoup plus contagieux que les microbes et les virus, ce sont les émotions. Tu rentres chez toi, fatiguée de ta journée, tu croises un visage, un regard, une posture, et PAF, tu flaires la mauvaise humeur ambiante et cette mauvaise humeur te gagne immédiatement. Oui, c'est cela la contamination émotionnelle. Et en famille, nous sommes confrontées à un risque de contamination élevé. Alors, comment éviter de se faire contaminer ?

L'**équanimité,** qui est justement la capacité à rester stable émotionnellement, est le travail de toute une vie. Donc, on ne va pas y arriver en un coup de baguette magique. Mais, on peut décider d'y travailler.

Le premier pas consiste à réaliser que les émotions des autres ne sont pas dangereuses pour moi. Elles ne sont pas dirigées contre ma personne, mais témoignent du vécu de l'autre.

Le deuxième pas est d'intégrer l'idée que les émotions des autres ne m'appartiennent pas et que je n'en ai pas la responsabilité (même si on essaie de me faire croire le contraire). Les personnes vivent des émotions en dépit de moi. Mon enfant arrêterait-il de se mettre en colère si je n'étais pas là ? Cesserait-il d'être triste ? Pas du tout. Simplement parce que les émotions qu'il vit font partie de sa vie, et non de la mienne.

Pour réussir à me distancier de ce qui ne m'appartient pas, je peux me reconnecter à mon corps. Il s'agit d'observer ma respiration, de boire un verre d'eau, de passer mes mains sous l'eau, d'ouvrir la fenêtre pour m'aérer, de sentir des huiles essentielles. **Tout ce qui place ma conscience sur mes sens va rappeler à mon corps qu'il va bien et qu'il n'y a pas lieu de s'inquiéter.**

Je te propose d'être attentive aux phénomènes de contamination qui te touchent et de choisir la connexion au corps que tu préfères pour t'en protéger.

#280 – Je me sens coupable

La culpabilité est l'un des reproches majeurs qui est fait à la parentalité positive. Pourtant, comme les autres émotions, elle est la messagère de la nécessité impérieuse d'un changement.

Pas question de se priver d'un message aussi utile que le sien.

La culpabilité nous dit : « **Tu n'as pas assuré. Tu n'aurais pas dû dire ça. Ce n'est pas bien de faire ça. Tu te sens mal maintenant !** ».

C'est notre sens moral qui s'exprime !

Sur la base de la culpabilité s'ouvre donc un monde de progrès.
Si nous accueillons les émotions déplaisantes et savons en faire bon usage, nous pouvons répondre positivement au sentiment de culpabilité et réaliser « **OK. Ce que je veux, ce n'est pas ça. Ce que je veux c'est « ça ». Et maintenant, je vais m'en donner les moyens** ».

Franchement, où en serait le monde sans la culpabilité ?

#281 – La colère positive

On confond souvent colère et violence. Or, on peut être en colère sans violence verbale, ni violence para-verbale, ni violence physique. La colère est une émotion. La violence est un comportement.

La colère nous signale : « **j'ai besoin de replacer les limites et contours de la situation. Je désire reprendre le contrôle** », et souvent, le moyen qui nous semble le plus simple et rapide (mais qui se révèle socialement inadéquat) consiste à prendre le contrôle de manière autoritaire. Et cela pose problèmes.

Car, une telle attitude oblige l'autre à se laisser dominer. Or, à terme, la question se posera de son désir de contribuer à maintenir la relation, puisqu'il ne désire probablement pas être dominé tout le temps. **Les prises de contrôle autoritaires ne sont donc pas des méthodes durables.**

La forme positive de la colère s'appelle l'affirmation de soi. Elle ne s'attaque pas à l'autre, ne lui dit pas ce qu'il devrait être ou faire, ne le touche pas. **Elle se contente de lui dire ce que nous ressentons, ce que nous désirons, et les conséquences si la situation perdure ou au contraire si nous réussissons à nous entendre.**

Par exemple :

- Je me sens nerveuse dans ce désordre. Il y a des jouets sur le sol et sur la table et je ne sais plus où trouver une place pour me poser et me détendre. Je te propose que nous rangions tout ça, comme ça je me sentirai bien et plus disponible pour que nous fassions un jeu ensemble plus tard.

Puis, nous pouvons faire une demande :

- Serais-tu d'accord pour ranger avec moi ?

Et, si la réponse est non. Nous pourrons continuer sur la même voie :

- Je suis vraiment déçue. Je prends en compte ta réponse, mais tu dois savoir que je ne me sens pas prête à m'investir davantage pour toi si tu ne t'investis pas pour moi. Je te laisse y réfléchir.

Je tiens à insister sur le fait que ce n'est pas du chantage. Il s'agit seulement d'exposer la réalité et les conséquences logiques d'une situation où l'écoute et l'entraide ne sont pas au rendez-vous.

Il n'y a pas de prise de pouvoir autoritaire. Il n'y a pas de menace, ni d'ordre d'exécution immédiat, mais le partage de notre vécu et de nos pensées pour que l'autre comprenne où va la relation sans sa participation.

Et si nous sommes dans la modération - c'est-à-dire que nos demandes et nos témoignages ne prennent pas toute la place, ne sont pas exagérés mais sont exprimés avec calme et respect - alors, le chemin que nous prenons en affirmant nos sentiments, attentes, et besoins de cette manière est OK et remet à notre enfant un modèle réplicable d'expression de la colère[75].

[75] Voir billet #84 – Un modèle duplicable

#282 – Lâcher prise

L'affirmation de soi est, selon moi, la lacune la plus courante des adultes de notre époque : Nous n'avons jamais appris à nous affirmer sans agressivité. Certains n'imaginent même pas que ce soit possible. Et notre position avantageuse d'individu fort et dominant nous donne un ascendant naturel dont il est tentant de profiter. C'est si simple de produite un acte d'autorité effrayant et menaçant sur des enfants faibles, dépendants et vulnérables.

La plupart du temps, quand j'essaie de transmettre l'affirmation de soi et le renoncement à la prise de pouvoir, on me rétorque :
- Mais, Charlotte, cela demande énormément de lâcher-prise !

Oui, c'est parfaitement juste. Cela demande du lâcher-prise et une certaine forme de confiance en la vie. A bien y penser, il n'y a aucune raison pour qu'une manière de se comporter juste et respectueuse ne suscite pas respect et envie de coopérer chez les autres. Tout ce que nous leur montrons devient ce qu'ils apprennent.

Nous cultivons nos récoltes futures en plantant les graines adéquates. N'espérons pas récolter un jour ce que jamais nous n'avons semé.

Lâcher prise sur nos désirs de contrôle ne devrait donc pas nous effrayer, puisque nous sommes assurés que, par nature, notre récolte sera à l'image des graines semées.

#283 – Le bon produit pour les émotions

On m'a beaucoup parlé du livre « La couleur des émotions ». Je l'ai feuilleté, il a l'air bien. J'aime aussi « Calme et attentif comme une grenouille », « Mes cartes de retour au calme » que j'ai développées, et le programme Kimochis® que je transmets aux professionnels.

Et pourtant, quand des parents me demandent quel produit acheter pour la régulation des émotions de leurs enfants, je n'ai aucune réponse à leur donner. Je ne crois en aucun produit. Ou plutôt, je ne crois qu'aucun produit ne peut remplacer le parent lui-même.

Mon "super" produit de régulation des émotions, c'est donc TOI. Toi, quand tu régules tes émotions.

Ce qui permet à un enfant d'exprimer et de vivre ses émotions de la bonne manière, ce sont ses parents et les adultes qui l'entourent. Si ceux-ci sont compétents dans leur propre régulation émotionnelle, alors l'enfant part avec les bonnes cartes. Si au contraire, ils ne se montrent pas compétents, nous avons un problème, et tous les produits, les miens comme ceux des autres n'y changeront rien.

#284 – C'est pas grave, il exagère !

Il vient de tomber par terre, sa meilleure amie ne lui parle plus, il pleure en voyant ses parents partir, la maîtresse l'a grondée de manière injuste, elle a peur du noir, le nom de son amoureux a été dévoilé en plein repas de famille, finalement son ami ne viendra pas, son petit frère a cassé sa tour, elle découvre que sa sœur porte sa robe devenue trop petite, il est épuisé et n'arrive plus à marcher, cela fait 30 minutes qu'elle appelle derrière les barreaux de son lit sans que personne ne vienne la voir…

« Mais, c'est pas grave !
Pourquoi en font-ils tout un plat ?
Les enfants exagèrent tout le temps ! »

En réalité, ce n'est peut-être pas de la première gravité pour nous, car nous ne sommes pas concernés, mais admettons que le nom de notre amoureux soit révélé en plein repas de famille, que notre mari ait donné notre robe devenue trop petite à sa sœur, sans nous avoir consultée, ou que nous trébuchions en randonnée et que la personne venue nous aider dise au groupe « C'est trois fois rien, elle exagère toujours. Continuez, sans nous ! ». **Comment nous sentirions-nous ?**

En réalité, nous, les adultes, adoptons parfois des attitudes extrêmement rudes avec les enfants. De ces attitudes que nous ne tolérerions pas que l'on ait avec nous.

Or, la gravité d'une situation ne se mesure pas seulement sur la base de critères objectifs, mais aussi et surtout sur la base de critères subjectifs : **Cette personne se sent-elle en souffrance ?**

Personne n'a à justifier sa souffrance. Il se peut que nous souffrions quand d'autres ne souffriraient pas. Et puis ? N'est-ce pas naturel ? N'avons-nous pas le droit à cette différence ?

#285 – Ton émotion n'est pas une attaque contre moi

Les suédois sont incroyablement en avance sur nous. Pour eux, cela sonne comme une évidence.

- Si ton enfant est triste, câline-le.
- Si ton enfant est en colère, câline-le.
- Si ton enfant a peur, câline-le.

Finalement, il n'y a qu'un remède : **le câlin**.

Alors, à quel moment cela a-t-il déraillé pour nous ? Quand et pourquoi avons-nous commencé à croire que les émotions négatives de nos enfants étaient des attaques contre nous ?

L'émotion d'une personne n'est pas une attaque, elle est la manifestation de la manière dont son être tout entier répond aux événements. Cela ne nous met pas en cause directement, mais concerne la personne qui vit cette émotion.

Rappelons-nous cela.

« Ton émotion est authentique et belle. Tu as le droit de ressentir ce que tu ressens. Je ne me sens pas attaquée par ce que tu ressens. Je sais que dans la vie, rien ne pourra jamais t'empêcher de faire l'expérience des émotions, que je sois là ou non. »

#286 – La solution, c'est la relation

Nous avons vu que les émotions de nos enfants ne devaient pas être interprétées comme des attaques contre nous. Enfonçons encore le clou.

L'apaisement émotionnel provient de la relation. Ainsi, il n'est pas toujours possible de câliner notre enfant. Peut-être le refuse-t-il ? Peut-être n'est-il pas physiquement là avec nous. **Mais, nous pouvons toujours câliner par notre écoute, notre présence, notre disponibilité.**

Quoiqu'il arrive les bonnes solutions émergent dans une belle relation. Alors que la menace de mettre fin à la relation peut, au contraire, donner de mauvaise idée ou anéantir l'espoir de faire mieux.

Ce sera donc notre message du jour, que tu peux écrire sur ton frigo ou accrocher à ton miroir : **La solution, c'est la Relation !**

#287 – Lire

Lire est une activité qui ne se contente pas de stimuler les neurones ? C'est plus que ça !

On a découvert[76] que si nous sommes en colère, lire occupe si bien notre esprit, que notre colère diminue plus rapidement qu'avec la plupart des autres activités : **en 6 minutes à peine**, pour être exacte !

Ainsi, quand tu es fâchée de ce que quelqu'un t'a dit ou fait, **lire permet à ton esprit de se focaliser sur autre chose et de libérer la charge émotionnelle.**

Penses-y quand tu sens que tu es lassée, prête à craquer et à monter à l'attaque. Saisis un magazine ou un bon bouquin et plonge-toi dedans.

De même, tu peux dépasser les moments émotionnels de tes enfants en leur lisant une histoire. Cela a le même effet sur eux !

---

76 Lire à ce sujet Tiffany Buton, *Vaincre le stress grâce à la lecture : c'est possible !* https://www.penser-et-agir.fr/lecture-pour-vaincre-le-stress/

#288 – La crise quand on quitte la crèche (1)

Fin de journée pour Maman fatiguée. Récit d'un départ de crèche

La journée se termine et une petite appréhension se pointe. Il est l'heure d'aller chercher ton enfant, et tu voudrais t'en réjouir. Seulement voilà, il passe de longues journées à la crèche et pour lui ce n'est pas facile. La séparation est chaque fois rude. Il ne veut pas. Il voudrait rester avec toi. Il pleure.

Le soir, quand tu passes le prendre, tu aimerais que ce soit simple. Lui faire coucou. Il te sourirait et se jetterait dans tes bras. Vous monteriez dans la voiture et ses babillages gais vous enchanteraient tous les deux. Ce serait comme dans les films et les publicités. Mais souvent, la réalité te fait déchanter.

Quand tu passes le chercher, tu ne sais pas comment tu seras accueillie, mais tu te doutes que cela ne se passera pas bien. Il te regarde passer ton visage dans l'encadrement de la porte. Tu le regardes. Comme tu l'aimes ce petit bout. Tu fonds d'amour pour lui. Mais, il y a cette barrière et ce règlement qui vous séparent encore. Tu ne peux pas aller à sa rencontre.

Il t'a vue. Il esquisse un sourire. Oui, il est content : Maman est là. Parfois, il se lève et vient vers toi. Parfois il reste un petit peu, car il est occupé.

Une jeune femme passe le voir et lui chuchote, « Ta Maman est là, c'est l'heure de rentrer à la maison ». Elle le prend gentiment par la main et te l'amène.

- Bonjour, mon chéri, comment vas-tu ?, dis-tu en le prenant dans tes bras ou en te baissant vers son petit visage. Tu donnes le meilleur de toi-même pour être la meilleure des mères et accueillir ton enfant avec tout ton amour.

Tu assieds ton enfant sur le banc pour l'habiller. Mais, il n'est pas coopératif : il ne veut pas. Il ne veut pas partir. Il râle. Tu te sens devenir nerveuse. Il fait super chaud, vous manquez d'intimité. Vous manquez de temps aussi, car il faut rentrer, préparer le repas, ranger la maison, lui donner un bain... pour en finir... en finir de cette longue journée. Vivement que tu puisses t'accorder quelques minutes sur le canapé !

Mais, non. Il ne veut pas. Il refuse de s'habiller. Il refuse de t'écouter. Il se raidit et empêche tes gestes. Il donne des coups de pieds et pleurniche. Derrière toi, il y a des gens, tu les sens qui passent dans ton dos. Tu imagines que tu les gênes. Cette attitude de ton fils devant les autres, tu ne sais pas comment la gérer. Qu'est-ce que les autres vont penser ?

Pourtant, tu sais que tu fais tout pour ce petit bonhomme, mais les autres, le savent-ils ? Il donne une image de toi désastreuse et ça ajoute à ton stress. Décidément, tu en as marre de ces situations où tu laisses ton enfant la journée, et qu'il refuse de coopérer le soir. Tu voudrais juste que ce soit simple.

À côté de toi, il y a une maman qui vient d'arriver. Ça a l'air de se passer super bien. Elle, elle sait s'y prendre, c'est sûr. Elle parle en chuchotant à sa fille. Elle a certainement vu que tu ne savais pas y faire, mais elle fait comme si elle ne te voyait pas. D'ailleurs, tout le monde fait comme s'il ne te voyait pas. Pourtant, ce n'est pas possible de ne pas vous voir et de ne pas vous entendre.

Maintenant, il commence à crier fort. Marre ! Tu en as marre ! Tu le forces. Tu t'énerves. Tu le menaces. Tu lui dis des choses que tu sais bien être horribles comme « si c'est comme ça, je ne viendrai plus te chercher ».

Pff... la soirée ne sera pas bonne. Vivement que tu le mettes au lit et qu'on en finisse. Ce gamin est insupportable. Il est gardé 5 jours par semaine et le peu de temps qu'il te voit, il le gâche.

Finalement, tu réussis à l'habiller. Il est prêt à sortir, mais votre relation souffre et vous vous sentez mal. Un nouveau combat va avoir lieu pour l'attacher dans la voiture. Tu n'as pas envie de le forcer. Bien sûr, tu es plus forte que lui. Mais, tu ne veux pas user de ta force.

Ton cœur est brisé et tu trouves que c'est terriblement injuste. Ce n'est pas ça que tu voudrais vivre avec ton enfant. Si seulement il y mettait du sien, tu pourrais être une mère parfaite. Mais comment font-ils justement, ces parents « parfaits » ?

#289 – La crise quand on quitte la crèche (2)

Les retrouvailles avec de petits enfants nous laissent souvent amères. Nous pourrions penser qu'ils ne nous aiment pas. C'est évidemment le contraire. En fait, leur comportement montre combien ça leur est difficile d'être sans nous.

Les enfants qui ne voient pas leurs parents durant toute une journée réagissent souvent avec beaucoup d'émotions au moment de les retrouver.

La présence des parents fournit un socle de sécurité très important pour l'enfant. **Quand le parent n'est pas là, même si l'environnement dans lequel se trouve l'enfant est parfaitement bienveillant, accueillant et positif, l'enfant s'épuise à gérer son stress. Il s'adapte et se sur-adapte à l'absence de sa mère.**

Quand tu arrives, c'est la joie intérieure, le soulagement, le grand chamboulement des émotions. Enfin, il peut laisser sortir les peurs, contrariétés, tristesses, frustrations, colères, peines, douleurs accumulées toute la journée.

Tu crois qu'il te rejette, alors qu'il te montre qu'il n'y a que toi qui compte.

#290 – La crise quand on quitte la crèche (3)

Les retrouvailles avec nos petits se passent mal du fait de leurs émotions, et de cette énorme adaptation qu'ils ont dû fournir, mais pas seulement. Nous aussi nous sommes fatiguées. Et surtout, **nous manquons terriblement de confort**.

Les crèches et les écoles consacrent très peu d'espace aux vestiaires, car elles ont besoin d'un maximum d'espace pour les enfants. De plus, il y fait souvent chaud.

Un endroit exigu, la chaleur, la présence de personnes qui pourraient te juger, voilà les ingrédients parfaits pour rendre n'importe qui mal à l'aise et enclin à s'énerver.

Au fond de toi, tu sais bien que si tu étais à la maison, tu saurais gérer ces crises. Mais, l'environnement ne te permet pas de donner le meilleur de toi-même.

#291 – La crise quand on quitte la crèche (4)

Emotions de ton enfant, inconfort dans cet environnement mal adapté aux retrouvailles, voilà qui fait déjà beaucoup pour une fin de journée. Mais il y a encore un ingrédient qui ajoute de la dynamite sur ce qui s'annonce déjà explosif : **c'est ton besoin - à toi - d'amour et de reconnaissance.**

Tu as besoin d'amour et de reconnaissance pour tout ce que tu mènes de front toute la journée. Tu as besoin de savoir que tu es une mère aimée de son enfant. Tu désires en recevoir les signes, et bien entendu en être privée te fait énormément souffrir.

Dans le billet suivant, nous allons voir comment tu peux répondre à l'immense difficulté que tu peux vivre en retrouvant ton enfant. Que ce soit au retour de la crèche ou à la sortie de l'école. Nous pouvons changer les choses.

#292 – Quelques conseils pour partir sur de bons rails

1 – En arrivant, marque une pause

Commence par faire une pause. Ne te précipite pas à la crèche (ou à l'école). Reste quelques minutes dans ta voiture, sur le parking. Attends. Connecte-toi à ta joie de retrouver ton enfant. Prends la mesure de ton amour et de ta fatigue. Engage-toi à avoir de la compréhension pour cet être que tu chéris. Souris.

2 - Entre et retire ta veste

Mets-toi à l'aise même si tu penses que vous partirez vite. Le stress a un effet sur la température de ton corps afin de le pousser à réagir. Or, les crèches et les écoles sont souvent surchauffées. Si tu as chaud, ton corps sera poussé à la colère. Si tu le penses nécessaire, prends une bouteille d'eau pour toi et ton enfant.

3 - Sois souple mentalement

Ne t'attends à rien de bon ni à rien de mauvais. Sois juste prête à accueillir ce qui se présentera, sans lutter. Aie un état d'esprit serein. Réalise que tout cela n'a aucune importance en réalité. Les choses importantes sont ailleurs que dans ces moments de couloir. Votre relation se construit ailleurs aussi. Vous êtes justes dans un moment de transition qui est pénible pour tout le monde. La joie pourrait apparaître inopinément, mais si elle ne vient pas maintenant, ce n'est que partie remise. Montre un visage détendu, souriant, avenant.

4 - Prends ton enfant immédiatement dans tes bras

C'est - je dois dire - la chose la plus importante qu'il y ait à faire une fois que ton enfant et toi êtes proches. Prends-le dans tes bras, le ventre bien contre le tien, ses jambes autour de ton ventre et sa tête sur ton épaule. Peut-être qu'il est préférable d'attendre un peu avant de prononcer tes premières paroles. Si tu le peux (ou le veux) assieds-toi et passe ta première minute au moins à garder ton enfant dans les bras. Si la professionnelle de la crèche souhaite te faire un retour de la journée immédiatement, dis-lui que tu fais d'abord un câlin à ton enfant, que c'est important pour toi et pour lui.

5 - Choisis tes premiers mots pour lui

Sois douce. Chuchote-lui que tu l'aimes, que tu es heureuse de le revoir. Souris-lui.

6 - Maintenant seulement, écoute le retour que te fais l'employée de la crèche

Fais-le, si possible, en gardant ton enfant dans tes bras et après avoir passé un petit moment d'intimité avec lui. Fais en sorte que le retour de l'employée ne s'éternise pas. N'y passe pas trop de temps, sauf si c'est absolument indispensable. Surtout, n'habille pas ton enfant avant. La chaleur pourrait l'amener à l'énervement et l'impatience.

#293 – Quelques conseils au cas où cela se passerait mal

1 - Ne crois pas que l'on te juge

Quelle que soit la réaction de ton enfant, cela ne veut rien dire de vous. S'il y a des professionnels ou des parents autour de toi, ne crois pas qu'ils se pensent mieux que toi. Parfois, ils se disent juste « oh ! La pauvre ! » ou bien « ouf, j'ai de la chance, aujourd'hui, ce n'est pas pour moi », ou bien « je sais très bien que ma fille va me faire la même chose dès qu'on sera dans la voiture ! ». Comme tous les parents vivent exactement la même chose, ils te comprennent et ont de la compassion pour toi. S'ils ne te parlent pas ni ne te regardent, c'est seulement qu'ils ne veulent rien ajouter à tes difficultés. C'est une manière de te respecter dans ce moment pénible.

2 - Ne le prends pas perso

Le comportement de ton enfant dans cette situation ne fait pas de toi un mauvais parent. Ne tire pas de conclusion hâtive sur tes compétences parentales sur la base de cette seule expérience. Encore une fois, tu es bien plus que ça ! La réaction de ton enfant raconte l'amour et l'attachement que vous avez l'un pour l'autre, d'une manière contraire aux attentes de la société (*elle est quand même tordue la société* !). Mais ne te laisse pas avoir avec des pensées comme « il ne m'aime pas, je suis une mauvaise mère, je ne sais pas élever mon enfant, ça n'arrive qu'à moi », car tout ceci est faux. Ton enfant se comporte seulement comme un enfant normal, c'est ce que tu dois retenir.

3 - Pardonne-lui

Ton enfant t'aime et tu lui manques quand tu n'es pas là. Il ne le fait pas exprès et il ne le fait pas contre toi. Il est complètement démuni. Il est juste beaucoup trop petit encore pour gérer ce type de situation. Son cerveau est tout à fait incapable de le faire, car il n'est pas encore assez mature ni expérimenté. Ne pardonnes-tu pas (*évidemment*) à un handicapé de ne pas marcher ? Si une personne n'est pas en pouvoir de faire ce que nous attendons d'elle, comment lui en vouloir ? Comment ne pas le lui pardonner ?

4 - Lâche prise avec le temps

Ne sois pas pressée. En fait, tout peut attendre à partir de maintenant. On renoncera peut-être au bain (*de toute façon tous ces bains, c'est mauvais pour la peau et ça nous fait perdre du temps*). Et si tu es tendue pour préparer le repas, essaye de préparer des portions un peu plus grosses chaque fois que tu cuisines. Cela vous permettra de les réchauffer en rentrant. Un bol de céréales et un fruit feront aussi parfaitement l'affaire si ton enfant a déjà eu un repas équilibré dans la journée.

5 – Ne mets pas d'huile sur le feu

Ne menace pas ton enfant, ne lui fais pas de chantage, ne lui mets pas la pression, car il ne pourra pas y répondre positivement et tu risques d'être encore plus énervée. Tous les mots désagréables que tu diras se retourneront contre toi, car ils rendent ton enfant plus incapable encore de faire ce que tu lui demandes. Les êtres humains sont sensibles au stress, les enfants encore plus. Le stress les empêche littéralement d'agir bien. Donc, ne dis rien qui le stresse davantage.

#294 – Mets toutes les chances de ton côté

Dans les billets précédents, j'ai longuement abordé la gestion de la crise émotionnelle qui suit les retrouvailles parents-enfants. Ne va pas plus loin si tu ne les as pas lus. Ils sont importants pour comprendre la suite.

Voici de petites choses qui t'aideront afin de mettre toutes les chances de ton côté au moment de retrouver ton enfant, qui pourrait te faire une « crise des retrouvailles ».

- Aie avec toi de l'eau et un petit goûter (*pain, par exemple*) pour la route.
- Viens avec une couverture. Si ton enfant refuse de s'habiller pour sortir de la crèche, prends simplement la couverture, pour la lui mettre dessus. En plus, ton enfant adorera être ainsi emmitouflé.
- Prête une attention particulière à l'environnement sonore de ta voiture. Les musiques ont un effet sur notre moral. Ton choix n'est pas anodin et déclenche une dynamique. Une musique trop énergique, trop forte ou violente en fin de journée, n'est pas appropriée et peut stresser ton enfant. Choisis donc des mélodies douces et plutôt simples qui vous plairont à tous les deux. Normalement, la musique ne devrait pas vous empêcher de communiquer si vous venez de vous retrouver.
- Sois présente. Que penserais-tu si la personne qui compte le plus pour toi venait te chercher pendue au téléphone et sans te parler ? Une fois que tu es avec ton enfant, dans l'heure qui suit, évite d'utiliser ton téléphone pour être tout à fait présente à la relation.
- Rentre à la maison ou va au parc. Évite d'aller faire des courses quand tu viens de récupérer ton enfant. Essaie plutôt de vous offrir à tous les deux un moment agréable.
- Renonce à (tout de suite) faire la tonne de choses qu'il te reste à faire en rentrant. Pose-toi, avec ton enfant. Ne serait-ce que 5 minutes ensemble sur le canapé, vous feront le plus grand bien.

#295 – La douleur émotionnelle est une vraie souffrance

- Tu te sens mal ...
- *(cris et pleurs)*
- Je sais... ... je suis là....
- *(cris et pleurs)*
- Tu veux venir dans mes bras ?
- Non!!! *(repousse, les mains tendues devant lui)*
- Je suis là pour toi, je vais rester avec toi jusqu'à ce que ça passe... Ça va passer.

Quand nous imaginons que le petit Pierre, 3 ans, vient de tomber du toboggan, nous trouvons l'attitude de sa maman normale et appropriée. Mais, quand il s'agit d'une grosse colère, certains diraient que la maman est laxiste et permissive... Et surtout qu'elle se fera mener par le bout du nez !

Pourtant, Pierre n'a aucune douleur physique. Pierre souffre de douleur émotionnelle. **Ses émotions de colère, d'impuissance, de frustration et de déception ont créé des tensions dans son corps qu'il n'arrive pas à gérer.** En conséquence, il est agressif avec sa mère, il la rejette, même s'il est désespéré et a besoin d'elle.

Sa souffrance est entièrement émotionnelle, mais il se comporte exactement comme une personne atteinte d'une grande souffrance physique. Touche le tibia de celui qui vient de se casser la jambe et tu en auras pour ton compte ! Il risque de te hurler dessus, de t'insulter, de te repousser énergiquement. Il t'agressera, même si tu désires lui venir en aide. Mais, tu ne te vexeras pas, car tu sauras que c'est la douleur qui le rend ainsi. C'est exactement ce qui arrive à Pierre et sa mère dans cette scène.

Pierre souffre. Il souffre tellement qu'il a besoin de soin. Mais quand on l'approche pour lui donner les soins, sa douleur est encore trop vive, ça lui fait mal, il n'est pas prêt. Il en vient à mal se comporter.

Si tu veux savoir à quel point sa douleur est grande, c'est très simple : Il te suffit d'observer l'intensité du comportement de Pierre. L'intensité du comportement inapproprié ne nous dit jamais combien un enfant (ou une personne) est mal éduqué, irrespectueux ou combien il nous déteste. Elle nous renseigne sur l'intensité de sa souffrance qui va demander de notre part patience, indulgence, calme et sang-froid.

La douleur émotionnelle n'est pas une moindre douleur. C'est une vraie douleur.

#296 – S'occuper de l'enfant en souffrance

Quand notre cœur se brise, quand notre colère explose, quand nos angoisses nous prennent aux tripes, nous nous sentons en pleine souffrance et nous ne sommes pas en mesure de donner le meilleur de nous-mêmes. C'est pareil pour les enfants…

Et puis, non, ce n'est pas tout à fait pareil.

Car, pour les enfants, c'est tout simplement pire. Souffrir quand on est un enfant, que ce soit souffrir physiquement, émotionnellement ou psychiquement, c'est toujours pire, car dans un corps si petit, dans un esprit si inexpérimenté, dans un cerveau si immature, la souffrance est plus forte.

Approcher le monde émotionnel et permettre à nos enfants de grandir, c'est donc cesser de prendre personnellement les symptômes de souffrance émotionnelle de nos enfants, et juste jouer notre rôle, comme le ferait le docteur devant son malade devenant fou de douleur : le soigner, l'accompagner, l'aider, le soutenir jusqu'à ce que la douleur se calme.

C'est aussi ne pas faire cas de ceux qui tirent sur l'ambulance. Ceux qui nous tirent dessus alors que nous sommes en plein sauvetage, n'ont rien compris. Ils ne doivent pas nous empêcher de faire ce qui est absolument nécessaire maintenant : nous occuper de notre petit en souffrance.

#297 - Exprimer pour ne pas imprimer

Tu as probablement lu combien le stress est mauvais pour la santé. Par stress, on pense aux émotions négatives qui tendent notre corps et l'épuisent. Quand nous sommes stressés, notre corps fonctionne à haut régime : cœur, poumons, libération des sucres, tensions musculaires nous préparent à réagir.

En parallèle, de précieuses fonctions sont arrêtées comme notre capacité à raisonner, mais aussi à digérer, à filtrer, à nous défendre des attaques microbiennes et virales.

Il est facile d'imaginer combien ce régime exceptionnel nous est coûteux. C'est d'ailleurs pourquoi le stress nous rend malade.

Les émotions qui ne sont pas exprimées, risquent de s'imprimer. Nous nous sentirons mal, nous déclencherons des maladies, nous irons voir des docteurs qui nous donneront quelques médicaments, mais rares seront ceux qui nous diront « exprimez vos émotions, vous irez mieux ! ».

Ce traitement préventif, nous pouvons l'offrir à nos enfants. Si nous leur demandons de s'éloigner de nous chaque fois qu'ils souffrent, que nous les punissons quand ils sont en colère, ils apprendront à rentrer cette douleur en eux et elle s'imprimera.

Ce que j'aime avec ce défi de l'acceptation des émotions, c'est qu'il m'oblige finalement à progresser. J'y vois une opportunité incroyable de faire mieux et de vivre mieux. Essayons ensemble !

#298- Pourquoi mon enfant est-il violent ?

Il peut être bien difficile d'être confronté à la violence de nos enfants quand nous n'avons jamais été violents avec eux, quand notre environnement est pacifiste et ne tolère aucune forme de violence.

Pourtant la violence de l'enfant est absolument normale. Naturelle. L'enfant est sur un mode réactif. Il ne sait pas encore retenir ses gestes et c'est ce que nous allons lui apprendre, notamment grâce à l'éducation et à la relation que nous lui donnerons.

N'accepte pas de jugements rapides sur ton enfant. Peut-être est-il très fort et réagit-il très vite, pour le moment. Explique aux personnes qui te le font remarquer que tu en es consciente, et que tu l'éduques de telle manière à ce que ceci cesse progressivement.

Maintiens le cap d'une éducation pleine d'affirmation qui ne laisse pas de doute sur l'interdit qui pèse sur la violence. Certains enfants sont longs pour adopter cette norme, mais notre persistance produit toujours ses effets.

#299 – Les émotions en 10 messages clés

Voici ce que nous devons retenir pour appréhender les émotions de nos enfants de la meilleure des manières : celle qui les éduque, qui les soutient, qui les fait grandir :

1. **N'empêche pas l'expression des émotions** de tes enfants de façon trop stricte. Il est normal de crier quand on est en colère. Il est normal de pleurer quand on est triste.
2. **L'expression des émotions permet à ton enfant de se nettoyer émotionnellement**. Après le chaos, des perspectives plus constructives pourront apparaître. Pense donc que quand ton enfant est en train d'exprimer ses émotions, il est en train de préparer le terrain pour la suite.
3. **Ramène toutes les émotions déplaisantes au mot « souffrance ».** Plus le comportement et l'expression sont intenses, plus la souffrance est grande. Connecte-toi à cette souffrance plutôt qu'à l'expression des émotions qui peut être très désagréable.
4. **Offre ta présence, car toutes les émotions sont destinées à être entendues par une personne sûre et fiable**. Rappelle-toi qu'elles appellent toutes à un rapprochement et jamais à un isolement.
5. **Réalise que ce n'est pas parce que son système d'alarme se déclenche qu'il y a péril dans ta propre demeure**. Ton enfant ressent un péril chez lui, ne crois pas que le péril a lieu chez toi. Ne te laisse pas contaminer. L'émotion de ton enfant ne t'appartient pas.
6. **Accueille sans juger.** Il peut arriver que l'on se dise « ce n'est pas une raison pour se mettre dans un état pareil ». Il est normal que tu penses cela, mais souviens-toi que les émotions ne sont pas rationnelles. Elles n'ont pas de bonnes raisons. Ce sont seulement des réactions incontrôlables produites par le corps.
7. **Accepte toutes les émotions mais n'accepte pas tous les comportements**. Fais le tri entre ce qui est acceptable et ce qui ne l'est pas. Encore une fois pleurer quand on est triste, crier quand on est en colère, tout cela est normal. Mais il ne peut y avoir de violence.

8. **Développe la boîte à outils émotionnels de ton enfant**. Qu'est-ce qui l'aide ? Qu'est-ce qui le rend plus à l'aise pour traverser une frustration ? Et ce conseil est aussi valable pour toi : développe tes outils !
9. **Enquête**. Il est utile de se demander quel besoin n'est pas satisfait dans la situation de souffrance de ton enfant. Cela sera une bonne manière de se connecter à lui et peut-être d'amener du sens ou des solutions constructives, voire créatives à ses besoins. Parfois, l'enfant est juste épuisé, a faim ou a soif. Explore aussi ces possibilités.
10. **Autant que possible, prends ton enfant dans les bras**. Etablis un contact physique avec lui. Montre-lui que tu l'aimes.

#300 – A toi d'écrire la suite

Aujourd'hui, nous partageons un dernier moment ensemble avant de nous quitter. Ce message a donc une saveur particulière, parce qu'au fond, je me sens si proche de toi et j'aurais encore tant à te dire. J'ai réfléchi à mes derniers mots et ceci a résonné en moi :
N'abandonne jamais.

Ne baisse jamais les bras et ne tombe jamais dans la facilité qu'ont choisie ceux qui ferment la porte sur un enfant qui pleure, qui détournent leurs pensées de cet enfant terrifié dans la solitude de sa chambre, qui éteignent leur âme pour faire ou acquérir toujours plus de choses tandis qu'un petit être n'attend que leur regard pour exister. Je sais que si tu as lu ce livre, c'est parce que tu n'es pas de ceux-là. S'il te plait, veille à ne jamais le devenir.

Je n'ai pas voulu t'offrir un livre de 300 recettes éducatives et je sais que parfois, c'est ce que les mamans espèrent. Je crois que **tu as compris au fil de mes messages qu'un tel livre ne peut exister que pour ceux qui veulent le vendre, car chaque relation est unique**.

Aussi, il est important que tu saches **qu'il y a mille et une manières d'élever bien un enfant**. Ces mille et une manières viennent toutes du cœur et non du mental. Ta manière est peut-être différente de la mienne, mais elle est au moins aussi bonne, si elle est dictée par ton cœur.

Il y a mille et une manières de bien élever un enfant et toutes les bonnes manières nous élèvent nous-mêmes. **On ne peut élever un enfant sans s'élever soi. Si on réussit à l'élever, alors on s'élève avec lui.**

On écrit donc des pages et des pages pour expliquer comment ça marche, mais finalement les ingrédients sont très limités. **Si tu as amour, patience et indulgence, tu n'as plus besoin de rien ou presque.**

Car, quand même, il faut un village pour élever un enfant, c'est-à-dire des gens. La seule chose indispensable est l'épaule d'un(e) ami(e) pour pleurer, te prendre dans ses bras, te serrer fort, t'écouter lui dire que c'est tellement dur et que tu n'en peux plus.

Tout ton amour, toute ta bonne volonté, toutes tes connaissances et tous tes progrès ne suffiront jamais à empêcher qu'**élever un enfant est une épreuve personnelle de très haut niveau**, dont on ne ressort pas indemne. Non, tu ne seras plus jamais la même après une telle aventure parce que tu seras mieux : plus humble, sage, raisonnable et authentique.

Puissiez-vous, tes enfants et toi, vivre dans le confort, la joie, la santé et la sécurité.

Puissiez-vous être heureux et vivre une relation belle et durable.

Merci d'avoir prêté ton regard, ta voix et tes pensées à mes écrits.

Je vous souhaite une magnifique continuation sur le chemin de la vie ensemble !

Charlotte

Si tu as aimé ce livre, pense à laisser ton avis sur Amazon.fr. La vie d'auteur est un dur labeur. J'ai moi aussi besoin de ton soutien !

INDEX

Dépôt légal Juillet 2020

Printed by Amazon Italia Logistica S.r.l.
Torrazza Piemonte (TO), Italy

33715957R00243